新传媒

NEWMEDIA

主办　全球修辞学会视听传播学会

协办　中国传媒大学媒体创意研究中心

主编　浙江越秀外国语学院网络传播研究院

宫承波　詹文都

中国广播影视出版社

新传媒（2016.2）

全球修辞学会视听传播学会　主办

中国传媒大学媒体创意研究中心

浙江越秀外国语学院网络传播研究院　协办

目录　CONTENTS

新媒体前沿 New Media Frontier

视听传播前沿 Visual—Audio Communication Frontier

新闻与传播研究　News and Communication Research

传媒教育研究　Media Education Research

封面人物介绍

广播媒体研究的宏观审视

【摘 要】本文以广播媒体的发展为线索，以相对宏观视角，从纵（时间）、横（内容）两个维度对国内外广播媒体的有关研究进行了系统梳理和总结，并试图对其特点予以归纳、评析。

【关键词】广播媒体 广播研究 广播史

■ 田 园

广播媒体研究几乎与广播媒体的诞生、发展同步，并在其发展的不同阶段呈现出不同的研究侧重，而由于国情、社会环境、传媒发展阶段、受众心理等诸多因素的不同，国内外的广播媒体研究也表现出了迥异的特点。

一、国外广播研究

从 1920 年代广播诞生，西方便揭开了广播理论研究和实践探索的序幕。根据广播发展的情况，相关研究可划分为广播研究的起步期（1920—1940 年代）、广播研究的低迷期（1950—1980 年代）、广播研究的繁荣期（1990 年代后）三个阶段。

（一）广播研究的起步期（1920—1940 年代）

西方的广播业于一战后开始起步，从 1920 年代后的经济大萧条到 1940 年代电视兴起以前，广播的发展经历了一段短暂的"黄金时期"，在此期间，广播研究也随之展开。众所周知，广播的诞生、发展离不开电磁波的发现和电子技术的创新变革，且与电报、电话的发明息息相关，因此，早期的广播研究主要以技术为中心，涉及无线电技术、广播技术、收音机技术等等，较具代表性的文章有：《跨大西洋无线传输的一些最新测量》（*Some Recent Measurements of Trans – Atlantic Radio Transmission*）《无线电短波长距离传播的理论》（*Theory of the Propagation of Short Radio Waves Over Long Distances*）《无线电波的极化》（*The Polarisation of Radio Waves*）《大气条件对无线电接收影响的可视化观测方法》（*A Visual Method of Observing the Influence of Atmospheric Conditions on Radio Reception*），等等。

后来，随着广播技术的完善，加之独特战争环境的影响，广播突出的时效性及长距离传输优势使其成为社会宣传、政治传播的重要工具，广播的媒介功能得到发现、发挥，到 1930 年代，开始出现一些有关广播媒体的宣传研究、传播研究，也有部分关于广播内容和节目形态的研究。例如：《有效广播演讲的原则》（*The Principles of Effective Radio Speaking*）《作为教育力量的广播》（*The Radio as an Educational Force*）《广播，一种新的宗教?》（*Radio，a New Religion*?）《广播讲话的技巧研究》（*Studies in the Techniques of Radio Speech*）《美国政治学协会的广播节目》（*Radio Program of the American Political Science Association*）《心理学与广播》（*Psychology and Radio*）《作为政府引导手段的广播》（*Radio as a Means of Instruction in Government*），等等。

20 世纪四五十年代，美国经验学派传播效果研究盛行，1937 年至 1944 年，在洛克菲勒基金会（Rockefeller Foundation）的资助下，保罗·F·拉扎斯菲尔德（Paul. F. Lazarsfeld）主持的"广播研究项目"取得了一系列重要的研究成果，较具代表性的包括赫塔·赫佐格（Herta Herzog）的日间广播肥皂剧研究、阿尔伯特·哈德利·坎特里尔（Albert Hadley Cantril）对广播剧《火星人入侵地球》引起的恐慌反应的研究（1935 年，与高尔顿·威拉德·奥尔波特（Gordon Willard Allport）合著《广播心理学》）、西奥多·阿多诺（Theodor Wiesengrund Adorno）的流行与严肃音乐研究，以及拉扎斯菲尔德关于收听广播与阅读印刷品的比较研究等。[①] 1944 年，拉扎斯菲尔德等人关于伊里县项目的研究成果《人民的选择》（*The People's Choice*）问世，首次将社会调查法应用于传播效果研究。此后，以实证方法为主的广播研究成果逐渐增多。

广播节目的强大影响力也带来了巨大的商业利润，约从 1930 年代起，广播业发展成为一个拥有极高利润的行业，商业电台兴起。1946 年，Banning. W. P 的《商业广播先驱：1922 – 1926 年 WEAF 的实验》（*Commercial Broadcasting Pioneer：The WEAF Experiment*，1922 – 1926）[②] 一书问世，这是西方最早对商业电台模式的研究。1948 年，拉扎斯菲尔德、帕翠莎·肯德尔（Patricia Kendall）合著的《美国的广播收听》（*Radio Listening in America：The People Look at Radio – Again*）[③] 出版，报告了全国听众调查的结果；1949 年，麦克劳林（Maclaurin，W. Rupert）的《广播业中的发明与创新》（*Invention and Innovation in the Radio Industry*）[④] 出版，研究了技术在广播发展早期的明显控制性作用。这些成果显示出广播研究早期阶段偏重经验性实证研究和关注广播技术作用的特点。[⑤]

（二）广播研究的低迷期（1950—1980 年代）

在广播媒体的发展史上，电视可谓给予了其最为致命性的一击。1950 年代以后，西方发达国家尤其是拉美地区的电视发展十分迅速，日益取代广播成为最重要的大众传播媒介。在

① 转引自高金萍. 20 世纪西方电视理论研究述略. 媒介研究. 2007，（2）. 原文引自 E·M·罗杰斯. 殷晓蓉译. 传播学史：一种传记式的方法. 上海：上海译文出版社，2001. 293.

② Banning，W. P. *Commercial Broadcasting Pioneer：The WEAF experiment*. Cambridge：Harvard University Press，1946.

③ Lazarsfeld，Paul F. & Patricia Kendall. *Radio Listening in America：The People Look at Radio – Again*. New York：Prentice – Hall，1948

④ Maclaurin，W. Rupert. *Invention and Innovation in the Radio Industry*. New York：Macmillan；reprinted by Arno Press，1971.

⑤ 高金萍. 西方广播研究的视角分析. 新闻与传播研究. 2012，（5）：86 – 94.

此影响下，广播研究也陷入低迷，而对先前广播"黄金时代"的怀念和留恋也为研究者们开辟了另一视角的研究——广播史研究。1956年，西德尼·W·海德《美国的广播》一书出版，提出在历史语境中认识和理解电子媒介的崭新角度。1960年代末期，哥伦比亚大学教授埃里克·巴诺（Erik Barnouw）接连出版了三部广播史：《巴别塔：1933年以前的美国广播史》（*A Tower in Babel：A History of Broadcasting in the United States to 1933*）《金网：美国广播史（1933 - 1953）》（*The Golden Web：A History of Broadcasting in the United States 1933 - 1953*）《想象帝国：1953年以来的美国广播史》（*The Image Empire：A History of Broadcasting in the United States from 1953*）。[①] 详细阐述了美国的广播电视史，以及广播电视在美国人生活和美国政治、商业、社会、宗教等事务中的作用，在广电史研究领域具有里程碑式的意义。

（三）广播研究的繁荣期（1990年代后）

广播在20世纪的社会历史风云中诞生、成长，也就不可避免地受到其所处时代政治、经济、科技、文化等的洗礼。1990年代后，随着"地球村"的逐渐形成和世界文化的多元融合趋势，广播的内容日益丰富，在政治中的作用也日渐加强，其影响力开始为越来越多的人所重视，广播研究由此又重新活跃、繁荣起来。这主要表现在以下几个方面。

1. 研究领域丰富多元

这一阶段，广播研究无论在内容上还是数量上都有了较大提升，广播研究的论著和学术论文较20世纪20至80年代成倍增多。与此同时，学者们跳出了过去单纯技术研究、史学研究的窠臼，开始探寻更为丰富的内容，研究范围也进一步放宽，开始了由外向内、由宏观到微观的变化。

其一，广播新闻研究。其中，有对广播新闻节目制作技巧的研究，如美国维莱莉·盖勒（Geller Valerie）的《创造有影响力的广播》（*Creating Powerful Radio：Getting, Keeping and Growing Audiences News*）[②]，该书据作者30年的广播制作经验写成，堪称广播从业者的"红宝书"。还有对广播从业者（包括记者、主持人等）的研究，学术性的往往取道历史研究，紧密围绕新闻报道者展开，如美国学者爱德华·D·米勒（Edward D. Miller）的《突发事件报道与1930年代的美国广播》（*Emergency Broadcasting and 1930 s American Radio*）[③]，由广播灾难新闻报道案例切入构建学术框架，探讨早期广播的影响力；美国学者罗伯特·J·布朗（Robert J. Brown）的《控制苍穹：30年代美国广播的力量》（*Manipulating the Ether：The Power of Broadcast Radio in 1930 s America*）[④]，借助罗斯福、艾森豪威尔对广播的使用等为例分析了早期新闻广播的报道方式。传记体的则

---

① Bamouw, Erik. *A Tower in Babel：A History of Broadcasting in the United States to 1933*（1966）；*The Golden Web：A History of Broadcasting in the United States 1933 - 1953*（1968）；*The Image Empire：A History of Broadcasting in the United States from 1953*，（1970）．Oxford University Press，USA.

② Geller Valerie. *Creating Powerful Radio：Getting, Keeping and Growing Audiences News, Talk, Information & Personality Broadcast, HD, Satellite& Internet*. Burlington，MA：Focal Press，2007.

③ Miller，Edward D. *Emergency Broadcasting and 1930 s American Radio*. Philadelphia：Temple University Press，2003.

④ Brown，Robert J. *Manipulating the Ether：The Power of Broadcast Radio in Thirties America*. Jefferson，NC：McFarland，2004.

以口述史、广播主持人传记为主，出现了多种关于哥伦比亚广播电台主持人爱德华·默罗（Murrow Roscoe Edward）[①]、英国广播公司总经理约翰·瑞思（John Reith）[②] 的传记。"[③]

其二，广播娱乐研究。在广播诞生之初及其后发展的相当长一段时间，信息传递一直是其首要功能。而随着技术发展条件的逐渐完善和人们精神文化生活的需求，广播的娱乐功能也逐渐形成，这也刺激了与广播娱乐相关的研究。其中，较为突出的一个方面是广播音乐研究。广播音乐研究起步于 1940 年代后期出现的广播古典音乐节目研究，代表是 1946 年吉尔伯特·切斯（Gilbert Chase）主编的《收音机广播中的音乐》（*Music in Radio Broadcasting*）和 1947 年恩斯特·拉普瑞德（Ernest LaPrade）的《广播音乐》（*Broadcasting Music*）[④]。1990 年代后，广播音乐研究进一步深入，出现了保尔·杰克逊（Paul Jackson）的三部曲：《周六下午老地方：大都会歌剧广播，1931 – 1950》（*Saturday Afternoons at the Old Met：The Metropolitan Opera Broadcasts，1931 – 1950*）《节目结束老地方见：大都会歌剧广播，1950 – 1966》（*Sign – Off for the Old Met：The Metropolitan Opera Broadcasts，1950 – 1966*）《在新的地方开始：大都会歌剧广播，1966 – 1979》（*Start – Up at the New Met：The Metropolitan Opera Broadcasts，1966 – 1976*）[⑤]。此外，在美国播出时间最长的直播音乐节目《奥里·奥普瑞》（Ole Opry）也吸引了研究者的目光，1999 年，查尔斯·K. 沃尔夫（Wolfe，C. K）的《温厚的骚乱：伟大的奥里·奥普瑞的诞生》（*A Good – natured Riot：The Birth of the Grand Ole Opry*）[⑥] 出版。

广播剧也是诞生于 1920 年代、兴盛于 1940 年代的广播娱乐品种，因此除广播音乐外，有关广播剧的研究也活跃起来，出现了一批广播剧演员的传记和有关广播剧创作者的研究，如：《弗莱德·艾伦：他的生活和智慧》（*Fred Allen：His life and wit*）[⑦]《弗莱德·艾伦的广播喜剧》（*Fred Allen's Radio Comedy*）[⑧]《诺曼·考温和广播：黄金年代》（*Norman Corwin*

① Kendrick, A. (1969). *Prime Time：The Life of Edward R. Murrow*. Boston, MA：Little, Brown；Sperber, A. M. 1998. *Murrow：His Life and Times*. New York：Freundlich Books, 1986；reprinted by Fordham University Press.

② McIntyre, Ian. *The Expense of Glory：A Life of John Reith*. New York：Harpercollins；Leishman, 1995. Marista. *My Fathe：Reith of the BBC*. England：Saint Andrew Press, 2006.

③ 高金萍. 西方广播研究的视角分析. 新闻与传播研究. 2012，（5）：86 – 94.

④ Gilbert Chase, ed. *Music in Radio Broadcasting*（McGraw – Hill, 1946），said by some to be the first book devoted to the topic；followed just a year later by Ernest LaPrade, *Broadcasting Music*（New York：Rinehart, 1947），both of which were almost totally devoted to classical rather than popular music formats.

⑤ Jackson, Paul. *Saturday Afternoons at the Old Met：The Metropolitan Opera Broadcasts, 1931 – 1950*（New – York：Amadeus, 2003）；*Sign – Offfor the Old Met：the Metropolitan Opera Broadcasts, 1950 – 1966*（New – York：Amadeus, 1999）；and *Start – Up at the New Met：The Metropolitan Opera Broadcasts, 1966 – 1976*（New York：Amadeus, 2006）.

⑥ Wolfe, C. K. *A Good – Natured Riot：The Birth of the Grand Ole Opry*. Nashville, TN：Vanderbilt University/Country Music Foundation Press, 1999.

⑦ Taylor, R. *Fred Allen：His Life and it*. Boston：Little Brown, 1989.

⑧ Havig, A. *Fred Allen's Radio Comedy*. Philadelphia：Temple University Press *American Civilization*, 1990.

and Radio：The Golden Years）① 《诺曼·考温的环球飞行：最伟大的广播剧作家丢失的日记》（*Norman Corwin's One World Flight：The Lost Diary of Radio's Greatest Writer*）② 。

其三，广播与文化研究。1990年代后，广播从过去单纯的"政治工具"角色中分离出来，开始承担更多的娱乐、文化、教育、服务功能，此时，西方学者有关宗教广播、公共广播以及广播与少数族裔、广播与劳工组织等的研究逐渐增多。较具代表性的有凯茜·M·纽曼（Newman，M）的《企业家的利润与骄傲：从假冒电台的吸引力到广播的灵魂》（*Entrepreneurs of Profit and Pride：From Black – appeal to Radio Soul*）③ 、吉尔伯特·A·威廉姆斯（Williams，G. A）的《黑人广播的传奇先驱》（*Legendary Pioneers of Black Radio*）④ 、托娜·J·汉根（Hangen，T. J）的《电台的救赎：美国的广播、宗教和大众文化》（*Redeeming the Dial：Radio，Religion，and Popular Culture in America*）⑤ ，班内特（Barnett）等的《BBC的战争：英国广播业的阴谋？》（*Battle for the BBC：A British Broadcasting Conspiracy*？）⑥ 。

其四，广播政策研究。从总体的发展历程上看，西方国家的广播业经历过诞生之初的自由发展、中期的加强规制、八九十年代的商业化浪潮与放松规制等不同发展阶段，进入1990年代后，公营台和商业台之辩愈加激烈，不少国家颁布了相应的法案，由此，有关广播政策的研究也明显增多。包括：罗伯特·麦克切斯尼（Robert McChesney）的《电信、大众媒介和民主：1928年到1935年美国广播控制的斗争》、迈克尔·特雷西（Tracey Michael）的《公共广播的沉浮》⑦ （*The Decline and Fall of Public Service Broadcasting*）、杰姆·C·福斯特（Foust C. James）的《空中巨响：广播频道争夺战》（*Big Voices of the Air：The Battle over Clear Channel Radio*）⑧ 、苏珊·L·布瑞森（Brinson，S. L）的《红色恐慌、政治和联邦通信委员会，1941 – 1960》（*The Red Scare，Politics，and the Federal Communications Commission，1941 – 1960*）⑨ 、安德鲁·格雷汉姆（Andrew Graham）的《广播的公共目标：资助BBC》（*Public Purposes in Broadcasting：Funding*

① Bannerman，R. L. *Norman Corwin and Radio：The Golden Years*. Tuscaloosa：University of Alabama Press，1986.

② Keith，Michael C. & Watson，M. A.，eds. *Norman Corwin's One World Flight：The Lost Diary of Radio's Greatest Writer*. New York：Continuum，2009.

③ Newman，M. *Entrepreneurs of profit and pride：From Black – appeal to radio soul*. New York：Praeger "Media and Society Series"，1988.

④ Williams，G. A. *Legendary Pioneers of Black radio*. Westport，CT：Praeger，1998.

⑤ Hangen，T. J. *Redeeming the dial：Radio，Religion，and Popular Culture in America*. Chapel Hill：University of North Carolina Press，2002.

⑥ Barnett，Steven. & Curry，Andrew. *Battle for the BBC：A British Broadcasting Conspiracy*？ London：Aurum，1994.

⑦ Tracey，Michael. *The Decline and Fall of Public Service Broadcasting*. Oxford：Oxford University Press，1998.

⑧ Foust，C. James. *Big Voices of the Air：The Battle over Clear Channel Radio*. Iowa：Iowa State University Press，2000.

⑨ Brinson，S. L. *The Red Scare，Politics，and the Federal Communications Commission，1941 – 1960* . Westport，CT：Praeger，2004.

the BBC）①、大卫·列维（David Levy）的《欧洲的数字革命：广播规章、欧盟和民族国家》（*Europe's Digital Revolution：Broadcasting Regulation，the EU，and the Nation State*）②、劳伦特·加赞尼提（Laurent Garzaniti）的《电信、广播和互联网：欧盟的竞争性法律和规制》（第三版）（*Telecommunications，Broadcasting and the Internet：EU Competition Law and Regulation*）③ 等。

其五，广播技术研究和史学研究。广播技术研究和史学研究都是广播研究中较早出现的分支领域，进入 1990 年代后，它们均进入到了更深层面。技术研究方面，研究的侧重从刺激广播出现的关键技术发明转向了推动广播完善与成熟的技术进步、融合探究，出现了如苏珊·道格拉斯（Douglas，S. J）的《创造美国广播，1899－1922》（*Inventing American Broadcasting，1899－1922*）④ 这样融广播技术史与经济制度史于一体的著作。此外，也出版了一些针对广播技术先驱者的传记，如《李·德福雷斯特：广播之父》（*Lee de Forest and the Fatherhood of Radio*）⑤。史学研究方面出现了两大分支：一是广播史学研究深入到广播广告史、文化史、区域史等多个层面；二是一系列地方

广播电台的个案研究出版。⑥ 代表性作品有阿萨·布里格斯（Briggs，A）的《英国广播史》（五卷本）（*The History of Broadcasting in the United Kingdom，five volumes*）⑦、比尔·亚克（Jaker，B）、弗兰克·苏雷克（Sulek，F）和彼得·肯瑟（Kanze，P）的《纽约的电波：1921－1996 年大都会 156 家调幅广播图史》（*The Airwaves of New York：Illustrated Histories of 156 AM Stations in the Metropolitan Area，1921－1996*）⑧

2. 有关广播研究的学术刊物创办

除了相关学者的著作和论文外，1990 年代后，许多有关广播研究的学术刊物也相继创办起来。例如，1991 年美国广播电视教育学会创办的《广播研究期刊》（*Journal of Radio Studies*）⑨，刊登有关广播研究的成果，广及技术、政策法规、广播业务与管理、国际广播等领域，尤其重视跨学科的研究内容和方法。又如，在英国"广播研究网"与伯明翰城市大学于 2003 年合作出版的《广播杂志：广播和声音媒体的国际研究》（*The Radio Journal：International Studies in Broadcast & Audio Media*）⑩，专事刊登

① Graham，Andrew. *Public Purposes in Broadcasting：Funding the BBC*. Bedfordshire：University of Luton Press，1999.

② Levy，David. *Europe's Digital Revolution：Broadcasting Regulation，the EU，and the Nation State*. London：Routledge，1999.

③ Garzaniti，Laurent. *Telecommunications，Broadcasting and the Internet：EU Competition Law and Regulation*，3rd Revised edition. London：Sweet & Maxwell，2010.

④ Douglas，S. J. *Inventing American Broadcasting，1899－1922*. Baltimore：Johns Hopkins University Press，1987.

⑤ Hijiya，J. A. *Lee de Forest and the Fatherhood of Radio*. Cranbury，NJ：Lehigh University Press，1992.

⑥ 高金萍. 西方广播研究的视角分析. 新闻与传播研究. 2012，（5）：86－94.

⑦ Briggs，A. *The History of Broadcasting in the United Kingdom，five volumes*. Oxford：Oxford University Press，1995.

⑧ Jaker，B，Sulek，F. & Kanze，P. *The airwaves of New York：Illustrated histories of 156 AM stations in the metropolitan area，1921－1996*. Jefferson，NC：McFarland，1998.

⑨ 2008 年更名为《广播与声音媒体期刊》（*Journal of Radio &Audio Media*）。

⑩ 详见 http：//www. intellectbooks. co. uk/journals/view － Journal，id =123/.

声频媒体研究的成果。这些学术刊物为广播研究提供了更为便捷的平台，促使其向更深入的方向发展。

纵观国外的广播媒体研究，有过高潮也有过低谷，其研究对象广及国际与区域广播、公营与私营广播、教育与娱乐广播、政治与商业广播、宗教广播、黑人广播等各个方面，甚至对无执照的地下电台（Pirate Radio）、微波电台（Lower–power Radio）等非主流的、面对小众进行传播的电台也给予了相当的关注。① 不过，无论是从自身来衡量还是从与其他媒体研究（如纸媒研究、电视研究）对比的角度看，国外广播研究的总体数量并不是很多，这与广播媒体自身的发展情况有关。另外，值得注意的是，由于社会制度、国情等的原因，多数西方国家公私营广播机构并存，这使得在广播新闻、广播娱乐、广播技术、广播史、广播政策等既有研究领域之外，对广播社会角色和广播与人的关系的关注成为贯穿国外广播研究的重要线索，直到今天，西方国家对广播公私体制的争辩、对广播社会角色和文化功能的讨论、对广播与人的关系的探究等仍在继续。

二、国内广播研究

与西方国家不同，中国的广播研究要早于广播发展。据当前可考证的资料显示，国内对广播的最早介绍始于 1920 年上海《东方杂志》的《科学杂俎》栏目陆续刊登的一批文章——《轻便无线电话机》（1 月）《自动车上之无线电话》（3 月）《空中传来之演说》（5 月）《用无线电传达音乐及新闻》（8 月）《无线德律风之又一式》（11 月）② 等，这可看作中国广播研究的起步。此后，国内对广播的研究便一直没有中断，形成了丰厚的成果。

当前，学界倾向于按照时间顺序对我国的广播研究之路进行历史分期。2007 年，赵玉明在其《谈谈广播电视研究和广播电视学学科建设》一文中将中国广播研究的历史划分为民国时期的缓慢起步、新中国成立至改革开放前的曲折前进、改革开放以来至 80 年代末的恢复成长、20 世纪 90 年代初至今的走向成熟四个阶段。③ 2010 年，申启武、安治民在其合著的《中国广播电视研究 90 年》一书中，综合以往学者的研究成果，并按照媒介史分期应当抓住其本质变化及标志性事件进行阶段划分的原则，立足于中国广播发展情况以及中国广播研究自身的本质变化，将中国广播研究划分为萌芽时期的广播研究（1920—1927）、缓慢发展时期的广播研究（1928—1949）、曲折前进时期的广播研究（1949—1976）、恢复与短暂繁荣时期的广播研究（1976—1990）、成熟与相对稳定时期的广播研究（1991—2000）、繁荣发展时期的广播研究（2001 至今）六个基本的发展阶段。（如下表）④

① 高金萍. 西方广播研究的视角分析. 新闻与传播研究. 2012，(5)：86 – 94.

② 张君昌. 简论中国广播电视 90 年发展轨迹：萌芽与起步阶段. 北方传媒研究. 2010，(3).

③ 赵玉明. 谈谈广播电视研究和广播电视学学科建设. 现代传播. 2007，(4)：104 – 108.

④ 申启武，安治民. 中国广播电视研究 90 年. 广州：暨南大学出版社，2010. 4 – 5.

表1　中国广播研究史概略①

阶段划分	研究重点	代表性作品	备注
萌芽时期的广播研究（1920—1927）	有关广播的知识介绍	《用无线电传达音乐及新闻》	早期研究规模小，自发性较多，对广播认识还相对粗浅，只将其当成新奇的文化娱乐工具或商业赢利手段；对广播与电报、电话的关系区分不清，相关术语缺乏规范性
	外国人在华创办广播电台的情况介绍	《三年来上海无线电话之情形》（1924，曹仲渊）《无线电之新事业》（1925，朱其清）	
	广播研究进入到新闻学者的学术研究视野	1927年戈公振《中国报学史》中有关于"无线电话"（即广播）的记述	
缓慢发展时期的广播研究（1928—1949）	受十年内战及抗日战争影响未得到健康发展，但在研究主体（包括无线电专家、新闻学者、政府部门人员及社会其他各界人士）、内容（包括广播节目、技术、发展状况、广播职业道德、广播与教育的关系、播音语言、抗战中的广播宣传等）、成果上均有很大进步，呈现出涵盖面广、综合性强、专业化水平高、针对性强等重要特点	《我国之广播事业》（吴道一，1929.12）《上海无线电台的发展》（胡道静，1937.3）《广播须知》（赵元任，1937.5）《十年来的中国广播事业》（吴保丰，1937.6）《对于时事播音的一点意见》（矛盾，1937.8）《胜利还都与我国广播事业》（吴道一，1946.5）等；	对广播的认识逐渐深入，并形成一定规模
		旧中国"广播界的黄金时代"（20世纪30年代中期）代表作品：《从上海播音说到国际纠纷》（曹仲渊）《广播无线电播音者与收音者应有之道德》（吴侍中）《广播节目之趋向》（苏祖国）《谈广播节目》（苏祖国）《播音与教育》（苏祖国）《借无线电灌输知识》（独鹤）等	
		抗战时期日伪区出现《放送年鉴》（1939年、1940年出版）	
		1940年人民广播研究诞生。《介绍XNCR》（延安《解放日报》，1945.10）《大家办广播》（延安《解放日报》，1945.10）《延安广播电台广泛征求听众意见》（晋冀鲁豫《人民日报》，1946.7）《对目前改进语言广播的几点意见》（新华总社语言广播部，1947.6）等	

---

① 本表根据申启武、安治民《中国广播电视研究90年》中对我国广播研究史的阶段划分整理，部分内容参考哈艳秋《简论旧中国对广播的研究》（《北京广播学院学报》1993年第3期）和张君昌《简论中国广播电视90年发展轨迹：萌芽与起步阶段》（《北方传媒研究》2010年第3期）。

续表

阶段划分	研究重点	代表性作品	备注
曲折前进时期的广播研究（1949—1976）	确立了广播的政治属性，开始探讨广播自身特性	1950.2.27，新闻总署召开京津新闻工作会议，确定了广播新闻传播、政令传达、社会教育、文化娱乐的主要任务；1952.12.1–11，第一次全国广播工作会议召开，总结了新中国成立三年来广播工作的成就、经验和存在问题；1954.7.6–9.5，我国派出首个大型广播代表团访问苏联，学习其广播工作经验，10月，中央广播事业局内部印发《苏联广播工作经验》小册子，全面介绍苏联经验①	受政治影响明显，围绕如何更好地为政治服务展开。研究成果、队伍、平台较先前有了较大突破，在专业化建设进程中向前迈了一步，但受政治影响，仍停留在资料整理阶段，学科化建设未取得进展
	新中国成立初期主要围绕新中国广播事业建设及具体广播宣传业务工作展开	《必须重视广播》（人民日报社论，1951.3.23）《对广播事业局工作的谈话》（刘少奇，1956.5.28）《改进我们的广播宣传工作》（梅益，1956.8.16）等	
	社会主义建设的曲折时期，广播研究也出现了一些不切实际的表现	《政治是广播大跃进的统帅》（梅益，1958.5）《政治挂帅，开门办台》（《新闻战线》，1958.10）《组织广播宣传大跃进的关键》（《新闻战线》，1958.12）	
	广播研究机构成立	1949.11.3，中央广播事业局建立广电系统第一个业务研究机构——地方编播研究部；1958，中央广播局研究室成立；1959.9.7，北京广播学院成立。出现了一批重要的广播研究工作者，广播研究由此逐渐走向专业化，研究范围涵盖广播史、广播理论、广播业务、广播宣传、播音等方面	
	广播研究刊物创办	《新闻战线》（1957）；《每日广播》（1950.1.4，中央电台）；《广播通报》（1950.2.1，中央电台）；《收音员通讯》（1951.3，中央电台）；《人民广播》（1950.4，中央电台）；《广播业务》（1955，中央广播局，1966.5停刊）；《广播爱好者》（1955.7，广播爱好者社）；《广播业务译丛》（1959.2，中央广播事业局）；《外国听众反映》（1964.2.8，北京电台）；《天津广播》（1951.3.20日）；《每周广播》（1955，上海电台，国内第一家公开发行的广播节目报）《新闻战线》（1957）	
	"文革"十年广播研究尤其是广播事业和业务探讨基本陷入停滞，仅广播技术研究得以持续		

① 张君昌.简论中国广播电视90年发展轨迹：萌芽与起步阶段.北方传媒研究.2010，（3）.

续表

阶段划分	研究重点	代表性作品	备注
恢复与短暂繁荣时期广播研究（1976—1990）	1980，提出广播要"自己走路"的宣传改革方针；1983，提出"四级办广播、四级办电视、四级混合覆盖"的方针	1986，建设广播学的工作被提上议事日程，中国广播电视学会成立；"珠江模式"掀起研究热潮；随着西方大众传播学的引进，广播受众研究逐渐兴起，并开展了几次全国性的广播听众调查工作	热点频出，研究领域得到极大拓展，学科体系建设初见成效
	80年代，广播研究力量恢复	《中国广播电视学》（阎玉，1990）；各综合性大学纷纷在新闻院系下设立广播电视系，《中国广播》、《声屏世界》、《岭南视听研究》等学术期刊出版；《中国广播电视年鉴》于1986年开始出版；各类广播学术研究团体开始出现	
成熟与相对稳定时期的广播研究（1991—2000）	电视的繁荣及网络媒体的出现使广播研究相对沉寂；被纳入广播电视学学科体系建设的广播学的建设实际上处于边缘化发展状态；广播研究的机构和人员较电视研究的绝对数量和相对比例均明显弱势；广播教育在广播电视教学中没有占据一席之地。但对已有资料的总结和分析取得了较好成果，围绕广播与市场经济的关系、广播剧等热点问题的研究也取得了较好成绩	《广播新闻编辑教程》（陆锡初，1995）《广播学导论》（李岩，1997）《广播新闻业务》（曹璐、吴缦，1997）《中国广播受众学》（宋友权，1998）	
繁荣发展时期的广播研究（2001至今）	研究领域进一步扩大，除传统各项广播业务研究外，广播专业化改革、广播广告、广播经营与管理、广播与新媒体融合发展研究等也成为热点	详见后文	

上表大致归纳、总结了自 1920 年至今我国广播研究近百年的历程，从中可以看出，与国外相比，我国广播研究数量颇丰，基本与我国社会主义广播事业的发展同频共振，体现出鲜明的国情特色，并有着研究领域不断拓展、研究平台逐渐增多、研究队伍日渐壮大等一系列可喜的演变态势。特别值得一提的是，新世纪以来，尤其是近几年，广播研究领域热点频出，特别是广播业务研究日益细化，研究视角也更加丰富多元，为我国的广播研究注入了活力。

2002 年底，我国召开了改革开放以来首次专门研究广播发展的全国广播工作座谈会，确立 2003 年为"广播发展年"，以此为起点，我国的广播研究走上了繁荣发展的新阶段。此时，广播发展中出现的一系列新现象、新问题都进入到研究者的视野，出现了诸如广播传播模式研究、广播受众研究、广播广告研究、广播品牌化研究等不少新成果。其中，早已引起研究者注意的广播频率专业化研究更是尤为瞩目，

对交通广播、音乐广播等类型化电台的探讨也逐渐增多，大批学者围绕广播频率专业化改革的背景、动因、措施、必然性等等展开思考，涉及移动广播、频率细分、广播服务等议题，由此产生了一大批著作、专题文章、论文等，"广播频率专业化"也成为广播研究领域活跃至今的热点话题之一。

从广播自身的成长变革历程来看，它一直是受技术影响较为深刻的媒体。进入新世纪后，数字技术、网络技术的发展使新媒体强势崛起，吸引了越来越多人的关注，也成功吸引了年轻一代的注意力。于是，"新媒体冲击下广播媒体的生存之道"开始成为广播人所关心的首要问题。尤其是 2005 年以后，探讨广播如何借助网络平台发挥自身优势、在新的媒介环境下实现生存转型、寻求生机的文章增多，尤其是 2008 年的下一代广播电视网（Next Generation Broadcasting，简称 NGB）及初步落实的"三网融合"计划，也为广播的新媒体生存研究提供了更多视角和话题。

表 2　新世纪以来我国广播研究部分代表性论著成果一览

研究范畴	代表性著作
本体研究	《广播电视学导论》（2002、2007，欧阳宏生），《当代广播电视概论》（2002，陆晔、赵民），《广播入门》（2003，廉杨、费良生），《当代广播电视概论》（2004，吕萌、左靖），《解读广播——曹璐自选集》（2004，曹璐），《广播电视综合知识》（2005，王蓓、方华等），《现代广播电视论纲》（2007，毕一鸣），《新编广播电视概论》（2009，段汛霞），《当代广播电视概论》（2011，孟建、黄灿），《广播电视一体化教程》（2011，徐先贵、刘彤），《当代广播电视学》（2012，郭镇之、苏俊武），《广播电视概论》（2009、2014、2015，宫承波）
实务研究	《广播新闻与音响报道》（2001，周小普），《广播新闻与电视新闻》（2001，王振业），《广播电视深度报道》（2004，罗哲宇），《广播电视节目评估概论》（2006，张君昌、王志云），《广播电视新闻学》（2006，蔡尚伟），《广播新闻策划》（2006，礼桂华），《广播新闻理念与实务创新研究》（2007，曹璐），《广播节目策划与制作》（2007，董畅），《广播电视评论教程》（2007，仲富兰），《广播节目运营实务》（2008，傅珊珊），《广播电视新闻评论》（2009，王振业、李舒），《广播电视摄、录、编》（2009，付俊、黄碧云、睢凌），《广播新闻业务教程》（2010，肖峰），《广播电视编辑应用教程》（2010，靳义增），《广播电视写作教程》（2011，彭菊华），《新编广播电视新闻学》（2011，吴信训），《广播音响报道实用教程》（2012，危羚），《广播电视节目采访艺术》（2012，刘春蕾）

续表

研究范畴	代表性著作
经营管理研究	《市场经济与广播电视管理》（2002，赵凯、赵腓罗），《卫星数字广播电视技术》（2003，关良柱、蒋茜等），《广播电视经营与管理》（2005，周鸿铎等），《广播电视产业发展论》（2005，杨宏），《广播广告创作》（2005，杨乃近），《广播电视经营管理》（2006，李立刚等），《广播广告理论与实务教程》（2006，刘英华），《中国广播产业经营管理研究》（2008，黄升民、王兰柱、宋红梅），《广播经营与管理》（2008，董传亮、黄孝俊、郭华省），《中国广播产业研究》（2009，余春泉），《经营广播》（2010，李秀磊），《公共广播收入模式研究》（2010，洪丽）
技术研究	《数字卫星广播系统》（2000，车晴、王京玲），《数字声音广播》（2001，李栋），《广播电视技术管理与教育》（2003，高福安、孙江华），《广播电视技术概论》（2003，史萍、倪世兰），《数字广播电视技术基础》（2003，刘长年等），《数字卫星广播与微波技术》（2003，车晴等），《广播电视新技术》（2004，朱强），《广播收听率调查方法与应用》（2006，黄学平），《广播电视监测技术》（2008，陈德泽），《广播电视技术维护与管理》（2009，高福安、李志勇、张洁霞），《广播电视自动监控技术》（2009，周春来），《数字广播发展研究》（2012，李秀磊、王洪波）
史学研究	《中国广播电视通史》（2000，赵玉明），《中国广播电视史初论》（2002，艾红红），《传播媒介之光：广播电影电视史论》（2004，李幸、刘荃），《中外广播电视史》（2005，郭镇之），《中国现代广播史料选编》（2007，赵玉明），《中国广播史考》（2008，陈尔泰），《世界广播电视发展史——视听传媒的历史变迁》（2010，毕一鸣）
播音主持研究	《语言与传播——广播电视播音与主持艺术新论》（2005，毕一鸣），《广播影视配音艺术》（2011，段汴霞），《广播直播主持艺术》（2011，王佳一）
广播剧研究	《广播剧导演艺术》（2001，朱宝贺、林长风），《中国广播文艺广播剧研究》（2003，王雪梅），《广播剧史论》（2007，王雪梅），《广播剧编导教程》（2009，朱宝贺、董旸）
专业化研究	《广播音乐论集》（2001，杨玲），《寻找广播榜样，北京音乐广播十年历程的理论关注》（2003，丁俊杰、邵军），《交通广播精品战略》（2004，潘力、林玲），《交通广播总监启示录》（2005，潘力、乐建强），《中国交通广播2005》（2005，潘力、秦晓天）《广播频率专业化研究》（2006，邓炘炘、黄京华），《老龄化社会与老年广播》（2007，张彩），《内容·受众·传播：广播专业化概论》（2008，赵多佳、许秀玲），《困境与出路——新媒介生态下的中国交通广播》（2012，潘力）
跨学科研究	《广播电视广告学》（2000，朱月昌），《中国广播文艺学》（2000，张凤铸），《广播影视声学》（2003，林达悃），《新时期广播文艺的发展》（2004，王雪梅），《广播影视艺术论》（2004，张凤铸），《广播影视中的声音》（2006，李南），《广播影视学》（2007，倪祥保、钱锡生），《广播影视与文化传播》（2008，黎风），《广播电视艺术学通论》（2011，张凤铸、施旭升），《中国广播文艺理论研究》（2011，王雪梅）
发展研究	《面向新世纪的广播电视》（2000，王录），《全球化背景下的广播电视》（2001，陈卫星、胡正荣），《广播的创新与发展》（2004，胡正荣），《中国广电传媒体制创新》（2007，刘成付），《地方广播电视媒体发展策略》（2009，赵长军），《技术变革与广播媒介转型》（2011，李建刚），《寻道谋变：广播网络化发展之路》（2012，王秋、蔡明可）
国外广播研究	《日本广播概观》（2001，张彩），《世界广播趋势》（2005，张勉之），《发达国家广播影视管理体制和管理手段研究》（2007，国家广播电影电视总局发展研究中心课题组），《世界广播发展研究》（2007，张彩），《东盟广播电视发展概况》（2008，国家广播电影电视总局培训中心），《中俄广播发展对比研究》（2010，谢飞），《德国公共广播电视研究》（2010，何勇），《德国广播电视双轨制》（2012，路明），《世界广播电视发展趋势研究》（2012，张丽）

续表

研究范畴	代表性著作
其他特色研究	《中国广播名栏目》（2005，张莉、张君昌），《国际广播事业的新发展》（2006，夏吉宣、王冬梅、马为公），《新广播媒体经典案例剖析》（2007，潘力、王宏），《广播跨越论》（2008，白玲），《现代广播实战与思考》（2008，陈佑臻），《社会转型与对农广播》（2009，于忠广），《广播影视发展政策研究》（2010，朱虹），《广播报道与危机应对》（2013，王宇）

如果将我国早期的广播研究概括为"建设性"研究，那么21世纪以来我国的广播研究可以说早已超越了过去的修补、学术建构阶段，而是进入到了"发展性"研究的新时期。纵观21世纪以来至今十余年的中国广播研究，可以看出一些鲜明的特点。

其一，日益丰富、深入、细分、专业化的研究内容。随着研究团队的壮大和研究平台的拓展，2000年以后我国的广播研究可谓在各个方面都前进了一大步。广播的研究成果呈井喷之势，大量相关书籍出版，学术论文更是不胜枚举。由于文章成果细碎繁杂，表2仅以论著成果为例，列出了新世纪以来我国广播研究的部分代表性成果。从表中可以看出，原来的技术研究更为专业化，从过去简单的知识介绍发展为对某项技术的专业探究、趋势把握；原来的史学研究更为系统化，综合性的专著取代了过去分散的资料整理和搜集；而原来的业务研究也出现了更多的细分领域，涵盖了广播的节目形态、体制变革、技术创新、发展趋势等方方面面，而每个方面又包含了无数细小的研究分支，如广播节目研究从本体方面又可以细分为节目构成要素研究、节目设置、节目生产与策划研究、节目创新研究等，而按照节目形态又可以分为广播新闻节目研究、广播文艺节目研究等。由于不同学者的研究各有侧重，这里仅依照研究范畴的不同将其总结为以下四种：

一是以内容为中心的研究。包括广播新闻研究、广播剧研究、音响报道研究、节目策划研究、主持与播音研究等等。这些研究一方面指出广播发展的重点在于频率细分，强调类型化广播的发展前景，认为交通广播、音乐频率的兴起是适应细分受众需求的结果；另一方面也强调广播节目形式创新的重要性，提出广播改革应该在节目设置、内容创新、风格转变等方面下功夫。

二是经营管理方面的研究。包括广播广告研究、品牌建设研究、营销创新研究、广播活动研究等等。强调政策制定、体制革新和广告经营对广播发展的作用，突出广播产业化经营的重要性，主张实施 CIS（Corporate Identity System）战略，采取多种措施发展广播产业。

三是面对技术的研究。认为数字技术是广播发展千载难逢的良机，数字广播和网络广播是新媒介生态下广播与新媒体融合的必经之路。但同时认识到广播的数字化并非一帆风顺，受众使用习惯不成熟、技术不完善、节目内容匮乏都是这一过程中必须克服的难题。

四是以不同传播要素为主体的研究。包括广播功能研究、广播受众研究、广播传播效果研究等等。认为广播的受众群体已经发生了变化，广播应根据不同的细分人群重新考虑其频率划分，与此同时，广播还应该在常规的新闻报道之外充分利用其优势进一步发挥其服务功能，以更好地为其听众提供服务。

其二，出现了一些极具"中国特色"的研

究话题和针对某些特殊现象的研究。前者如广播影视集团化改革研究、农村广播研究、广播产业化研究、广播的制播分离改革研究等等，后者如"珠江模式"研究、交通广播现象研究，也包括部分学者对西方公共广播服务和某些典型性广播公司的专门研究。

其三，拥有了多学科的研究视野。广播研究不再仅仅局限于新闻学、传播学的既有框架中，而是逐渐有了来自文艺学、文化学、叙事学、符号学等不同学科视角的关照，与此同时，学术争鸣和创新意识也不断加强。[①]

对比国外的广播研究，可以看到，我国的广播研究从数量上来说无疑是丰富的，而且，在某些业务研究领域甚至要更为细致、深入。然而，与国外主线相对明晰、重点集中、理论与实践兼具的研究相比，我们也应当清醒地认识到，我国的广播研究也存在着显而易见的理论研究相对薄弱肤浅、重案例分析轻规律总结、学科体系建设不足、研究方法单一、各学科研究进程参差不齐、选题重复现象严重、原创的实证性研究少等弊病。而更为遗憾的是，与国外的情况类似，由于过去曾一度受电视挤压，尤其是近几年来新媒体的冲击，我国学界和业界对广播的研究整体而言是冷落和衰弱的。

而事实上，与任何其他媒体一样，广播也是大众传播媒介中不可缺少的一员，具备独立发展的理论基础和现实必要性。在梳理、总结国内外学者前期研究的基础上，笔者认为，对于当前的广播媒体来说，应当在认真总结历史发展的基础上，既要"登高望远"，构建起属于自己的理论视野，又要"脚踏实地"，看清楚当前所面临的发展现实，然后才能为自身的生存空间寻求对策，也只有这样的研究才是目前最为缺乏和需要的。

【田园，中央人民广播电台编辑，传播学博士】

---

① 张君昌. 简论中国广播电视 90 年发展轨迹：发展阶段（下）. 北方传媒研究. 2011，（1）.

英媒中的中国国家形象

——基于《卫报》对习近平访英报道文本的分析

【摘 要】作为 2015 年的一项重大外交活动，习近平访英活动成为中英媒体的一大报道议 题，而国内媒体对英媒报道的转引与英媒的完整报道却存在差异。本文以此为研究起点，选取英国媒体《卫报》为研究样本，通过分析其报道主题和叙事策略，发现《卫报》塑造的中国形象多元，以此透视英国主流媒体所构建的中国形象。

【关键词】英国媒体　中国形象　《卫报》

■ 付砾乐

中国国家主席习近平于 10 月 19 日至 10 月 23 日对英国进行国事访问，这是中国国家主席十年来首次访英，也是中国向欧洲的又一次重大外交行动，中英两国媒体均十分重视此次访问并跟进报道。然而，国内媒体对英媒报道的转引和汇总与英媒的完整报道却存在一定差别。媒体片面转引英媒报道极易造成国内受众对国家形象对外传播效果的认知局限。因此，为深入了解英媒塑造的中国国家形象，本文拟以《卫报》为切入点进行研究。《卫报》是英国唯一一份由地方性报纸发展起来的全国性大报，其依托信托基金这一所有制形式，坚持独立自主的政治立场，注重提高报纸自身品质与经营状况，使其成为研究英国媒体不可忽视的一大报纸媒体，故其建构及对英传播中国形象的方式和效果具有可探讨价值。

一、《卫报》对习近平访英的报道主题分析

通过检索发现，《卫报》自 10 月 19 日起至 10 月 24 日止，发表了与中国相关的报道共 21 篇（不包含图片新闻）。本文从《卫报》这六日的单日报道数量、报道议题涉及领域以及报道文本的标题倾向三个方面入手，对该报的

报道主题进行分析。

从报道数量来看，10月19日为预热报道，从英方立场出发刊登了两篇报道，为习近平访英后续活动的报道做铺垫；10月20日至22日，随着访问活动深入、日程增加，报道数量也逐日增加，最后两日报道数量减少，报道渐入尾声。

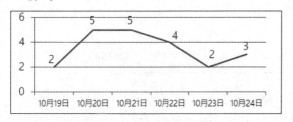

图1　《卫报》10月19日到10月24日
报道数量统计图

报道议题的选择，从一定程度上体现了《卫报》对此次访问活动和中国形象的关注点。经统计发现，《卫报》报道的议题选择集中在政治和经济领域，约占报道总数的七成以上，除涉猎政经内容外，《卫报》也报道文化生活等相关内容，可见其议题选择具有一定的平衡性，能从不同侧面表现其对此次访英活动及中国形象的态度和看法。

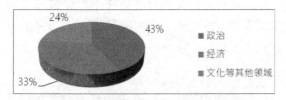

图2　《卫报》议题涉及领域统计图

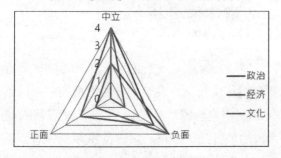

图3　《卫报》各类议题态度倾向统计图

而对标题的统计可以发现，《卫报》的报道立场以中立为主，但负面倾向的报道篇数占三成以上，远多于正面态度的报道量。报道首日两篇文章的标题倾向虽近乎中立，但报道第二日（10月20日）的四篇稿件整体对此次访问活动为英国带来的影响持怀疑态度。从第三日（10月21日）起，报道态度发生一定改变：在政治议题方面，对英国政府接待习近平及夫人的举措持保留态度；在经济议题方面，既保留对中英商贸关系走向的怀疑态度，也肯定未来中国可能给英国带来的经济效益；而在文化等其他领域，报道态度以中立为主，但不乏有文章的遣词造句具有负面指向性。

可以看出，《卫报》对习近平访英活动的报道主题选择以政治和经济领域为主，为期六天的连续报道中有三日在头版刊发习近平访问的相关新闻，足见其对习近平访问活动的重视程度。同时，《卫报》能够以相对客观的报道立场和多元的报道角度来构建中国形象。但基于意识形态和媒体属性的差异性，《卫报》对报道主题的选择很大程度上与英国的经济利益和政策走向相关，其报道主题所呈现出的倾向性从国家利益角度出发，对中国形象的建构虽整体呈客观中立的报道态势，但在对英国本土受众的传播中，仍不可避免地带有一定程度的保守性和负面引导性。

二、《卫报》叙事策略分析——以两篇报道为样本

根据报道内容的时效性、重要性和接近性原则，本文对这21篇文章筛选后，选取《卫报》10月20日报道《鼓手作为双边抗议者沉

默着等待习近平来访》（*Drummers silenced as protesters on both sides wait for Xi*，简称 *Drummers*）和 10 月 24 日报道《中国服装的外交艺术》（*The Chinese art of wardrobe diplomacy*，简称 *wardrobe diplomacy*）两篇文章，分析其叙事人、叙事视角、叙事框架和叙事修辞，以挖掘其报道中呈现的中国形象。

（一）叙事人：记者与事件参与者双方呈现

从叙事学理论角度来看，叙事人是"表达构成文本语言符号的行为者，而不是在构成文本的语言中表达其自身的个人"[1]，即叙事人在叙事过程中产生文本话语，但并不等同于文本作者。新闻叙事是"用事实说话"，所呈现的是"真实的叙事"，叙事人必须具有真实的身份，且其面对并叙述的是一个事实，叙事目的也明确一致。[2] 因而在新闻叙事中，叙事人可能与新闻文本作者的身份重合。

Drummers 一文包含了多个叙事者，而叙事文本的作者（即记者）对叙事人的选择在一定程度上反映其叙事立场、观点和态度[3]。例如文本中选取的佚名发言人、人权观察组织英国执行官 David Mepham、中国八十年代学生运动参与者邵京（音译）等与此次访英活动有相关性的事件当事人，其态度的共性特征为抗议英国政府在习近平访英过程中对他们禁言的规定，有的叙事者也对中国的人权状况等其他相关问题提出质疑。尽管存在多位叙事人，记者才是文本的总叙述者，选择多位叙事人，既可以平

衡报道内容，还能通过多方意见的矛盾制造新闻的冲突点或兴趣点，同时也可避免由记者的主观倾向导致的新闻失实，体现了"基于事实基础阐述一致观点、表达一致立场"的叙事方式。

而 *wardrobe diplomacy* 一文的叙事者则与记者的身份重合，叙述文本全部来自记者的观察和体验，文本的情感倾向直接反映出记者报道立场和报道态度，与"叙事者"这一身份重合的记者充当了新闻事件当事人，对彭丽媛（包括习近平）在不同外交场合着装风格的评价亦基于记者自身的认知程度。作为新闻事件的亲历者，记者呈现的叙述文本带有强烈的真实感，较之存在多个叙事者的文本而言，更容易引导受众的认知和态度偏向，并进一步引起受众情感上的共鸣。

（二）叙事视角：多元视角互补建构

叙事视角是与叙事者高度关联的一个概念，包含着对事件的认知、判断和情感倾向，表现出的"既是作者对事实的认知程度，更是作者报道事实的立场态度和价值取向"[4]，可以说叙事者决定叙事视角。对叙事视角最常见的分类包括两大类：第一类是全知视角和限知视角，全知视角指叙事者对事件和人物心理无所不知，限知视角仅通过某个叙述者的视野来观察事件；第二类是内视角与外视角，内视角源于事件当事人，外视角则源于事件观察者。不同作品有不同叙事人，同一作品中也可以同时存在多个

① 屈济荣：《故事化新闻的叙事策略与技巧研究》，四川大学硕士学位论文，2007 年 4 月，第 13 页。
② 何纯：《新闻叙事学》，岳麓书社，2006 年版，第 11 页。
③ 屈济荣：《故事化新闻的叙事策略与技巧研究》，四川大学硕士学位论文，2007 年 4 月，第 13 页。
④ 何纯：《新闻叙事的视角与聚焦分析》，《求索》，2006 年第 2 期，第 193 页。

叙事者，因而也存在多种叙事视角。①

Drummers 是外视角与内视角相结合的一篇叙事文本。记者作为文章的总叙述者，通过多个叙事者的叙述文本表达了自己的报道立场和态度，以第三人称限知视角（外视角）切入事件，结合事件不同相关叙事者的第一人称限知视角（内视角）来完成叙事，在内外视角间切换自如。记者并非以文学叙事中的全知视角来揣测事件人物的心理活动，而是以外视角观察事件，并结合文本内视角的选择与调整，在一定程度上使报道无限接近于事实真相，也无限接近于新闻报道的本质要求——客观、真实。

而在 *wardrobe diplomacy* 一文中，集叙事者与作者于一身的记者，以第三人称限知视角（外视角）对彭丽媛在此次外交活动中的四类服饰逐一评述。相比于记者在全知视角下无所不知的叙事方式，和内视角下视域受限、相对缺乏整体视野的叙事模式而言，外视角被赋予了客观性和全局性的叙事特征，但需要明确的是，这种叙事方式对人物和事件的认识浮于表面，虽相对客观，但与揭示新闻报道对象的本质特征仍存在一定距离。同时基于报道立场和意识形态的差异，这篇文章重在批判彭丽媛的服饰风格，却不能揭示出彭丽媛选择这些外交服饰的本意，不免误导英国受众对彭丽媛的外交服饰产生错误认知。

（三）叙事框架：意识形态主导框架构成

在新闻叙事活动中，叙事框架的设置是意识形态的重要表现，是一种强烈的价值介入和话语霸权，他决定着叙事人"说什么"和"不说什么"。② 毕竟"意识形态世界是人们生活于内的世界，它塑造着人们的生活，所以新闻叙事框架的设置实际上由新闻叙事人自觉为之。只有在不同意识形态国家机器掌控的传媒对比中，叙事的意识形态框架才能比较清晰地呈现出来"。③

《卫报》在报道过程中所设置的新闻叙事框架和采用的叙事策略都与其自身遵循的国家意识形态和报道立场密不可分。例如 *wardrobe diplomacy* 一文，从《卫报》自身立场而言，彭丽媛是他国的国家领导人夫人，与本国利益相关性较低，叙事角度的选取在切合彭丽媛身份的同时，又符合报纸对访问活动的整体报道基调。文章只有一个叙事者，篇幅短小，由总起句和由小标题引导的四个部分构成，虽然内容对彭丽媛（以及习近平）的外交服饰持相对负面的态度，但文章每个部分按照时间顺序串联，简明扼要又各具阅读兴奋点，层层递进，从事件不同的横截面来加深读者对事件主题的了解。

而 *Drummers* 一文则运用相对平衡的手法进行叙述。该文以白金汉宫周围禁止以击鼓的方式迎接习近平访问活动为开头，记者以客观记录者的身份呈现出不支持中国政府的几类群体对习近平访英活动和英国政府接待事宜的评价，所选择的素材具有不同程度的关联性，事件与事件虽没有按照时间顺序进行连接，却遵循事态发展的逻辑关系，按照新闻价值将不同事件进行组合排列，构成了一个相对完整的叙事框架。这一叙事框架的构成将不同叙事者之间叙事视角的转变串联起来，是对事实精心选

---

① 屈济荣：《故事化新闻的叙事策略与技巧研究》，四川大学硕士学位论文，2007 年 4 月，第 13 页。
② 何纯：《新闻叙事学》，岳麓书社，2006 年版，第 31 页。
③ 何纯：《新闻叙事学》，岳麓书社，2006 年版，第 32 页。

择和排列组合之后呈现给受众的"客观报道"①，记者隐藏起自己的观点，却使其倾向性自然流露，从而使受众在潜移默化中接受了记者的观点和态度。文中不同叙事者对中国人权问题的质疑与谴责，从某种程度上加深了国外受众对中国形象的偏见，这种"客观事实"选择背后隐藏的正是西方意识形态下主导的价值判断。

（四）叙事修辞：修辞方式强化报道基调

新闻叙事是向受众暗含劝服性特征的叙事②，在合理的叙事框架基础上，新闻叙事的修辞能够加深读者对新闻报道对象的理解和认知，它"不仅限于使用常见的修辞手法，还包括为增加新闻报道的真实性、合理性、正确性、精确性和可信度而使用的策略性手段"③。这种策略性手段对于通过报道来塑造国家形象十分有效，本文从这两篇报道中提取出包含"China""Chinese""Xi Jinping""Peng Liyuan"这四个关键词的修饰语或形容词句，对《卫报》向英国读者传播的中国形象进行了分析。

表1　《卫报》修饰语统计表

关键词	修饰语
China	1. Banned by China as cult（（法轮功）被中国列为邪教） 2. Decline human rights（削弱人权） 3. Human rights conditions in the People's Republic of China have deteriorated alarmingly（中国人权状况急剧恶化）
Chinese	1. Human rights protesters have been told that they cannot use megaphones，but they have allowed Chinese pro-government groups to use drums（人权抗议者不允许使用扩音器，但支持中国政府的团体却能用鼓）
Xi Jinping	1. Since President Xi came to power three years ago，human rights conditions in the People's Republic of China have deteriorated alarmingly（习近平主席执政三年来，中国人权状况急剧恶化） 2. China's first couple are mirroring their hosts in a flattering way.（习近平和夫人以讨好谄媚的方式模仿他们的英国东道主）
Peng Liyuan	1. China's first couple are mirroring their hosts in a flattering way.（习近平和夫人以讨好谄媚的方式模仿他们的英国东道主） 2. all-out flamboyance（非常华丽） 3. restrained（约束） 4. hit her stride with the e mire mirroring technique（尽力模仿） 5. It also really suits her，but that's just incidental（那很适合她，但纯属偶然） 6. alas 语气词"哎呦" 7. Did Peng type "vintage Downing Street fashion" into Baidu?（彭丽媛难道是在网上搜的"唐宁街复古时尚搭配"?）

①　张咏华、殷玉倩：《框架建构理论透视下的国外主流媒体涉华报道——以英国〈卫报〉2005 年关于中国的报道为分析样本》，《新闻记者》，2006 年第 8 期，第 18 页。

②　詹姆斯·费伦著，陈永国译：《作为修辞的叙事：技巧、读者、伦理、意识形态》，北京大学出版社，2002 年版，第 14 页。

③　[荷兰] 托伊恩·A梵·迪克著，曾庆香译：《作为话语的新闻》，华夏出版社，2003 年版，第 96 页。

通过梳理这些修饰语或带倾向性的语句可以发现，《卫报》的标题虽整体对中国持中立客观的报道态度，但在行文叙述过程中不乏对中国的质疑、贬低和嘲弄。在 *Drummers* 一文中，《卫报》将诸多抗议团体对中国人权问题的评价和抗议活动悉数报道，虽未掺杂记者自己对此类事件的评价，但对素材的运用却极具倾向性和指向性，在英国受众面前塑造了一个对人权缺乏基本尊重的中国形象。

而 *wardrobe diplomacy* 一文则反复强调彭丽媛（及习近平）的穿衣风格实为模仿英式服装风格，从侧面否定了彭丽媛的搭配品味，也从某种程度上给中国国家形象贴上讨好谄媚的标签。文章开篇指出彭丽媛（及习近平）的外交服饰以"讨好的方式模仿英国东道主"（China's first couple are mirroring their hosts in a flattering way），接下来对彭丽媛的西服裙装、晚礼服、披肩和围巾搭配分别进行评价：

对西服裙装的叙述中，报道认为彭丽媛的衣服"非常华丽"（all-out flamboyance），但裙装"太过拘谨"（much more restrained）；

对晚礼服的叙述也再呼应报道开头提出的"讨好的方式"（flattering way），认为彭丽媛"在宴会上尽力模仿英国人的穿着"（hit her stride with themirroring technique during the state banquet）；

对彭丽媛所选择的披肩表示虽然"很适合她"（It also really suits her），但却不忘加一句转折——"但这纯属偶然"（but that's just incidental）；

而对彭丽媛提花外套与丝绸围巾的搭配，文章不仅使用带有讽刺意味的语气词"哎呦"（alas），甚至写到"彭丽媛通过百度搜索出'唐宁街复古时尚造型'"（Did Peng type "vin-tage Downing Street fashion" into Baidu）来嘲弄其外交服饰，叙述风格的讽刺和戏谑意味表露无疑。

因此可以看出，《卫报》在客观陈述英国政府重视习近平此次访英活动的同时，对中英双方接下来的交流合作及其可能带来的影响持相对保守和中立的态度，因而其描绘和塑造的中国形象具有一定的保守意味，并带有不同程度的负面色彩。

三、《卫报》中的中国形象评析

（一）总体呈多元化的中国形象

《卫报》所建构的中国形象总体呈现出多元的形象表征。一方面，该报能坚守其媒体职责和新闻报道的根本要求，通过引述多方被访者的观点来平衡新闻事实，呈现不同立场的人对此次访英活动及中英关系的看法。另一方面，《卫报》对中国形象的描绘取决于其意识形态和社会背景，且很大程度上受报纸报道立场的影响，对中国形象的诠释不尽全面。这从一定程度上也反映出英国主流媒体对中国社会的看法：既肯定中英合作的战略发展意义，也基于报纸立场对中国社会可能存在的现实问题提出质疑。

（二）缺乏民主与威胁他国的政治形象

《卫报》对中国政治形象所持态度虽以中立为主，但其标题的拟定、文章材料的取舍、修辞语言的运用等方面却具有一定的负面色彩。《卫报》自身政治立场偏左，相对激进的政治主张使其报道态度与现任保守党执政的政府姿态有所差别，这也反映在其对中国的民主自由政策、人权主张和公民权益方面所持有的保守、怀疑态度，认为中国作为不断崛起的发展中国家之一，其政治民主的发展进程仍具有一定的滞后性，例如 *Drummers* 一文，通过对采访素材的使用与串联，从某种程度上表现出《卫报》对新疆和西藏地区民主政权发展现状的质疑、对与中国当前政治立场相悖团体的同情等，报纸以材料客观或较客观中立的手法隐性表达自己的态度①，反而会增强读者阅读过程的代入感，进而造成英国受众对中国政治形象的负面认知。

（三）活力与阻碍并存的经济形象

《卫报》对中国经济形象的塑造与其对中国政治形象具有相似性，但其立场和态度倾向更具负面引导性。作为经济独立的全国性媒体，《卫报》较《泰晤士报》等大报拥有相对自由的话语权，涉及经济议题的报道或担忧中国投资对英国经济格局的影响、或质疑中国企业自身的安全程度，其材料的使用同样以较为客观中立的方式，但其态度表达和倾向性的传递却给中国贴上了正负兼具的经济标签，这种矛盾共存的经济形象从某种程度上不仅强化了其塑造的中国政治形象，也有可能加深英国受众对中国整体形象的负面认知程度。

可以肯定的是，基于意识形态和媒体立场的选择，无论《卫报》塑造的中国形象正负与否，在英国主流媒体中都具有一定代表性。国内媒体基于自身的报道立场和对国家利益的考量，对《卫报》报道内容的选取仅集中在能体现中国正面形象的内容上，但从全面、深刻认识我国国家形象对外传播效果的角度出发，无论境外媒体所构建的中国形象好坏与否，国内媒体，尤其是主流媒体，都负有客观、真实、全面介绍境外媒体报道内容的义务与责任。

附：《卫报》10 月 19 日至 10 月 24 日报道标题统计表②

日期	版面	标题（英文）	标题（中文）
10. 19	头版	PM dismisses risk of rift with US over China	PM 驳斥因中国与美国产生裂痕
	国内版（National）	Peng Liyuan Nationalheartthrob of China and Xi's secret weapon	彭丽媛：温暖中国的力量，习近平的秘密武器
10. 20	同上	Drummers silenced as protesters on both sides wait for Xi	作为双边抗议者的鼓手沉默等待习近平来访
	同上	In China's headlines	中国头版对习近平访英的报道
	同上	Conservation fears added to concerns over security	谈话的恐惧增加对安全问题的担忧
	同上	Fears over safety controls at Chinese firms	担忧中国企业的安全保障
	同上	Western nations wary of London's eagerness to court Beijing visitors	西方国家警惕英国与中国走近的趋势
10. 21	头版	PM urged to tackle Xi over cheap Chinese steel imports	PM 强烈要求就中国低廉的钢铁进口问题与习近平进行交涉

---

① 李平平：《西方媒体对中国国家形象的塑造分析——以〈泰晤士报〉北京奥运周期内对华报道文本为例》，《贵阳学院学报》2011 年第 2 期，第 80 页。

② 该表中对报道标题的翻译为直译，限于作者英语能力，可能存在个别词汇翻译偏差，以尽量翻译出大意为主。

续表

日期	版面	标题（英文）	标题（中文）
	News	Stage – managing by Beijing drowns out Xi protests in Mall	有组织的中国支持访英团体淹没反对声
	同上	Charm and cheap visas lure Chinese cash	富有吸引力且价格低廉的英国签证吸纳中国现金
	同上	Westminster get masterclass inoneupmanship and irony	威斯敏斯特在显示高人一等的姿态和讽刺方面具有极高水平
	同上	Sparking English wine joins the top table as Queen hosts banquet	烈酒成为女王宴会餐桌上的一部分
10. 22	头版	China agrees deal on cyber – espionage	中国同意处理网络间谍
	News	Signed, sealed and soon to be delivered：£ 18bn 'flagship' nuclear plant	签字、盖章、不久将交付：180 亿英镑的核计划
	同上	Roll out the reddest carpet	铺开红毯
	同上	Sherlock in China for Christmas	《神探夏洛克》将在中国推出圣诞特辑
10. 23	News	Cameron seeks assurances from Xi on freedoms in Hong Kong	卡梅隆向习近平寻求香港自由的保证
	同上	UK and China have learned from each other – Xi	习近平指出，中英互相学习和借鉴了很多内容
10. 24	News	Amid the pomp and the deals，where was dissent？	大量的交易中不见反对者？
	同上	The Chinese art of wardrobe diplomacy	中国服装的外交艺术
	同上	No 10 insists visit will be worth up to £ 40bn to UK	不到十位英国官员认为中国值得对英国投资 400 亿

【付砾乐，中国传媒大学新闻学院新闻学专业硕士生】

框架建构理论透视下的国家形象塑造

——以《中国日报》"人民币'入篮'"报道为例

【摘　要】本文主要研究《中国日报》涉及人民币"入篮"事件的英文报道，以框架理论为逻辑起点，通过内容分析法，研究此类经济报道中国家形象塑造的报道框架。本文认为，《中国日报》在国家形象塑造中过度赞誉了"完美中国"形象，容易导致外国观察者对中国的不信任、误解，而在对外传播议程设置上也存在失语现象。

【关键词】框架理论　国家形象　《中国日报》　人民币"入篮"

■　竺怡冰

人民币"入篮"消息一经公布，引起了全球媒体和金融业界的高度关注。《华尔街日报》《纽约时报》、彭博新闻社等国外主流媒体都对人民币"入篮"进行了大幅报道。中国各大媒体更是呈现出百家争鸣的报道态势。媒体基于自己立场和态度，对事件的报道重点和解读角度有着独特的报道框架。《中国日报》作为官方对外传播的重要媒体，在此类经济报道中如何塑造国家形象值得研究。

一、框架理论与国家形象建构

框架这一概念发源于认知心理学，人类学家贝特森（Bateson）最早采用了"框架"概念，认为人们依赖主观认知的不同面向看待事物，不同框架会唤起受众对相关事物的不同认知。

美国学者甘姆森（Gamson）可能是迄今为止对框架理论作出最重要贡献的学者，他指出，"框架乃是人们组织事务的原则，其功能在于提供人们整体性的思考基础，针对一连串的符号活动发展出中心思想，建构其意义。"① 甘姆森认为，所谓的"文本框架"或"新闻框架"，就是在新闻文本中，透过特定符号来表达文本的"中心思想"。媒介框架是一种建构过程，由"诠释包裹"（interpretive package）与"框架装置"（framing devices）组成，框架过程是一种"附加价值"（value-added）。②"诠释包裹"就是新闻故事中的主框架或者故事线，从不同的角度去诠释，新闻就会有不同的面貌，而媒介所能做的就是接受或再现某一种诠释框架。"框架装置"则起到衬托及强化诠释框架的作用，通过各种图形、符号、颜色或标语来凸显议题。

新闻媒体作为"第四公权力"，是塑造和展现国家形象"他观形象"的重点手段。新闻媒体的报道中对国家形象的塑造，是对外传播中不可或缺的内容。"国家形象"可分为"自在形象"和"他观形象"。"自在形象"是指一个国家的行为、表现所呈现出的一种客观状态。"他观形象"是指海内外公众、媒体等外界客体对国家主体所形成的"印象"。国家主体是自在形象和他观形象的统一体。自在形象是"源"，他观形象是"流"，他观形象是对自在形象的感知和反映。"自在形象"是一种客观状态，只能通过"他观形象"加以反映和认识。因此，通常所说的国家形象主要是指"他观形象"。③

2015年12月1日，人民币"入篮"成为各大媒体的头条，引发国内外专家学者的热议。而《中国日报》作为中国了解世界、世界了解中国的重要窗口，是国内外高端人士首选的中国英文媒体，是唯一有效进入国际主流社会、国外媒体转载率最高的中国报纸。中国作为人民币"入篮"的主要影响国，如何报道此类热门经济事件，如何塑造国家形象，显得至关重要。

二、《中国日报》对"人民币'入篮'"事件的框架建构

笔者选取了《中国日报》（*China Daily*），北京时间12月1日至10日，以"renminbi"为关键词的英文报道，共31篇。研究以"报道主题"和"报道倾向"类目设计编码表，通过对关键词的词频进行分析，进而得出《中国日报》对于人民币"入篮"报道框架的客观分析。

（一）以中国为主体的新闻主题框架

① 刘泽江：《新闻框架理论探析》，《大学时代（B版）》，2006年第3期，第25页。
② 谢曦：《〈人民日报〉有关中印有关中印新闻的框架建构研究》，厦门大学2008年硕士学位论文，第8-9页。
③ 张玉：《日本报纸中的中国国家形象研究（1995-2005）——以〈朝日新闻〉和〈读卖新闻〉为例》，《新闻与传播研究》，2007年第4期，第75-83页。

表1 人民币"入篮"新闻主题框架

主题框架	频数	频率
中国情况 （人民币"入篮"对中国的影响、中国的努力，或中国地区的影响等的报道）	14	45%
人民币资本市场 （与人民币本身意义、人民币资本市场影响相关的报道）	8	26%
国外情况 （涉及其他国家的影响及行动等的报道）	7	23%
事件描述 （描写人民币"入篮"的比重、时间等相关情况以及促成人民币"入篮"的历史原因的报道）	2	6%

新闻报道主题框架，是对新闻主题内容的梳理，是整理新闻报道的主旨内容。中国主体的人民币发展主题框架为主要框架，讲述人民币"入篮"对中国的影响、中国所做的努力，以及对中国部分地区的影响等，以下笔者共分为3种命题。

中国为人民币"入篮"所作的努力的命题重心在于肯定中国改革的努力，满足人民币"入篮"的标准，是人民币"入篮"最终能成功的重要原因。例如，这篇名为 *PBOC role in reform lauded* 文章，重点描述了中国人民银行在中国的金融改革中所做出的努力。

The executive board of the IMF spoke highly of the efforts PBOC made to reform the Chinese financial system," Zhu said at a roundtable discussion with the media on Tuesday at the IMF in Washington. "RMB joining SDR is not only a milestone of the Chinese economy going global, but (shows) the success of financial reforms which have been going on for one year. （China Daily USA, 2015. 12. 2）

（IMF董事会高度赞扬中国人民银行对中国金融改革所做出的努力，"Zhu 在周二的华盛顿IMF 的一个圆桌会议上对媒体表示。"人民币加入特别提款权货币篮子不仅仅是中国经济走向全球的一个里程碑，也（显示）金融改革的这一年是成功的。）

而人民币"入篮"是对中国经济的肯定的命题，重点在于表述人民币"入篮"对中国经济的影响，影响之一即是对中国目前经济发展模式和成就的肯定，鼓舞中国进一步发展经济的信心。

China is growing as a two-speed economy, with the slower sectors of the old economy gradually giving away to sectors of thenewer economy. Together they're creating a sustainable and balanced growth model, said Tan Min Lan, head of the Asia-Pacific investment office of UBS Wealth Management. （China Daily USA, 2015. 12. 5）

（中国的经济迅速增长，慢速旧的经济部门逐渐被新的经济代替。两种经济发展一起创建了一个可持续的平衡增长的模式，瑞银财富管理部首席投资办公室亚太区主管陈敏兰说。）

人民币"入篮"对中国相关地区也存在影

响，特别是对中国最大的离岸交易市场香港。香港作为中国的地区金融中心，其主要使用货币港币与人民币之间的关系，在人民币"入篮"之后需要有所调整。香港要成为全球国际金融中心，面临两个挑战：一个是扩大依赖其金融市场的经济腹地；另一个是优化港币和人民币之间的关系。

（二）高度赞扬的报道倾向框架

表2 《中国日报》对于"人民币'入篮'"的报道倾向框架

报道倾向框架	频数	频率
肯定框架 （报道正面事实性题材或持有正面的观点性内容）	24	77%
中立框架 （报道正面及负面事实性题材，或持有正面及负面的观点性内容）	4	13%
问题框架 （报道负面事实性题材或持有负面的观点性内容）	3	10%

新闻的倾向性框架研究是对于国家形象研究的传统方法。媒体自身的报道立场可以在每篇报道的倾向中体现，而塑造何种国家形象也可以从报道倾向性中得出。肯定框架呈现压倒性多数现象，以正面态度对待人民币"入篮"事件，并对其意义、影响等给予肯定及乐观态度。

高度赞扬的肯定框架共有3个命题，分别肯定了人民币自身地位，国际化程度提高；肯定中国对人民币"入篮"的表现和影响；肯定人民币"入篮"对世界各国及资本市场影响重大。

In contrast to the artificial SDR, the renminbi is becoming much more real for investors around the world. Approval of the renminbi's inclusion is of e-normous symbolic value to Beijing, reinforcing its bid to turn the renminbi into an international hard currency and to challenge Western dominance of global monetary governance. More specifically, it could trigger a large shift of global institutional assets into renminbi. (China Daily Europe, 2015. 12. 4）

（相比人工的特别提款权货币篮子，人民币对世界投资者而言变得更加真实。人民币"入篮"对于北京而已具有象征性意义，增强人民币成为国际贸易结算货币，去挑战西方对全球货币治理的主导地位。更具体地说，它可能会引发一个全球机构资产成为人民币的大转变。）

报道以肯定的姿态，认可了人民币国际化过程的成就，也指出人民币本身已经在国际市场中取得一定的地位，并会随着加入SDR而进一步提升。

三、《中国日报》国家形象框架建构得失省察

（一）国家形象的框架建构过程

以上，笔者对《中国日报》人民币"入篮"事件的报道主题框架和报道倾向框架进行了分析。可以看到，在报道主题的命题设计中，《中国日报》多关注中国本身的情况，宏观介

绍中国在人民币"入篮"事件中所做出的努力，论述人民币"入篮"后对中国经济发展的促进作用。新闻报道为受众展现出一个改革成功、对世界经济金融发展有着重大影响、能够促进国际金融市场变革的国家形象。

而从报道倾向框架来看，更是高度赞誉了人民币"入篮"事件的积极影响，中国经济实力得到认可，人民币的国际化进程受到鼓励。人民币"入篮"不仅对中国和人民币有正面影响，对其他主权国家的经济发展和世界资本市场同样有着积极的促进作用。《中国日报》倾向于在这类经济事件的报道中，呈现出一个正面积极的国家形象。

（二）过度赞誉的"完美中国"形象

《中国日报》在对人民币"入篮"事件的报道中，呈现出了一个过于正面的国家形象。人民币"入篮"的确是人民币国际化的重要里程碑，也会带来中国资本市场、金融行业的进一步发展。但是，我们也应反思由此所带来的风险与挑战。毕竟，中国与世界上其他具有成熟金融市场的国家相比仍存在一定差距，而加入SDR意味着中国今后的金融、经济领域等诸方面的发展势必要与国际社会看齐，然而，在以政府监管为主的经济发展模式的当下，中国想进一步推动资本市场自由化的改革依然不易。此外，《华尔街日报》一项对65位经济学家的调查预言，人民币在未来50年里仍无法撼动美元的霸主地位。

一定数量的否定框架也是媒体中立性、真实性的一种体现，我国媒体在对外宣传时往往多采用肯定框架，难免会给受众带来一种真实性不强、有失偏颇的印象。因此，在此类经济报道中，中国媒体的对外传播更应全面、客观、真实，切勿过分夸大中国所取得的成就，使得国外受众对中国形象的认知产生误解和猜疑，谨防"中国责任论"和"中国威胁论"再次抬头。

（三）对外议程设置中的失语现象

《中国日报》在人民币"入篮"事件的议程设置上，存在一定的失语状态：新闻报道缺乏专业性和深度性，也未形成连续的系列报道，未能很好地发出中国声音；在对于人民币"入篮"的框架构建中，主题内容过于集中，重复报道较多，不利于议题的全面展现，也不利于发出各方声音，客观呈现议题；而在对消息源的引用上，也呈现出过于集中重复的现象。

在强大的外媒声音之下，中国媒体的对外传播议程设置中，常常呈现失语的现象。中国媒体在一些话题及其议程设置上，往往不得要领，不是一味的自我宣传，就是在进行一些无关痛痒的报道。所以，在针对西方媒体有关中国报道的设置议程时，我们的对外宣传非常有必要"针锋相对"地设计出真正有关于中国的话题，以此来引导国际媒体和舆论，更有效地提高对外传播的质量和效果，争取更多的受众，扩大我国的国际影响。[①]

"中国需要走向世界，世界需要了解中国。"改革开放以前，我们一直是固步自封。改革开放以后，中国的对外传播也逐步在探索中走向成熟。从总体上看，我们的声音还十分微弱，还未能有效地利用对外传播引导国际主流舆论。因此，不论是作为对外传播的重点基

① 郭菲：《〈中国日报〉与〈纽约时报〉新闻报道特点与新闻框架对比研究——以"神舟九号"新闻报道为例》，内蒙古大学2013年硕士学位论文，第33页。

地——《中国日报》，还是其他展现中国形象的对外媒体，都需要认识到自己所肩负的塑造国家形象的重任。媒体对于经济的报道需要跟上经济发展的速度，以更为专业的姿态展现国家的经济现状，提高经济新闻的报道水平，减少过于"宣传"性质的报道，积极设置议程，主动表达中国声音，呈现一个更为客观、真实、全面的国家形象。

【竺怡冰，中国传媒大学新闻学院新闻学专业硕士生】

网络新闻专题与国家形象建构
——对新华网2015年全国"两会"专题的框架分析

【摘 要】网络媒体因其传播迅速及时、相对完备、无地域限制的特点，可以对事件做较长跨度的专题报道，基本框限了受众对事件的认知。笔者将着眼点落在对新华网2015年全国"两会"专题的框架分析，探讨网络新闻专题与国家形象建构问题。

【关键词】网络新闻　国家形象　全国两会　框架理论

■ 张 欣

一、引 言

当前，中国努力地对外塑造一个"和平、发展、合作"的形象，但是还有相当一部分国家的媒体将中国定义为"动荡、扩张、威胁"的国家。所以我们必须重视和利用媒体，尤其是新闻报道对建构国家形象的作用，在传播理论的正确引导下，掌握有效的方法和技巧，使自己的国家在国际竞争中处于优势地位。

国家形象是一个国家在他国公众中所获得的综合性的印象和评价，包括对其综合实力、社会制度、国家发展、国际地位等各方面的评判。一国的国家形象从根本上说取决于该国的综合国力及其在国际事务中所扮演的角色、所起到的作用等[①]。

从国内的角度看，良好的国家形象有利于增强本民族自信心和凝聚力，促进社会稳定，推动国家经济的发展。从国际的角度看，良好的国家形象可以使国家在处理与他国交往的国际事务中赢得信任、支持，有更大的发言权，能取得主动，可以提升国家的国际地位。

几乎所有的学者都认为，大众传播媒介在国家形象建构中起到了重要的甚至极为关键的

---

① 李良荣：《新闻学概论（第五版）》，复旦大学出版社2013年版，第200－201页。

影响，建构国家形象最普遍的方法和可能达到最佳效果的工具就是大众传播媒介。而国家形象是一个国家的无形资产，对一个国家的国际关系有着极其重大的意义，所以各国普遍非常重视媒介的国际传播。一方面下大力气加强本国的对外传播，通过报刊、广播电视、网络等传统和新兴的信息传播媒介，报道本国状况，以期对外塑造有利于本国的国家形象。另一方面，又都呼吁他国传媒能客观、公正、全面地报道本国社会状况，避免歪曲本国形象，损害本国的国际地位造成不良影响。

与传统大众媒体相比，网络媒体具有更强的时效性、共享性、互动性、个人化和融合性的特点。从对外宣传的角度来看，互联网是最好的传播渠道，外国人想了解中国，最便捷的途径就是浏览互联网，它克服了传统媒体的局限性，报刊杂志存在着运输时间的延滞，电视有落地许可的问题，广播有影响式微的弱点，只有互联网能互联互通，无国界时差之忧。网络媒体的诸多特点使它在国家形象建构方面具有独特的优势。

框架理论（Framing Theory）最早源于西方，学术渊源的追溯分为两条线索：一是源自认知心理学，另一条线索是溯至社会学对现实的解释。美国社会学家、芝加哥派代表人物戈夫曼（Goffman）在 1974 年出版的著作《框加分析：关于经验组织的一篇论文》（*Frame Analysis：An essay on the organization of experience*）是框架理论研究的典范。"框架"可以简单地定义为"组织或个人选取社会事件并加以整理或重组的过程"。框架理论深受"建构理论"

的影响，这一学派的研究重点在于"如何将各种符号、意义、政治议题及文化因素通过小到遣词造句大到选题、确定编辑方针等方式组合建造成一个有机的整体"[1]，着力分析塑造媒介信息这一过程本身的内在规律。

综合以上的论述，笔者认为，新闻框架是指新闻媒体受到政治、经济、文化和意识形态等深刻复杂因素的影响，在先于世界真实的主观判断下，运用带有选择性的客观报道手法来建构"拟态环境"，进而影响受众对现实世界的理解。

新闻框架在构建国家形象方面具有重要作用，它主要体现在以下几个方面：新闻框架是沟通国际关系的桥梁；新闻框架是提升综合国力的平台；新闻框架是塑造领袖风范的窗口；新闻框架是维系社会制度的坚强屏障；新闻框架是宣传社会文明的强劲动力。[2]

二、对新华网 2015 年全国"两会"专题的框架分析

一年一度的全国"两会"，是我国最高权力机关集中民智，决定国家大政方针和发展走向的大会，是全国人民政治生活中的大事件，是经济社会生活的晴雨表。2015 年被称作"关键之年"，两会既要检阅成绩单，也将为改革加码。本届政府将进一步通过简政放权为改革"松绑"，同时有望在投融资、财税、价格、金融、国企体制等方面加大改革力度，社会、民生、司法等领域的改革也将提速。

① Goffman. E. Frame：*Analysis：An essay on the organization of experience*，University of Phiadelphia Press，1974，p10.
② 刘娟：《国家形象与新闻框架——对 CCTV-4 2008 年全国两会报道的框架分析》，《新闻世界》2009 年第 3 期。

对于 2015 年全国"两会",各大媒体给予了高度重视,投入了大量资源全方位报道。作为后起之秀的网络媒体报道势头不可小觑,以其信息实时、内容丰富、形式多样、互动便捷等特点吸引了广大民众关注"两会"。下面选取中国主流媒体网站新华网 2015 年全国"两会"专题为分析对象,解读其新闻框架。

新华网 2015 年全国"两会"专题的主题是"深化改革 突破前行",点明了 2015 年是深化改革的关键之年,而深改棋局需要更好谋势、更稳落子,方能乘破竹之势,执楫奋进、克难前进。新华网的主题设定简明大气,蕴含深意。专题栏目设置"聚焦"、"最新报道"、"两会公告"、"视频"、"特别报道"、"授权发布"、"直播"、"访谈"、"炫数据"、"图片"、"思客"等 11 个特色栏目,及时播发文字、图片、音视频等多种形式报道。

笔者在统计样本数量时发现,11 个栏目中出现过标题完全一致的新闻报道,笔者将此类标题重复的报道计数为 1 篇,共有新华网关于 2015 年全国"两会"的报道样本 498 篇(2 月 13 日 –3 月 20 日)。对这些报道样本进行内容分析后,得出 21 种基本议题。

1. 会议议程:涉及"两会"会议安排、参加情况等方面的子议题集合。

2. 选举:会议决议、候选人介绍等方面的子议题集合。

3. 经济发展:国民经济发展、行业、企业发展以及财经金融等相关的子议题集合。

4. 环保:与环境保护、生态建设相关的子议题集合。

5. 反腐倡廉:与政府、企业整治腐败、提倡廉洁等相关的子议题集合。

6. 三农:与农民、农业、农村相关的子议

题集合。

7. 民主法制:与民主制度建设、群众监督与立法、修改法律、司法等相关的子议题集合。

8. 收入分配:关于不同行业、不同地域、不同职位人员收入方面的子议题集合。

9. 文化:涉及文化领域,如传统文化弘扬、文化方面政策等方面的子议题集合。

10. 教育:从学前教育至高等教育的教师管理、教育环境、教育制度等方面的子议题集合。

11. 就业:包括大学生、社会人员就业、创业等一系列与就业相关的子议题集合。

12. 医疗:与医院、医改、就医、药价、医患关系等相关的子议题集合。

13. 住房:与人民住房以及房地产市场相关的子议题集合。

14. 食品安全:与食品检验、检疫等相关的子议题集合。

15. 社会保障:与养老、社保、退休等相关的子议题集合。

16. 交通:与公路、铁路、航道等相关的子议题集合。

17. 国防:与国防、军事科技发展等相关的子议题集合。

18. 两岸关系:大陆与台湾政治、经济、文化等交流往来相关的子议题集合。

19. 外交:中国与他国政治、经济、文化等交流往来相关的子议题集合。

20. 花絮:与"两会"后勤保障人员、代表、委员、记者等零碎轶事相关的子议题集合。

21. 其他:除上述之外的其他类型议题。

经笔者统计,这 21 种议题的使用情况如表 1 所示:

表1 新华网2015年"两会"专题议题框架

议题框架	议题使用量	议题使用率
会议议程	53	10.6%
选举	5	1.0%
经济发展	69	15.2%
环保	27	5.4%
反腐倡廉	34	6.8%
三农	34	6.8%
民主法制	36	7.2%
收入分配	22	4.4%
文化	24	4.8%
教育	26	5.2%
就业	19	3.8%
医疗	17	3.4%
住房	7	1.4%
食品安全	10	2.0%
社会保障	14	2.8%
交通	26	5.2%
国防	7	1.4%
两岸关系	12	2.4%
外交	21	4.2%
花絮	30	6.0%
其他	5	1.0%

根据上表统计的数据显示，新华网在2015年全国"两会"专题中，相较会议议程和选举事项两类议题总量（11.6%）以及花絮和其他两类议题总量（7.0%），关于整个公共政策、社会问题的议题总量占了非常大的比重（81.4%）。笔者在统计时也发现，新华网2015年全国"两会"专题以正面宣传为方针，意在构建中国的正面形象，这种正面形象主要从国际关系、综合国力、领袖风范、社会制度和社会文明五个方面得以呈现。综合分析上述21种议题，可以简单整合为四大主题类别：关于选举、反腐倡廉、民主法制、国防、两岸关系、外交等议题的报道，归为政治类；关于经济发展、收入分配、就业等议题的报道，归为经济类；关于环保、三农、文化、教育、医疗、住房、食品安全、社会保障、交通等议题的报道，归为民生类；关于会议议程、花絮、其他等议题的报道，归为会议相关类。各类报道主题的数量与比重统计如表2所示：

表2　新华网2015年"两会"专题主题框架

报道主题类别	报道主题数量	报道主题比重
政治类	115	23.1%
经济类	110	22.1%
民生类	185	37.1%
会议相关类	88	17.7%

（一）主题

主题的选择最终是为了形成既定的议程，是媒体在基于事实报道的客观基础上实现的一种提升。

1."政治类"报道主题框架

这些报道可以使全国乃至国外公众了解中国在政治层面上的形象，中国是友好型的，还是敌对型的；中国是先进型的，还是落后型的，从中都可以找到答案。新华网大篇幅、实时性的报道，凸显了中国政治民主的发展进程及前景。

2."经济类"报道主题框架

2014年中国经济实现政策目标，但面临下行压力；物价低位徘徊，出现轻微通货紧缩；国际收支趋向基本平衡，跨境资本流出快速增长。产业与区域经济发展出现新变化，也引起外界对中国经济的各种猜想。中国经济到底是向前发展，还是在走下坡路，从新华网经济类的报道中可以找到答案。

近几年来，美国等西方大国对中国经济发展又惊又怕，又喜又忧。为了使中国的快速发展不威胁到他们的自身利益，频频借助媒体的力量对中国的经济发表意见，认为中国失业严重、劳动力市场混乱、金融市场面临失序和破产的窘境等等，这都是对中国的不公平解读。新华网利用"两会"召开的机会，选取利于宣传中国经济正面形象的主题，向外国展示中国经济稳定、改革深化、结构调整的局面。

3."民生类"报道主题框架

每年全国两会召开之际，民众都会有许多期许。和往年一样，有关环保、教育、医疗、住房、食品安全、社会保障、交通等民生问题，在2015年依然是众人瞩目的焦点，人们期待有更多更好的政策和信息从两会中传出。

生存这一民众的基本需求，政府必须予以落实和满足。新华网于3月2日发表题为《图说今年两会看什么?》的图解新闻，开列出一份殷实的民生清单。随后，新华网以这张清单为线索，框架选取国内外民众最为关心的热点问题进行了充分报道。

4."会议相关类"报道主题框架

每年全国两会是我国政治生活中的一件大事，对于政府工作报告、预算草案、修改法案等的发布都是全国乃至全世界关注的焦点。同时，有多位来自商界、文艺界、体育界的明星委员出席两会参政议政，他们的出现为大会增添了一抹亮色。另外，为保证会议的顺利召开，安保工作、后勤保障工作时刻也不能放松，这些相对"软性"的花絮选题既能吸引受众的目光和注意力，也能全景式呈现透明、开放的两会，缓解高比重报道"政治大事"的严肃气氛。

（二）关键词

媒体在表达其意见和观点时，是通过使用某些关键词和用语来实现的，关键词的选取在新闻框架中起着画龙点晴的作用。新华网在近几年的"两会"专题报道中，逐渐重视关键词的选择与运用，来传达言外之意。表3中列举了部分具有代表性，且出现频率较高的一些词，通过分析这些关键词及其社会心理涵义，可以判断新闻报道是如何构架的。

表3 新华网2015年"两会"专题关键词摘录

报道主题类别	关键词选择
政治类	简政放权、深化改革、服务型政府、制度、依法治国、责任、民主、从严治党、反府倡廉、核心价值观、战略布局、问责、走基层、军民融合、中日关系、中美关系、两岸经济、合作、和平
经济类	金融改革、新常态、发展、能源供给、四个全面、互联网＋、一带一路、GDP、被通缩、调控、机遇、新动力、创新、市场、对话、预算、区域、协同、产业、转型、新引擎、存款、融资
民生类	养老、看病、收入、工资、治理、生态、雾霾、污染、单独二孩、住房、楼市、公平、高考、招生、三农、小康社会、期待、梦想、和谐、节假日、高速公路、农民工、阅读、退休
会议相关类	工作报告、提案、授权发布、开幕、闭幕、总理、部长、出席、答记者问、记者、委员、代表、印象、声音、体验

政治类报道选择简政放权、服务型政府、从严治党、依法治国等代表性关键词，广泛触及中国的政治体制、民主进程、政府形象等方方面面的问题。这些词语不仅全国人民耳熟能详，甚至更加坚定了社会主义向前发展的决心，能够有效地转变国际政治舞台上一些国家对中国持有质疑或保留意见的态度。经济类报道多倾向改革、转型、调控等典型性关键词，尤其今年多了"新常态""互联网＋""四个全面""一带一路"等新词热词，以此为中心引出具体信息，报道中多用具体数据叙事，使受众能够准确地解读中国经济发展的现状及前景。而民生类报道关键词的选择一方面较为丰富、潮流化，另一方面也较为松散、零碎化，颇具人文关怀和情感色彩。这些词语往往非常朴实且真情流露，能唤起受众的共鸣与思考，使民生问题直达民心，如公平、和谐、小康社会、期待、梦想等词语，绘就了一幅幅国泰民安的美丽画卷。会议相关类报道选择的关键词简单直观，一方面能够体现新华网报道的及时性与权威性，另一方面可以吸引受众更多的关注。

从这些关键词中，不难发现新华网对全国"两会"报道有着深刻的意识形态的体现，标志性地引导受众准确地将信息进行解码，并且词义色彩积极、明亮、奋进，折射出中国的进步与发展，即使处在不利局势中，也始终保持亲民且务实、自信且负责的正面形象，从而达到利用新闻框架构建国家形象的目的。

（三）呈现方式

呈现方式的选择在很大程度上直接影响着最终的传播效果。因此，新华网2015年全国"两会"专题呈现方式的特点，决定了最终会取得什么样的传播效果，以及对构建中国的国家形象有何种作用。

会议相关类报道，以文字稿件结合现场图片的方式呈现，带给受众强烈的及时感和现场感；政治类、经济类、民生类报道的热点解读，则是多以"特别报道"的形式和盘托出，运用翔实的资料、数据等，力图将问题论述清楚，引起受众的重视甚至互动参与；从3月2日至3月19日，对省部长、地方领导、人大代表、政协委员、外国大使、权威专家进行专访，受访嘉宾110余位，选题覆盖政治、经济、民生、外交等诸多方面，为受众提供了透视两会的不同视角；对两会开闭幕、总理及部长、局长答记者问等进行了视频直播＋文字实录＋现场图集＋相关报道的多媒体融合式呈现，是本次两会的缩影，更是升华国家形象的窗口，将中国国家形象塑造得透彻、立体，同时传播效果也更加深远。另外，新华网还开辟了"炫数据"和"图片"两个新颖的专栏，以简单易读的可视化图解新闻和视觉传播的方式来吸引受众，既从不同的角度呈现两会热点报道，也从不同的侧面构建中国积极转变、奋进前行的形象。同时，新华网2015年全国"两会"专题，提供英语、日语、阿拉伯语、西班牙语、法语、俄语、韩语等多语种浏览阅读，凸显中国以开放的姿态欢迎世界各国受众了解中国、关注中国的热情好客的"主人翁"形象。

【张欣，浙江越秀外国语学院网络传播学院讲师】

三、总　结

新华网遵循、重视框架理论在新闻报道实践中的规律和作用，在"2015年全国两会"主议题的统筹下，运筹帷幄，多角度、全方位挖掘体现中国政治民主、经济繁荣、国泰民安的事实。注重提炼词义明亮、积极、奋进的关键词，且按主题框架分类选择使用，展现中国的进步与发展，始终保持中国的正面形象。并且革新呈现方式，不但实时报道两会，还进行嘉宾访谈，权威解读两会热点；特别绘制图解新闻，吸引受众关注两会焦点。同时灵活使用多语种文字报道及图片解说，使外国受众更加了解中国。整体而言，新华网利用此次2015年全国"两会"专题新闻报道框架，沐漓尽致地发挥了构建中国和平、发展、合作的国家形象的作用。

中外媒体在建构中国国家形象中的价值取向比较

——以"九·三"阅兵为例

【摘　要】本文从大众媒介对国家形象建构的作用入手，结合新媒体在国家形象建构范式方面的革新表现，围绕"九·三"阅兵这一重大历史性事件中中外媒体的具体表现，对比分析新媒体与传统媒体在建构中国国家形象时价值取向的不同，并就如何推动中国积极建构国家形象提出了建议。

【关键词】国家形象　中外媒体"九·三"阅兵

■ 张凌霄

2015 年 9 月 3 日，纪念中国人民抗日战争暨世界反法西斯战争胜利 70 周年大阅兵在北京天安门广场举行，这是二战后中国首次以正式的大规模阅兵的形式来纪念胜利日，也是我国国家形象对外传播的一次绝佳机会。对于大部分民众而言，获取"九·三"阅兵信息有赖于媒介。众所周知的是媒介对事实的报道与评论会因其价值取向而产生偏移，受众通过媒介所建立起来的认知也会受到潜移默化的影响，但新媒体的出现又为受众提供了在传统媒体之外另一种接近事实、建立印象认知的可能。由此，发生在新媒体热浪正高之时的"九·三"阅兵无疑为我们研究中外媒体在建构中国国家形象时所持价值取向提供了典型案例，通过对此次阅兵中中外媒体在选择、传播信息之时各自呈现的特征进行对比研究，有助于我们更好地总结新时代国家形象建构的规律，从而指导我们的实践走向正确方向。

一、大众媒介在国家形象建构中的作用

从建构主义的视角来看，国家形象是"该国与他国长期而持续的交往互动过程中构建起

来的"① 产物。国家形象的建构范式可以总结为三步：首先，国家的客观存在为国家形象提供基础；随后，国与国之间的互动交往带来了信息的传播与交流，主体国家经由这样的传播交流对客体国家的客观存在产生具象或抽象的认知；第三，在充分了解认知对方国家的客观存在及行为意图的基础之上，主体国家对于客体国家的国家形象认知被建构起来，此时的国家形象不以客体国家的主观意愿为转移，而更多地受到主体国家的文化价值观和国家利益观的左右。

而在当下传播全球化的地球村上，大众媒介在国家之间的信息传播交流过程中扮演着不可或缺的渠道和平台角色，发挥着对国家客观现实的信息传播功能。具体而言，大众媒介这一功能的发挥遵循这样一种逻辑：首先，需要产生并持有对某一客体国家形象认知的主体国家民众，通过对大众媒介所传递的信息的接触而对此客体国家的客观存在产生认知。进一步地，主体国家的民众凭借自己所持价值观而对媒介所传递的信息进行价值判断，并作出回应，这些回应可能会被媒介进行筛选加工之后传递回客体国家，而国与国之间的互动交流就在由大众媒介建构的国际传播中形成。经由如此的交流协商过程，两国彼此之间实现了信息的沟通及价值观的协商，对彼此的态度也得到判定，并形成了不同取向和程度的身份认同，最终建构起对对方国家形象的认知。

由此可见大众媒介在国家形象建构过程中的重要地位及作用。但与此同时，一国的大众媒介也会因属性议程设置功能的存在而产生对

另一国客观现实信息的主观解读能力，造成国家及双方民众间的误解与隔阂。因此，也有学者将国家形象定义为"国家客观现实经过文化价值观、国家利益观、大众媒介三重偏曲后投射在国内和国际公众意识中的主观印象"②。媒介事实上把控了我们认知某一国家的感官渠道，我们对此国家的形象认知是被媒介所持价值观所主导和左右的，即使表面上看上去我们对彼此了解很多，但普通民众很难将这些信息与事实进行比照，有关彼此国家的"事实"无法得到确切判定。把关人特性在此过程中得到了强调与放大，认知过程同时也是媒介进行议程设置的过程。媒介对事实的选择性报道和解读很有可能会使得双方国民之间对对方的认知及进一步建构的国家形象与目标国家的客观存在及主观意愿产生偏离。

二、中外传统媒体在"九·三阅兵"传播中价值取向的对比

从中国中央电视台的整个现场直播过程来看，此次阅兵的主题被诠释为"铭记历史、缅怀先烈，珍爱和平、开创未来"，军事力量的展示被统筹在追求和平的大意图下进行解说。其他主流媒体的报道亦如此，像新华社、中国网络电视台、人民网、百度新闻、新浪新闻等的新闻专题均围绕这一主题组织内容。新华社主管的《瞭望东方周刊》九月刊所载专题报道在讲解阅兵式客观进程之余组织的评论文章一为

① 李智：《中国国家形象：全球传播时代建构主义的解读》，新华出版社 2011 年版，第 25 页。

② 匡文波、任天浩：《国家形象分析的理论模型研究——基于文化、利益、媒体三重透镜偏曲下的影像投射》，《国际新闻界》2013 年第 2 期。

《大国阅兵如何宣示和平》，一为《天安门上的诺言》，均将此次阅兵的价值取向与目的解读为对和平的追求。整体上而言，中国主流媒体对此次阅兵的报道有着明确的目标指向，即努力建构中国追求和平的负责任大国形象。

相对比之下，西方主流媒体对中国此次阅兵仪式也给予了高度关注，以 CNN 为代表的西方主要主流媒体均在阅兵当天派驻了现场记者，对整个仪式进行了滚动直播。不过，它们在事实之外对相关事件的拓展报道和评论的组织则显得同中国的主观意图不是那么合拍。笔者以 China's military parade 为关键词，在 CNN 官网上查找到 10 篇相关报道，经统计，在五篇中性的现场描写之外，另有五篇的价值取向趋于负面：有对中国阅兵期间部分限制政策和前后发生的社会突发事件的关注；有对中日、中美关系的评述（并提出中国阅兵是"秀肌肉"的价值判断，全然不顾二战后国际秩序的逻辑）；也有对中国民众意见的筛选性报道（强调对阅兵过程中生活不便的不满及部分老兵的失望）；更有对阅兵后北京出现几日空气污染较为严重的现象进行关联性解读。英国《卫报》网络版针对此次中国阅兵的评论更是直接体现了其与中国相背离的立场，其认为阅兵的目的"并非为了宣扬和平，而是炫耀其军事实力"。

此次事件中，中外媒体的报道侧重点及价值取向有着明显差别。总的来说，我国媒体以铭记历史，展望和平为主要关注点，努力将我国为了维护世界和平而做的努力展现出去；而境外主流媒体对此次事件关注可谓极高，但是受其价值取向及对中国的刻板印象影响，对事实的选择与解读总体上呈中性态势，部分报道关注点甚至趋向负面引导，中外各表态势明显。这种偏曲无疑证实了传统媒体受其从业者所持

价值观的不同以及媒体背后起决定地位的经济政治关系影响极大。而由于技术及文化基础差异，世界不同地区的受众所接触到的信息自然会有所区分，这就无法避免地造成中国国家形象的撕裂，即主要接触我国媒体报道内容的受众倾向于建立对中国的积极正面的国家形象认知，而主要接触境外媒体报道内容的受众则更容易被报道中有意识地对军事力量的强调以及相关负面消息及评论所吸引，从而倾向于接受并强化对"中国威胁"的认知，将中国看作是与他们价值观相背离的国家。

三、中外新媒体在"九·三阅兵"传播中价值取向的对比

相比之下，新媒体平台为中外民众提供了在主流媒体之外的倾听彼此声音的新渠道。对于中国民众而言，现在可以直接了解到外国民众是如何看待中国实力进步的，外媒报道中的立场是否果真是外国民众看待中国的总结。而外国民众自然也可以读到中国民众是怎样看待自己国家行为、怎样理解中国与世界的关系的，并将从新媒体平台中获得的信息拿来与中国主流媒体所传递的信息相比照，从而对中国国家形象做出进一步的判定。

观察西方主流媒体报道后的网友评论可以发现，有相当一部分比例的外国民众对于媒体选择性报道所表现的偏倚性是有所警惕的，例如《卫报》报道下有人针对对中国军力提升的怀疑进行回应，认为这是"因为美国总在挑衅他们，派间谍飞机到他们的领空，派舰队到他们的领海"，认为"中国的裁军是合理的，而军力提升是因为中国有过被侵略的历史"。有趣

的是，在争论中国是否构成对世界的威胁的评论串中，有相当多的英国网友认为"美国政客才是世界的威胁"①。

而如果说中国主流媒体在报道阅兵时秉承的价值观是珍爱和平，追求世界统一的价值认同的话，活跃在中国社交平台上的部分网民非理性情绪的表达却指向了完全相反的方向。中国最活跃的社交媒体平台——新浪微博中便充斥着大量的非理性话语。明星范玮琪在阅兵日当天因未发表爱国言论，而是发了自家孩子的照片而招致大量网民语言暴力攻击；将战略导弹调侃为"快递"的言论在目标国家国民看来是一种威胁；虽然主流媒体一致强调阅兵的和平目的，但社交媒体中的对外暴力倾向所起的作用恐怕将以反向为主。

事实上已经有人注意到中国社交媒体所体现出的与传统媒体取向相背离的状况，并采取了行动，将这一背离当做其诋毁中国国家形象的"佐证"。《卫报》"九·三"阅兵专题中就有一篇专门描写中国网友同中国官方相左言论的报道，题为"中国社交媒体对阅兵的反应：爱国和嘲笑"②，继续批判中国的网络审查的同时也对中国网友的非理性表达做了总结，字里行间将中国所表现出来的形象解读成威胁与蛮横。

四、总　结

新媒体作为一个相对性的概念，当下主要指基于电子媒介进一步发展而来的数字媒介，其"以改变传播形态为主要诉求，强调体验和互动，内容生产日趋分散化和个性化"③。新媒体带来了新的信息传播模式，"信息发送者和接收者之间的交流是双向的，参与个体在信息交流过程中均拥有控制权"④。在新媒体语境下，传统媒体中明显的传受关系被打破，新的传播模式更具有人际传播的特性；电子信号的时空压缩能力与巨大的信息承载力相叠加，使得新媒体使用者可以跨越原似天堑的时空距离建立同远方的立体全面交流；新媒体发展带来的社会关系扁平化的趋势，亦推动处于社会较高层级的人物从传统媒体为之建构的隔离圈中走出来，主动或被动地与更多的普通民众进行互动。新媒体时代的到来，为国家形象的建构及国家间的相互认知提供了新的可能。其使得国际传播变得不再是少数人把控的特权，越来越多的普通人可以不再需要传统媒体时代的记者编辑们来代他们看和听，而是利用新媒体平台直接去了解自己感兴趣的彼国事宜，接触别国民众，并表达自己。新媒体语境下的国际传播及国家形象的建构都呈现出一种更为有效的互动关系，这有利于推动国家之间的讨论和协商，实现更大范围的认同，从而促使彼此间积极印象的形成。

经过对中外媒体在报道"九·三"阅兵中的表现进行对比，我们可以发现，中外传统媒体对中国国家形象的建构是相背离的，中外新媒体平台上民众所传递的信息目前来看也是相

---

①　参见 http://www.theguardian.com/commentisfree/2015/sep/03/the-guardian-view-on-chinas-display-of-military-muscle-to-what-end#comments

②　*Chinese social media reacts to military parade with patriotism and mockery*，参见 http://www.theguardian.com/world/2015/sep/03/chinese-social-media-reacts-parade-patriotism-and-mockery

③　宫承波主编：《新媒体概论》（第四版），中国广播电视出版社2012年版，第3页。

④　宫承波：《新媒体文化精神论析》，《山东社会科学》2010年第5期。

背离的，而这两种情况下背离的方向竟然也是背离的。这不得不引起我们的警惕：我们必须意识到新媒体时代跨越时空的直接沟通所具备的巨大影响力。假若中国民众非理性表达继续，且足以引起西方民众的广泛关注的话，那么无疑是对中国主流媒体所做的和平宣示努力的最大损毁，是对西方媒体中部分阴谋论观点的最佳佐证。而假若这种趋势继续的话，对于外国民众而言，其所接触到的有关中国的信息源中呈现负面取向的渠道将占多数，这对中国建构正面的国家形象构成实质威胁。新媒体在赋予普通民众建构国家形象的主动权的同时，也对使用者提出了更高的要求，积极的目标只有在遵循客观规律的实践下方可实现。

【张凌霄，中国传媒大学传播研究院传播学专业博士生】

我国媒体对习近平媒介形象塑造的叙事技巧分析

【摘　要】自习近平主席上台至 2016 年，在"中国梦"核心理念指引下，其亲民、和谐、繁忙、外交立场强硬的形象深入人心，这与媒体对其形象的塑造有不可分割的关系。本文以习近平的媒介形象为研究对象，借助新闻叙事学的理论框架，从叙事主体、叙事视角、叙事时间、叙事框架等角度，结合我国媒体的相关报道来分析总结对习近平主席媒介形象塑造的叙事技巧。

【关键词】习近平媒介形象　新闻叙事学　叙事技巧

■ 王玉风

罗钢在其《叙事学导论》中指出："叙事学是研究叙事的本质、形式、功能的学科，它研究的对象包括故事、叙事话语、叙事行为等。"[①] 本文将结合习近平上台以来的"庆丰包子"与"炸鱼薯条"事件、与夫人彭丽媛的服装搭配与恩爱瞬间图片、足球及基层主题漫画以及"习大大的时间都去哪了"等事件，通过媒体的文字新闻、图片新闻、漫画新闻等来分析其叙事的技巧，主要从叙事主体、叙事视角、叙事时间和叙事框架入手，并分析其所塑造的习近平媒体形象。

一、叙事主体分析："台前"和"幕后"的叙事者交替进行

叙事主体又称为叙述者，是指叙事作品陈述行为的主体。叙述者陈述行为、讲述故事会用不同的方式，这些不同的方式在叙述学上被称为叙述声音，它是记者出现在通讯叙事文本中的标志，对叙事者的分类就是依据叙述声音

---

① 罗钢：《叙事学导论》，云南人民出版社 1994 年版。

的强弱，美国叙事学者查特曼据此把叙述者分为缺席的叙述者、隐蔽的叙述者和公开的叙述者三类。缺席的叙述者和隐蔽的叙述者几乎是不带任何痕迹地存在于叙事文本当中，而公开的叙述者是指我们能够在文本中听到清晰的叙述声音，这种叙述者的声音也可以根据叙事强弱分为描写、概述和评论三类，评论叙事声音最重，是叙事主体观点的直接表露，描写和概述则可以很好地隐藏叙述者的观点。

从媒体的报道来看，对于习近平主席的图片报道中叙事主体一般为缺席的叙事者和隐蔽的叙事者，为隐含作者。例如，习近平夫妇服装搭配组图大部分为官方所摄照片，这些照片的共同特点就是拍摄场合正式，照片清晰度良好。而夫妻恩爱瞬间组图多来自于截屏或者非正式的聚会场合，其中人物动作亲昵，多为相互关心恩爱的效果，比如相互搀扶。这些报道的共同特点就是叙事主体缺失，只有大量相似事件的组合，产生戏剧化效果，目的在于塑造和谐、深情的个体形象。

对于叙事主体的分析，本文对比了"庆丰包子"事件和"炸鱼薯条"事件中中国媒体的报道，从中分析不同的叙事主体及其意在塑造的人物形象。"庆丰包子"事件中，中新网报道《习近平京城小店排队吃包子，店员忆现场连称没想到》中，店内收银员郭雪琴、庆丰包子铺月坛店经理贺媛丽、庆丰包子铺外的报刊亭卖报纸的王行凯以及北京聚德华天总经理朱玉岭等都是明显的被采访对象，是公开的叙事主体。而"炸鱼薯条"事件中，《星期日泰晤士报》的报道《习近平卡梅伦酒吧吃炸鱼薯条，称赞 Very good》一文中，文章对就餐酒吧的位置环境、卡梅伦回忆往事以及两人在此吃饭的整个过程进行了详细的描写，但是中国媒体由于离事件现场距离远的问题，没有写到被采访对象，而是直接引用了外媒的报道，作为叙事者的记者隐蔽了起来。

通过对这两个事件中媒体使用不同叙事主体的对比分析可以发现，在这题材内容大致相同的两篇新闻中，第一则媒体采用公开的叙事主体，包括记者，也包括知情者和当事人，主要目的是为了通过被采访者的叙述，借用他们的嘴来塑造习近平亲民的形象特点；而第二则媒体采用的却是隐蔽的主体是为了更加客观公正的塑造双方双边友好的人物形象。此外还有一点就是受采访能力的限制，是在采访就在身边和采访条件达不到的情况下灵活选择的结果，是媒体叙事技巧的体现。

二、叙事视角分析：全知叙事视角与多重当事人视角的搭配

叙事视角即建构叙事的角度，主要解决事件由"谁"来聚焦的问题，也就是看事情的一定方式、一定角度，是一部作品或一个文本看世界的特殊眼光和角度。[①] 叙事视角，顾名思义就是视线和焦点，也就是谁看见的、从哪一点看见的这个问题。在叙事学中，叙事视角可以分为全知叙事视角、限知视角和多重当事人视角。全知叙事视角又称零度聚集叙事，指的是叙事者无固定视角，其像一个高高在上、洞察世间万物的上帝，世间万物丝丝缕缕尽收眼底，仿佛一切都在其掌握之下。其又可分为全知的

---

① 董昉：《记录我们的命运——南方人物周刊之"封面人物"的叙事解读》，湖南师范大学硕士学位论文2008年。

第三人称叙事视角和虚化的第一人称视角。限知视角又称为内焦点叙事或者是内视角，它运用的不是记者叙事，准确地说不是用记者的眼光来叙事，而是借新闻事件中的当事人或者知情者的口吻讲述事件，记者借他人之口坦露自己的胸怀，其目的在于使读者觉得真实自然。其又可以分为第三人称见证人视角、第一人称主人公视角。

"庆丰包子"事件中，媒体采用的是一种多重当事人视角，因该事件发生在北京，便于采访任务的进行，因而采用的是限知视角和多个当事人进行叙事的方式。此处的限知视角具体指的是第三人称见证人视角，报道中通过对众多对象进行采访，用他们的嘴说出记者心里的话，从而塑造出记者预期中的人物形象。多个当事人进行叙事的叙事视角中记者作为一个忠实的记录员，不发表评论，借采访对象之口进行叙述，这一点在"庆丰包子"事件中表现突出，这样的叙事视角的选择，使得事件有了多个可以相互印证的说辞，通过多侧面再现了现场场景，受众可以在接受看似客观的信息中悄无声息地接受作者的观点。

"炸鱼薯条"事件由于发生在伦敦，记者不便于到现场采访，于是根据英国本土报纸进行编译，故采取的是全知叙事视角。虽未在现场，但是通过对不同报道侧面的外媒报道的引用使得叙事非常生动全面，连"卡梅伦向习主席提起一件往事，他说有次到这里离开时把女儿忘在了酒吧"这样的细节都刻画得历历在目，可见全知叙事视角高于一切、洞察一切的叙事优势。此种叙事视角的选取，目的在于全景式地描述那时那刻发生的事件细节，用细节打动受众，使其自然而然地在习近平与卡梅伦的愉快交谈中接受双方友好的关系，进而达到叙事主体希望塑造的两国友好往来的融洽的外交关系，这样的叙事使文本更具可读性。

三、叙事时间分析：故事时间与 叙事时间的权衡

米克·巴尔指出："事件被界定为过程。过程是一个变化，一个发展，从而必须以时间序列（succession in time）或时间先后顺序（chronology）为其先决条件。事件本身在一定的时间内，以一定的秩序出现。"[①] 叙事时间是叙事学研究的重要话题，因为叙事作品都必须要在一定的时间顺序中展开和完成，时间在叙事中的作用不言而喻。托多罗夫指出："从某种意义上说，叙事时间是一种线性时间，而故事发生的时间则是立体的。"也就是说，叙事主体在叙事的时候，只能一个一个地讲述，而在现实中，几个事件往往是同时发生、同步进行的，这个矛盾在叙事技巧上通常的做法就是将众多复杂的形象投射到一条直线上，也就是将故事时间转化为叙事时间。

因此，叙事必然涉及两种时间，一种是故事时间，一种是叙事时间。故事时间是指故事发生的自然时间状态，它是一种客观存在，即事物发展的自燃事件，与空间相对，它是客观存在的，不受人的主观意识的影响。[②] 而叙事时间指的是在"叙事文本中具体呈现出来的时间

---

① 方毅华：《新闻叙事导论》，中国广播电视出版社 2014 年版。

② 罗钢：《叙事学导论》，云南人民出版社 1994 年版。

状态"，是作者经过对现实事件的加工改造提供给我们的现实文本中呈现出来的秩序，是体现作者的主观意识而不是客观存在的。① 作者在一个作品中，不可能面面俱到地记录每一个细节，一来受到篇幅限制，二来要考虑具体事件的新闻价值，因此，在故事时间和叙事时间之间就要进行调度，对这二者的调度是通过叙事时序和叙事时距来实现的。②

2014 年 2 月 19 日，一则名为《习主席的时间都去哪儿?》的图解新闻在网上热传，习主席可爱的漫画形象立刻"萌翻"中国网友，此举开了用国家领导人漫画形象图解新闻的先河，通过漫画的形式将人物活动进行了总结，从而突出其繁忙工作的形象。③ 本文结合习主席足球主题漫画和基层主题漫画，分析媒体在此类新闻中的叙事时间运用上的技巧，及其如何通过使用叙事时间来塑造人物形象，而对于叙事时间使用的技巧无外乎操纵叙事时序和故事时距来实现。

在足球主题漫画中，"大大爱足球""治理足球乱象"等组合漫画由于所反映的事件并无时间上的先后，所以并没有体现出特定时序。而在"基层主题漫画"中，通过 2013 年 2 月 8 日"习大大握手环卫工人"、2013 年 4 月 9 日"习大大海南戴黎族斗笠"、2013 年 7 月 21 日至 23 日"习大大冒雨卷裤腿打伞考察"以及 2013 年 12 月 28 日"习大大排队买包子"等具有时间先后关系的事件进行的漫画主题报道，

采用了顺序的叙事时序。

所谓的故事时距，指的就是故事时间与叙事时间的长短的比较。④ 故事时长指的就是客观事件发生始末共用的时间，是一个客观概念，客观事件各个环节所用时间的长短是一个固定的客观的物理量。而叙事时长则指的是体现在文本中的各个环节所延续的事件的长与短，这个是非客观的时间长度，是服务于作者的叙事要求的。对于习近平对足球的狂热，"那些年和小伙伴们踢球""有机会总想来一脚""大大熬夜看球"等以及"打假""扫黑"等一系列治理足球乱象的动作的讲述，将较长的事件长度用一组漫画表现出来，将习近平对于中国足球的梦想和希冀这个核心主题通过大量的卫星事件来表现，目的在于将拖沓的事件进行概括和精炼，增大单位时间的信息量。而在"基层主题漫画"中，由于每一幅图都可以单独展现其亲民形象，故使用了完全省略了时距，直奔主题，每一幅均可直接展现结果。

四、叙事框架分析：宣传框架和人文框架的结合

框架的概念最早由贝特森（Bateson，1955）提出，后来再被引入到大众传播研究中，成为了定性研究中的一个重要观点。框架理论认为，真实的东西就是人对情景的定义，

---

① 罗钢：《叙事学导论》，云南人民出版社 1994 年版。

② 董昉：《记录我们的命运——南方人物周刊之"封面人物"的叙事解读》，湖南师范大学硕士学位论文 2008 年。

③ 百度百科：国家领导人漫画形象，2014 - 05 - 04，https：//www.haosou.com/s? ie = utf - 8&src = hao_ search_ a1004&shb = 1&hsid = 703c172acd2d9f67&q = % E5% 9B% BD% E5% AE% B6% E9% A2% 86% E5% AF% BC% E4% BA% BA + % E6% BC% AB% E7% 94% BB% E5% BD% A2% E8% B1% A1

④ 董昉：《记录我们的命运——南方人物周刊之"封面人物"的叙事解读》，湖南师范大学硕士学位论文 2008 年。

这种定义可分为条和框架，条是指活动的顺序，框架是指用来界定条的组织类型。他同时认为框架是人们将社会真实转换为主观思想的重要凭据，也就是人们或组织对事件的主观解释与思考结构。叙事框架是一种对客观现实的建构过程，即"框限"部分事实，"选择"部分事实以及主观的"重组"这些事实的过程，目的是为了用事实来说明自己的主观认知。[①] 运用框架理论框架一件新闻事实，就是要求把需要的部分摘出来，在新闻报道中进行特别处理，此举旨在体现意义解释、归因推论、道德评估以及处理方式的建议。根据此框架，同样的一件事情由于着力点不同，其在不同的新闻框架中呈现的面貌可能会大相径庭。

对于习近平主席媒介形象的叙事框架运用，本文结合相关图片新闻报道进行分析，最终发现主要包括宣传框架和人文框架两种。在中国媒体的相关图片报道中，对习与夫人的服装搭配的报道照片均采用了官方在正式场合拍摄照片，习近平主席领带与夫人袖口采用同一颜色或者与其围巾同一颜色等细节处理，采用的虽是中性客观的视角、叙事者缺席的方式，看似客观真实，但其采用的大量相同的小细节殊途同归，目的均在于塑造其夫妻和谐的形象，这属于一种形象宣传的框架。通过此种宣传框架，

习主席夫妇下飞机时互相搀扶，共同撑伞的和谐形象就跃然纸上，通过夫妻关系、家庭生活的和睦表现的是新一代国家领导人亲民、爱民的形象。而在"夫妻恩爱瞬间"图片报道中，习主席伸手拉夫人进门，夫妻二人共坐相谈甚欢的照片没有显示出核心事件，没有表明在什么场合做什么事情，都是被抓拍的瞬间，但这看似戏剧性的场面，通过大量相似事件的组合，目的就在于展现主席深情款款的人物形象。由于该组照片隐含作者，均为抓拍，所以其宣传框架淡薄，但其通过生活点滴小事塑造的人物形象却是充满了对于国家主席作为普通的社会生活中的人的本质的展现，重视人，尊重人，关心人，爱护人，夫妻恩爱和谐深情的报道寓于文明和谐的人文框架之中。

中国媒体在对习近平主席媒介形象的塑造中采用的叙事技巧可以从叙事主体、叙事时间、叙事视角和叙事框架等方面表现出来，其叙事技巧的巧妙运用以习近平主席媒介形象为主线，通过讲述其上台执政以来的中国故事，塑造了习近平主席亲民的、繁忙的、夫妻恩爱的、外交友好的人物形象。而国家领导人的形象又是国家形象至关重要的组成，媒体讲述的习近平主席的故事来塑造其良好形象，正是中国国家形象的典型代表。

【王玉凤，中国传媒大学新闻学院新闻学专业硕士生】

---

① 岳璐：《矿难报道的框架研究》，《新闻前哨》2007 年第 6 期。

论移动接收终端使用的异化现象

【摘 要】 本文试图从移动接收终端对人自身的异化、对人的思维方式和行为习惯的异化，以及对人的社会生活的异化等几个方面来论述移动接受终端在使用中对人的异化——使人们成为过度依赖手机的"手机人"的现象进行解析。

【关键词】 移动接收终端 异化 手机人 手机依赖症 拟态环境

■ 夏 临

一、异化理论和媒介异化

（一）异化理论探源

起源于拉丁文的"异化"（Alienation）本义为分离、疏远、陌生化、让别人支配等。该词最早出现于《圣经》，是指亚当偷吃禁果后堕落成凡人，从上帝的纯真神性中"异化"出去。上帝以自己的形态创造了亚当，可以说，上帝以亚当的形式活动，最终亚当却反对自己，成为了自己的对立面，这是异化的形象表达方式。哲学意义上的"异化"概念始创于黑格尔，继承于费尔巴哈，完成于马克思。黑格尔的唯心主义异化观是"精神的异化"，认为绝对精神异化为社会现象。费尔巴哈的唯物主义异化观是"宗教的异化"，认为人的本质异化为一种敌对神的力量；主体所产生的对象物、客体，不仅同主体本身相脱离，成为主体的异在，而且，反客为主，反转过来束缚、支配乃至压抑主体。技术由人类创造，目的是为人类服务，但技术在应用过程中反而给人类带来危害。马克思通过考察资本主义生产关系中劳动力成为商品的现象，用"劳动异化"的概念来描述劳动走到了劳动者的反面，变成了奴役劳动者的东西。在《1844 年经济学哲学手稿》中，马克思是这样论述的："工人的劳动作为一种异己的东西不依赖于他而在他之外存在，并成为同他对立的独立力量，意味着他给予对象的生命作为敌对的和异己的东西同他相对立。"[①]

（二）媒介异化内涵

法兰克福学派把异化理论引入到大众文化的领域，认为传媒生产的所谓"大众文化"不

---

① 马克思：《1844 年经济学哲学手稿》，人民出版社 1985 年版，第 7 - 8 页。

过是一个奴役人、压迫人、束缚人的东西，是一种精神的枷锁和文化的鸦片。他们强调异化的"多面性和无所不在性"，异化表现在生产过程、生产关系和意识形态之上，还表现在人和自然以及人和自身的关系上。[①] 简单地说，所谓异化，主要指具有自我意识及主体能动性的人亲手完成的创造物（包括物质产品和精神产品），成为一种异己的力量外在于人、独立于人、不以人的意志为转移、与人疏远，甚至转过来支配人、奴役人的现象。

恩格斯在其著作《自然辩证法》中指出，科技的发展没有使人摆脱自然的强制性而获得身心的解放，却向相反方向转化为与人相对立的异己的力量。由于科技的异化本性，它并不能使人获得超越自然的自由状态，大众传播媒介技术也不例外。[②] 媒介技术作为主体的人的创造物，是人们更好的理解周围世界的工具，但媒介的发展不满足于自身的工具性存在，超出了人们的掌控，并进而借助其掌握信息流通的优势反过来形成对人的压制与束缚。通俗来讲，媒介异化主要是指在传播信息过程中，媒介通过自身对信息的参与与控制，为了某种自身的目的，对信息进行改造、加工后，使信息脱离其真实的一面而进入传播活动中的过程。[③] 在媒介技术日益发达和大众传播日益兴盛的今天，作为人类沟通交流工具的大众传播媒介变异成为支配人、控制人的主体，而人则越来越被异化为被媒介控制、改造和奴役的对象，变成异化了的媒介人。

二、移动接收终端对人自身的异化——"手机人"

（一）人们正在变成"手机人"

不少传播学者认为，一种媒介技术或工具的出现与普及，对社会以及人的行为都会产生巨大的冲击与影响，会在很大程度上改变人的个性或人格。例如日本学者林雄二郎和中野收分别考查了伴随着电视长大的一代人的心理和行为特点，提出了"电视人"、"容器人"的概念，认为在以电视媒介为主的媒介环境中成长起来的人们其行动易受到大众传播媒介的影响；容易养成孤独、自闭、自我为中心的性格；社会责任感较弱。

在科技高度发达的现代社会，媒介扮演着非常重要的角色，没有人能够离开媒介而生存。今天我们生活在 Web3.0 科技所包围的新媒体时代，身边充斥着各类高度技术化的新型媒体设备，能随身携带的智能手机，成为继互联网之后最受关注的媒体，手机媒体是名副其实的"5A"媒体，任何人（Anyone），任何时候（Anytime），任何地点（Anywhere），任何媒体（声音、数字、图像），（Any media），任何信息（Any information）都可以通过手机传播。[④] 作为一种大众传播媒介，轻巧便利的手机可以给我们提供生活中所需要的各种服务：通讯、资讯、娱乐、购物、交易、社交等。在不知不觉中，手机占领了我们的生活，国外一项调查表明，

---

① 潘知常、林玮：《传媒批判理论》，新华出版社 2002 版，第 64 页。

② 孙蕊：《从媒介异化到"媒介人化"——拟态环境下媒介异化现象的成因及对策研究》，《科技传播》2014 年第 7 期。

③ 胡钦太：《媒介时代的异化现象及其调适》，《学术研究》2009 年第 9 期。

④ 史曙：《手机新闻的特征及前景展望》，《山东水利职业技术学院学刊》2010 年第 3 期。

如果正常人每天睡 8 小时,那么每天平均查看手机 150 次,起床第一件事和睡前最后一件事都是查看手机。一个关于香港手机使用率的调查报告(2013 年),有受访者认为手机比恋人还重要,11% 的香港人甚至频密到平均 3 分钟就查看一次手机。几乎所有的智能手机用户,当手机不见时都会感到恐慌和绝望。我们的生活严重依赖手机,被移动接收终端技术异化,成了名副其实的"手机人"。我们不再是享受手机带给我们的便利,更多的是成为了手机的奴隶。

从"电视人""容器人"到"网虫"和网瘾症再到今天的"手机人",其理论根源都是建立在对"媒介依存症"的批评的基础上的。"媒介依存症"有几个特点:包括过度沉湎于媒介接触而不能自拔;价值和行为选择一切必须从媒介中寻找依据;满足于与媒介中的虚拟社会互动而回避现实的社会互动;孤独、自闭的社会性格等。①

(二)人体自身正在物化成媒介

麦克卢汉指出:"一切媒介都是人的延伸,它们对人及其环境都产生了深刻而持久的影响。这样的延伸是器官、感官或功能的强化和放大。"② 按照麦氏观点,"我们用新媒介和新技术使自己放大和延伸",网络媒介是人的神经中枢——大脑的延伸,现代网络传播技术使"人的延伸"得到了全面的拓展。而当拥有网络传播功能的移动接收终端功能不断完善时,手机这个微型便携式电脑正逐渐发挥着我们大脑功能的一部分:我们把书写、记忆等器官功能都交给了手机。手机和人们自身的手、耳朵、嘴巴结为一体,共同成为可以和外界交流的机器。

具有无限延展的交流能力的手机能使人轻而易举地克服时空距离进行多样化高效率的沟通交流。③ 人们贪图享受移动接收终端带来的种种便利和舒适,在不知不觉中人类思考和记忆的功能逐步退化。当人变成手机人,一方面使得身体超越了肉体的局限性,增加了能力,另一方面身体确实渐渐被手机吞没,身心不断退化。

随着技术的发展,目前欧洲已经出现了可佩戴的移动接收智能终端,我们可以大胆想象,未来某一天,手机的功能会植入人类的身体,成为我们身体的一个"人造器官"伴随终身。到那时,人类就真正异化成了"手机机器人"。

根据麦克卢汉的媒介延伸论,媒介本质应当是传播主体用来传播信息的工具,接受主体利用它能够接收到需要的信息。而进入了科技高度发达的信息社会,受众对媒介的依赖达到了极其严重的程度,使得人的交往离开了媒介则无法完成,媒介不是人的延伸,而是统治和奴化人的工具,我们悲哀的发现人竟然成为了媒介的延伸。④ 移动接收终端技术对人的异化,最终会形成"手机人",同时人体自身正渐渐物化成媒介。

三、移动接收终端对人的思维方式和行为习惯的异化

(一)远程在场的交往和谎言世界

人类传播的发展史是一个人类在生产和生

---

① 郭庆光:《传播学教程》,中国人民大学出版社 2011 年版,第 122 页。

② 克里斯托夫·霍洛克斯:《麦克卢汉与虚拟实在》,北京大学出版社 2005 年版,第 56 页。

③ 张菲倚、成文文:《媒介对人交流方式的异化——以手机为例》,《新闻传播》2013 年第 2 期。

④ 郑颖雪:《新媒体环境下媒介技术对人的异化》,山东师范大学 2013 年硕士学位论文。

活中不断发明创造和使用新的传播媒介以获取更大传播自由的历史。从传受双方都必须完全依赖人体自身器官进行信息交流的面对面传播时代，到传播者可以借助体外化的工具或机器而逐渐摆脱身体限制的印刷（文字）传播时代，再到传受双方都必须借助工具或机器来完成传播活动的电子传播时代，人类的传播活动借助于媒介技术的发展，不断努力摆托自己的身体限制，到达了一个体外化传播时代。在体外化传播时代，人的身体得到了极大的解放，特别是随着新的更为先进的电子传媒技术的出现，人们的生活也愈来愈便利。新媒介对人类行为方式的最显著的改变就是实现了远程在场，即不需要移动就可以使人同时存在于这里和别处。因此，新媒介使人的行为大大地简易化了。① 比如购物，人类可以不亲临现场通过网络平台即可完成。人类的现场行动被通过远程在场、远程行动所取代。

作为通讯工具的手机能够促进人际传播和沟通，但是通过手机进行的人际交流不同于现实生活中面对面的交流：人们在此处和彼处，彼此看不到对方在做什么，因此不能通过语言的传播得到真实的信息；而且交流双方的姿态、眼神、动作等非语言信息也并不能通过手机呈现；而同时拥有自媒体和大众传播属性的微博、微信、社区、论坛等社会化媒体亦都通过网络进行交流。一部联网的手机给人们多种形态的传播提供了可能性，这是一种远程在场的传播，传者和受者只能通过网络来进行意义的交换。这种通过手机屏幕实现的远程在场的沟通和交流模式，可以给予我们更多的思考和反应时间，

有一定的隐匿性和欺骗性，使我们可以更好的隐藏自己的缺点，突出自己的优点，还可以让我们进行言不由衷甚至完全虚假的信息传播却很难被觉察。移动接收终端在拉近人与人的时空距离的同时，却疏远了人与人的心灵距离，使得人们轻易地、方便地、快捷地撒谎。小小的手机却创造出了一个广阔的谎言世界，使人们离真实的自我、诚实的本性越来越远。

（二）满足于信息碎片的浅层思考和缺少理性批判的单向度的人

美国学者保罗·莱文森在《手机：挡不住的呼唤》一书中写到，人类有两种基本的交流方式：说话和走路。可惜，自人类诞生之日起，这两个功能就开始分割，直到手机横空出世，将这两种相对的功能整合起来，集于一身。手机以前的一切媒体，即使是最神奇的电脑也把说话和走路、生产和消费分割开来。唯独手机能够使人一边走路一边说话，一边走路一边发短信，人就从机器跟前和紧闭的室内解放出来，进入大自然，漫游世界。无线移动的无限双向交流潜力，使手机成为信息传播最方便的媒介。② 作为一种能够随身携带的"移动伴随性大众媒介"，移动接收终端可使人们随时随地挑选和阅读自己最喜欢的信息。为了适应于手机的轻巧便携，移动终端上所提供的信息大多短小精悍，便于人们利用碎片化的时间进行阅读。餐厅里、公交站、马路边，到处都可以看到低头看手机的人。匆忙的行人，匆忙的阅读，这种"在路上"（on the going）的媒体特性，使得移动终端几乎不可能提供能够让人们沉静思考的深刻的内容信息。

---

① 肖静：《新媒介环境中人的异化》，《当代传播》2007 年第 5 期。

② 保罗·莱文森：《手机：挡不住的呼唤》，何道宽译，中国人民大学出版社 2004 年版，第 36 页。

人们已习惯于通过移动终端快速获取信息，移动终端不欢迎深刻深入的、具备很强的逻辑性和思维严密性的内容信息，因为此类信息往往意味着要用很长的篇幅去呈现，并且需要比较严肃的表现形式和方法，这是匆忙浮躁的现代受众不乐意接受的。正如经济学家泰勒·考恩所说："在能够轻易获得信息的情况下，我们通常喜欢间断、支离破碎而又令人愉快的内容。"① 因此，一方面囿于移动接收终端媒介自身的物理形态，一方面为了迎合受众，移动接收终端提供给受众的是海量的、碎片化的表层信息。而广大的受众，亦满足于这种浅层信息的获取，形成碎片化的思维模式。由于大众传播媒介可以通过大量的传媒产品来潜移默化地影响受众，长期在媒介影响之下的受众自觉自愿地放弃了自己的思考能力，对媒介所提供的信息顺从地接受，形成整齐划一的无思想的人群。当人类被某种没有深度的文化碎片绑架的瞬间，信息接受主体就丧失了主体地位，成为一件物品。严重依赖移动终端所提供的信息的现代人就成为了马尔库塞笔下的缺乏否定精神、丧失了理性批判意识，顺从地接受媒体全面统治的"单向度"的人。

四、移动接收终端对人的社会生活的异化

（一）情感疏离，人际冷漠

大众传播媒介，特别是网络、移动接收终端等新媒介的快速发展，开启了一个人类社会交往的新时代，使个人足不出户便知天下。电子媒介技术提供的联络的便捷使人与人之间直接接触的必然性由此削弱，由于QQ、微博、微信等虚拟社区功能的不断完善，人们更慢慢倾向于网络上的人际传播而渐渐忽略了现实生活中的人际交往。使直接的现实性的交往让步于远距离的虚拟交往，由此形成的结果是遥远的人因为网络对空间概念的改写而变得熟悉，与自己接近的人却无暇顾及而变得陌生起来。由于坐在一起聊天、吃饭的亲密的人际交往机会正被一个人独自坐在电脑前看电脑或玩着手机所替代，这使得家庭关系、朋友关系也渐渐变得疏远。远的事物变近，近的事物变远，近处的人、家庭、邻居关系变得陌生。正如保罗·维利里奥所说："'远的'事物的接近相应地使'近的'事物、朋友、亲人、邻居离远，使得所有在近处的人、家庭、工作关系或邻居关系成为陌生人或是敌人。已经在交通方式（港口、火车站、飞机场等）的安排中显现出来的这种社会实践的颠倒，又被新的远程通信手段（电讯设施等）加强和激烈化。"② 有人在社交网络虚拟世界的朋友成百上千，在现实生活中却找不到一个说话的人。媒介技术使真实的人与人之间的关系感情淡化，人们越来越喜欢独处，这与人的社会本质是背道而驰的。

打电话、看新闻、听音乐、刷微博和微信、玩游戏、聊天，购物等，功能强大的移动接收终端让人们越来越离不开它。"手机依赖症"已经成为人们的通病，就算朋友就在身边，也要依靠手机和网络进行交流。甚至在朋友聚餐、家人团聚的时候，仍有"低头族"忙于听音

---

① 尼古拉斯·卡尔：《浅薄——互联网如何毒害了我们的大脑》，刘纯毅译，中信出版社2010年版，第8页。
② 保罗·维利里奥：《解放的速度》，陆元昶译，江苏人民出版社2004年版，第27页。

乐、查邮件、上社交网络、玩游戏，而懒得与周围的人沟通交流，就算说话也是敷衍了事。当我们开会时盯着胯下，吃饭时举行奇怪的仪式，当我们因微博、微信的评论伤心难过时（有人甚至因此自杀），我们是否丧失了与他人在现实世界交流的兴趣与能力？

"世界上最遥远的距离，不是生与死，而是我站在你身边，你却在玩手机。"当人们把精力放到智能产品的交流上时，就会产生人际冷漠，情感疏离。而且还有可能"健忘"，这个"健忘"并不是记忆力减退，而是注意力集中在智能产品，而忽视了身边的人和事。对移动接收终端的过度依赖必然导致人际关系的异化。

（二）参与、沉溺于媒介构建的拟态环境，与现实世界相隔离

拉扎斯菲尔德和默顿认为，现代大众传播具有明显的负面功能。它将现代人淹没在表层信息和通俗娱乐的滔滔洪水中，人们每天在接触媒介上花费大量时间和精力，降低了积极参与社会实践的热情：他们在读、在听、在看、在想，但是他们却把这些活动当作行动的代替物。他们有知识、有兴趣、也有关于今后的各种打算，但是，当他们吃完晚饭，听完广播、读完晚报之后，也就到了睡觉的时间了。拉扎斯菲尔德和默顿把这种现象称为大众传播的"麻醉作用"，认为过度沉溺于媒介提供的表层信息和通俗娱乐中，就会不知不觉地失去社会行动力，而满足于"被动的知识积累"。[①]从"沙发土豆"到"鼠标土豆"再到今天的手机奴隶一族，人们对于媒介的严重依赖使得个人将大量的时间消费在媒介提供的信息与娱乐中，而无暇再去参加现实社会中的实践活动。

现代社会越来越巨大化和复杂化，人们由于实际活动范围、精力和注意力有限，在超出自己亲身感知以外的事物只能通过大众传媒去了解。大众传媒向人们提供各种信息，这些信息并非客观世界镜子似的再现，而是经过媒体选择和加工后构建的"拟态环境"。虽然拟态环境与现实世界有很大的距离，但由于人们是根据媒介提供的信息来认识周围世界和采取行动的，这些行动又作用于现实环境，便使得现实环境越来越带有"拟态环境"的特点（拟态环境的环境化）。

小巧便捷的移动接收终端突破了时空和电脑终端设备的限制，可以延伸到社会生活的最小角落，它不仅可以使新闻传播与事件进展同步进行，还可以使广大移动用户从信息接收者变成信息的发布者，在第一时间以最快的速度发布最新的消息。毫无疑问，移动终端也通过对信息的选择与加工向人们呈现了一个媒体建构的拟态世界，并通过市场和宣传来实现对人的控制，但是由于其互动性和参与性，我们每一个人也可以参与到这个拟态世界的建构的过程中去。于是，可以看到，那些被手机绑架的人们整天流连在手机网络上，每天忙于手机屏幕上琐碎的却并无多少实质意义的活动：忙于发帖，忙着在新闻下发表评论，忙着晒自己的自拍照和美食、旅游等图片，在看视频的时候也不忘发弹幕……这种虚拟与现实世界的交互活动满足了人们的参与感，每天渴望得到别人的关注或者忙于点赞，给人带来极大的心理满足和快感，让人沉溺于其中不能自拔。移动终端和受众一起，构筑了一个娱乐化的拟态环境。受众沉迷于移动终端带来的娱乐快感中，在心

---

① 郭庆光：《传播学教程》，中国人民大学出版社 2011 年版，第 122 页。

理学范畴里，媒介娱乐化会导致人类的堕落，人类的堕落主要表现为依赖某种中介逃避自我的行为意识，采用安于现状的生活态度，借此来虚度光阴和享受快感。移动终端作为一种合理的工具将现代人们的心理压力释放，人们参与并沉溺于媒体建构的拟态环境中，通过手机自我麻醉，享受着自我创造的"主观现实"，而身体的惰性和思考的惰性却持续增长；人们无暇也不愿走出手机创造的小小屏幕世界，去认识真正的客观世界，这正是人类异化的不断持续过程。

当移动接收终端在人们的社会生活中占据越来越重要的位置时，我们应深入思考传媒技术与社会发展、传媒技术与人之间的关系。我们在享受先进的传媒科技带来的种种便利的同时，也要警惕媒介对人的异化，不要成为患上手机依赖症的"手机人"，不要让本应为人类服务的人类的创造物却反过来成为压制人类身心发展和社会发展的力量。

【夏临，浙江越秀外国语学院网络传播学院讲师】

媒介融合语境下电视台微信公众号的传播①

【摘 要】本文通过对多家电视台微信公众号进行分析，简要阐述了电视台微信公众号的传播优势与不足，并对电视台微信公众号未来的发展提出相关建议。

【关键词】媒介融合　电视台微信公众号　传播

■ 李飞雪　赵梦婷

数据显示，截止到2015年第一季度，微信公众账号总数已经超过800万个，接近80%的用户关注微信公众号。② 微信公众号成为用户在移动互联网中一个重要的信息接入口，它融内容、社交与服务为一体，凭借庞大的用户基数，通过移动式内容呈现、用户阅读点赞、评论、转发分享，建立新的信息传播链。③ 作为传统媒体的电视台为了适应这种新的信息传播链，纷纷开通电视台微信公众号，来弥补自身单向传播的不足。针对这一现象，本文对多家电视台微信公众号进行分析，对电视台微信公众号的传播优势、不足进行简要梳理，并对电视台微信公众号未来的发展提出相关建议。

一、媒介融合语境下电视台微信公众号的传播优势

（一）碎片化传播

作为传统媒体的电视台，其信息生产方式是精心制作节目之后，在固定的时间段进行传播。由于受众受到时间和空间上的制约，并不能在固定的时间段或者集中在电视机前观看节

① 本文为李飞雪负责主持的中国广播电影电视社会组织联合会项目"媒体融合背景下电视台微信公众号突发事件报道研究"（项目编号：2015ZGLH009）的阶段性成果。

② 《2015年微信用户数据报告：想知道的全在这儿》，http：//www.ithome.com/html/it/152417.htm。

③ 黄楚新、彭韵佳：《我国电视微信公众号的发展现状、问题及建议——以排名前十的电视频道为例》，《中国广播电视学刊》2016年第3期。

目，所以受众会错过一些精彩的节目内容，而电视台微信公众号正好解决了这个问题。电视台微信公众号信息生产方式是制作好节目之后，在固定时间进行推送，受众可以根据自己的实际情况，利用碎片化的时间进行阅读，不需要像观看电视节目那样统一集中在固定时间段内获取信息。只要有网络，受众就可以在任何时间，任何地点获取微信公众号上的信息。

（二）高信息接收率

作为传统媒体的电视台，其传播方式是一对多，即一个媒体对多个受众在固定时间段内进行集体传播。而依托于微信的微信公众号的传播方式是一对一传播，电视台微信公众号推送的信息能直接到达每位受众的客户端，相比较电视台的传播方式，电视台微信公众号传播的信息到达率会更高一些。比如中央电视台财经频道微信公众号"央视财经"在2016年10月27日18点19分推送的《出大事了！中国经济要"崩溃"？你信了吗》，内容是对今年西方媒体出现有关"中国经济崩溃""人民币崩溃"的观点进行辟谣。如果这则信息放在电视台上播放，可能受众会因为没有在那个时间段观看而错过。这则信息通过电视台微信公众号推送，信息就会一直保存在受众的客户端里，受众可以选择在合适的时间点开、获取信息。由此可见，电视台微信公众号信息到达率高于电视台的信息到达率。

（三）良好的媒体联动

电视台具有优质丰富的视频资源，可以与电视台微信公众号共享，而电视台微信公众号可以在平台上推送电视台的节目预告或者电视节目的参与方式，所以传统媒体与新兴媒体可以进行良好联动，旨在为受众提供更好的服务。比如北京电视台微信公众号"北京电视台"在

2015年10月17日19点48分推送的《北纬40度/"北京时间"见证"神十一"与日同辉》，内容中包含了一段6分33秒的北京电视台"北京时间"的视频，让受众更为直观地了解"神十一"的整个发射过程。而北京电视台微信公众号"北京电视台"在2015年10月16日18点03分上推送的《北京卫视大型纪录片"红军不怕远征难"10月17日隆重推出》，是对大型纪录片《红军不怕远征难》进行的节目预告，并在接下来的10月17日到10月21日五天的时间，不间断推送该纪录片的预告信息，不断加深受众对纪录片的印象。这样在微信公众号上宣传节目信息，以达到受众打开电视观看节目、增加收视率的目的。

（四）浅阅读与深阅读结合

如今进入快节奏的时代，大多数受众习惯进行浅阅读的阅读模式，所以电视台微信公众号在推送信息的时候也会满足受众浅阅读的需求。电视台微信公众号推送的信息会标出重点语句，受众不需要逐字逐句进行阅读，就可以在很短的时间内获取信息主旨。比如北京电视台微信公众号"北京电视台"在2016年9月26日18点25分推送《谁在自毁长城？辽宁文物局长：跟我无关》，针对辽宁省绥中县的最美野长城被"抹平"事件，电视台微信公众号编辑把当地村民的意见，专家对此事的质疑，以及辽宁省文物局局长的对此事的态度用不同的颜色标识出来，让受众只需要看这些有颜色的标识信息，就可以一目了然。

电视台微信公众号并不仅仅满足了受众浅阅读的需求，还满足了受众深阅读的需求。作为传统媒体的电视台，其播放的视频内容具有瞬间性，并且一条信息接着一条信息不间断地向受众播放，导致受众在思考这条信息的时候

就会错过下一条信息的内容，不适合受众静下心来进行深度思考。但是电视台微信公众号可以像书本一样呈现文字内容，所以能够满足受众深度阅读的需求。比如中央电视台新闻中心微信公众号"央视新闻"在 2016 年 10 月 28 日 20 点 57 分推送的《评论/这是一场"补钙 红脸 两脚泥"的淬炼》，该文章是对刚刚闭幕的党的十八届六中全会上制定的《关于新形势下党内政治生活的若干准则》的深度解读。一般受众对于政治新闻会感到晦涩难懂，而该篇文章从"新形势下的党内政治生活状况如何？""为什么制定一部新形势下党内政治生活准则？""怎样严肃党内政治生活？"三个方面对受众进行详细解读。并且文章中出现很多形象的比喻，如"理想信念"比作"钙"；"党内的批评与自我批评"比作"红脸出汗"；把"党内生活接地气"比作"两脚泥"等，一次帮助受众理解，使得受众更加了解此次会议的内容。

（五）与受众互动方式多样

1. 受众直接留言与媒体互动

电视台作为党和政府的喉舌，具有"上传下达"的职责。"上传"是指媒体将人民的声音传达给政府，以便于政府更好地解决问题为人民服务；而"下达"是指媒体将政府的方针政策传播给受众，或者是将近期发生的事情告知受众，让受众了解政府的最新动态，以满足受众的知情权和监督权。电视台在"下达"这个层面做得很好，每天向受众播放政府的最新的动态新闻，但是"上达"即汇集民众的工作完成的不是很好。电视台微信公众号正好弥补了这个不足。电视台微信公众号向受众推送信息的时候，受众可以在阅读完信息之后对信息内容进行评论，发表自己的观点，这样就可以搜集很多受众不同的声音。比如北京电视台微信公众号"北京电视台"在 2016 年 10 月 25 日推送的《网上代办北京市居住证 & 居住登记卡？假的!》，这则内容是条提示性消息，通过警察发布的信息来提醒受众不要在网上代办居住证或者是登记证以防上当受骗。在文末有"您相信网上能代办居住证/登记卡吗？"以及"如果是您，会选择哪种渠道办理？"两个问题提供受众参与讨论进行互动。电视台微信公众号通过这种方式可以搜集受众的各种声音，然后可以将这些声音汇总之后跟电视台沟通，然后电视台与其微信公众号一起策划报道内容，来满足受众的需求。

2. 受众直接向媒体定制内容

电视台微信公众号可以向受众推送其感兴趣的内容，即受众可以直接跟电视台微信公众号袒露心声，定制属于自己的内容。如北京电视微信公众号"北京电视台"在 2016 年 10 月 14 日推送的《赶快！定制你的直播，"神十一"就要上天了!》，这条信息对 10 月 17 日"神十一"的发射信息进行预热，然后接着推出关于"神十一"发射您最好奇什么？向受众抛出为什么"神十一"上没有女航天员？航天员如何解决"三急"的问题？有人晕车、晕船，那么有人"晕飞船"吗等问题，让受众自主选择其中的一个问题或者是受众将想了解的信息告知媒体，然后媒体根据受众的选题进行直播，受众就可以获得属于自己私人定制的内容。

二、媒介融合语境下电视台微信公众号传播的现存问题

（一）节目预告内容过多

由于受到时间或空间的限制，受众或许会错过电视台播出的一些精彩内容，所以电视台

微信公众号可以提前推送节目预告，提醒或者吸引受众观看电视节目，但是推送节目预告信息只是电视台微信公众号的传播内容之一，总是推送电视节目预告内容，会使受众失去新鲜感。把北京电视台微信公众号"北京电视台"和湖南广播电视台微信公众号"湖南卫视"在2015年10月11日至2015年10月25日推送的内容进行数据统计，发现北京电视台微信公众号"北京电视台"在15天的时间段内一共推送了62条信息，其中节目预告信息有35条，占总推送信息的56%；而湖南广播电视台微信公众号"湖南卫视"在15天的时间段内一共推送了53条信息，其中节目预告信息有42条，占总推送信息的79%，从数据可以看出两个电视台微信公众号推送的节目预告信息比例都很高。

下面以北京电视台微信公众号"北京电视台"在2016年10月17日当天推送的4条信息为例，统计到2016年10月25日，4条信息的阅读量及点赞数如下：

表1　微信公众号"北京电视台"2016年10月17日推送的信息数据统计

题目	阅读量	点赞数
《北纬40度/"北京时间"见证"神十一"与日同辉》	5419	24
《从"东方红"到"神十一""北京时间"见证中国航天新起点》	160	3
《北京卫视纪录片"红军不怕远征难"今晚19：30两集连播》	135	3
《北京居住证到底怎么申领?! 不看这条小心白跑一趟》	1304	2

从表格当中可以看出受众对于节目预告并不是很感兴趣，都是同一天推送的信息，关于节目预告的两条信息阅读量远远低于不是节目预告的信息阅读量。受众订阅电视台微信公众号的目的之一是想看电视节目预告信息，但是过多的节目预告信息会让受众产生审美疲劳，失去新鲜感。

（二）与受众互动性不强

电视台微信公众号推送的每一条信息受众都可以参与互动，但是通过对几家电视台微信公众号的分析，发现推送信息的阅读量很多，但是参与互动讨论的人却不多。如中央电视台新闻中心微信公众号"央视新闻"在10月27日在16点07分推送的三条信息为例，数据统计如下：

表2　微信公众号"央视新闻"10月27日推送的三条信息数据统计

题目	阅读量	点赞数	留言数
《再过几天，一次影响两岸和平的会面将登场》	100000＋	2275	12
《回忆/吃老鼠肉充饥、经常被打…遭海盗劫持中国船员讲述1600多天恐怖经历》	88799	1135	9
《酷炫/普京专机内部曝光 看看长啥样?》	100000＋	973	10

从表格当中可以才看出，阅读量都很高，表明受众对此条信息是感兴趣的，但从留言板上的留言数来看，受众却不愿意与媒体分享互动。

互动应该是双向的，电视台微信公众号在推送的信息同时抛出话题，受众参与话题讨论写下留言时，也应该得到电视台微信公众号对留言的及时反馈。可是根据对北京电视台微信公众号"北京电视台"的分析发现，受众参与到电视台微信公众号的话题讨论，但是却得不到电视台微信公众号的反馈。如北京电视台微信公众号"北京电视台"在 2016 年 10 月 17 日推送的《北京居住证到底怎么申领?! 不看这条小心白跑一趟》，在留言板上一个受众提出"我的房子是小产权房，能不能办理居住证呢?"问题，但是该问题并没有得到电视台微信公众号的回复。再如北京电视台微信公众号"北京电视台"在 2016 年 10 月 25 日推送《网上代办北京市居住证 & 居住登记卡? 假的!》提醒大家不要在网上代办北京市居住证或者登

记证，然后留言板上有受众提出"现在办证太难了，一个派出所只开一个口，一天办 30 人左右，什么时候能排上号办完?"电视台微信公众号仍然对该问题没有相应的回复。如果受众的留言总是得不到回复的话，留言板摆在那里就是形同虚设，并不能真正起到媒体与受众互动的作用。

（三）信息内容重复较多

电视台微信公众号为了让受众了解更为详实的信息，就会不断地对同一件事情进行推送，但过多的信息推送反而会使受众缺乏对事件的新鲜感。下面以北京电视微信公众号"北京电视台"报道贫困山区里的春蕾女童合唱团事件为例，统计表格如下:

表3 微信公众号"北京电视台"报道贫困山区里的春蕾女童合唱团事件相关数据统计

报道日期	题目	是否头条	阅读量	点赞数
2016 年 10 月 18 日	《我不要十四岁就当妈妈! 中国最穷女童合唱动人乐章》	是	1933	16
2016 年 10 月 19 日	《我要把歌声传向太空! "太空信"女孩用梦想唱出大山的歌声》	否，当日推出四条信息，占第二条位置	161	4
2016 年 10 月 20 日	《从 14 岁当妈到向往大学，是谁点燃生命的希望?》	否，当日推出四条信息，占第三条位置	190	5
2016 年 10 月 21 日	《"我不要 14 岁就当妈!"分享春雷女童故事，帮她们梦想成真》	否，当日推出四条信息，占第三条位置	222	2

从表格当中可以看出，受众对春雷女童的报道是感兴趣的，在 2016 年 10 月 18 日第一天报道该事件的时候获得 1933 的阅读量，但在接下来持续三天的报道当中，收获的阅读量却特别少。对连续四天的该事件的报道内容进行分析，发现四天的内容有很多重复部分，即重复出现的图片，重复出现的文字，重复出现的视频。这样的内容使得受众的新鲜感不断降低，直接导致推送信息的阅读量越来越少。

三、媒介融合语境下电视台微信公众号传播发展建议

（一）增加精确推送

电视台微信公众号虽然是电视台的延展，但并不能单纯地将电视台的内容照搬到微信公众号上传播。电视台微信公众号不仅仅是电视台的另一条传播渠道，应该做出具有微信公众号特色的内容，而非电视台信息的"搬运工"。

首先媒体要明确受众订阅电视台微信公众号的目的,只有了解受众的需求,媒体才能对自身更好的定位,向受众提供满足受众需求的精确信息。

受众订阅电视台微信公众号的目的有:一是希望看到电视台的精彩节目预告,以防错过电视台播放的精彩内容;二是希望在电视台微信公众号上获取对电视台播放内容更为深入的解读,满足受众进行深阅读的需求;三是希望媒体对受众身边发生的事件进行报道,满足受众的知情权。大多数关注电视台微信公众号的其实都是本地的居民,比如你是北京人,那么你关注北京电视台的微信公众号的概率就会大于你关注别的省市电视台的微信公众号,所以电视台的微信公众号还是要接地气,多推送当地的民生新闻。四是受众希望可以与媒体进行互动。所以电视台微信公众号只有了解受众的需求,然后对自身媒体合理定位,才能推送出受众喜欢的精确内容,才能增加信息的点开率。

推送精确内容还可以从微信后台的用户数据下手,对数据的深度挖掘与分析,有助于电视台微信公众号实现"一寸宽、一丈深"传播。"一寸宽"即准确定位,实现精准化传播,"一丈深"即深入挖掘信息,实现深度化传播。[1] 合理利用好微信后台数据,可以帮助电视台微信公众号推送受众喜欢的精确内容。

(二)添加流行元素

2014年国家新闻出版广电总局发出《关于广播电视节目和广告中规范使用国家通用语言文字的通知》。通知要求,各类广播电视节目和广告应严格按照规范写法和标准含义使用国家通用语言文字的字、词、短语、成语等,不得随意更换文字、变动结构或曲解内涵,不得在成语中随意插入网络语言或外国语言文字,不得使用或介绍根据网络语言、仿照成语形式生造的词语。[2] 由此可见,传统媒体电视台由于受到一些条框的限制,所以在新闻报道上放得不开也不敢放开,但是电视台微信公众号可以弥补这个缺点。

微信公众号的审查制度没有电视台那么严格,所以可以将时下热门的网络热词,表情包,等流行元素加入都推送内容当中,来迎合受众的阅读兴趣。因为在推送的内容当中加入一些网络用语,可以拉近媒体与受众之间的距离。但是作为电视台微信公众号的新媒体不能一味迎合受众的兴趣,应该有媒体自身的底线,把握好该使用什么样的网络热词,不该使用什么样的网络热词。也就是电视台微信公众号应该有媒体自身的标准,在合理合法的范围内紧跟潮流,将网络热词融入报道当中,把推送内容做得更加有趣,更加受到受众的喜爱。

并且添加的流行元素应该与电视台微信公众号所推送的内容相契合,不能够生拉硬扯地强加进推送内容当中,这样的流行元素只会起到画蛇添足的作用。

(三)增强图片化数据化报道

在信息数据化、可视化的今天,受众读取信息时,希望信息不再是一大段文字的赘述,而是将文字转换成图片的形式,而且还希望读

---

① 黄楚新、彭韵佳:《我国电视微信公众号的发展现状、问题及建议——以排名前十的电视频道为例》,《中国广播电视学刊》,2016年第3期。

② 中华人民共和国国家新闻出版广电总局:《关于广播电视节目和广告中规范使用国家通用语言文字的通知》,http://www.gapp.gov.cn/news/1671/233053.shtml。

取的信息不再是一些数据的简单罗列，而是对数据的解读。电视台是以视频的形式进行信息传播，视频当中的画面会在一瞬间消失，不适合受众进行深度阅读。电视台微信公众号可以弥补电视台的不足，将电视台报道的内容进行更深层次的处理，用图片信息帮助受众理解，对电视台报道的数据信息进行深层次解读。

（四）选择固定时间推送

电视台微信公众号的推送时间最好选择在一个固定的时间段内进行推送，这样每天在固定时间推送，增加媒体与受众的粘性，有助于让受众养成接收习惯，以便培养固定的受众群。这样一到固定时间，受众会自然而然会点开微信公众号进行阅读，使得信息的传播效果更好。

在新兴媒体不断冲击传统媒体的时代，进行媒介融合是媒体生存的必然。在媒介融合的语境下，越来越多的电视台开通自身媒体的电视台微信公众号，在这条新的探索之路上，电视台微信公众号有很多优势，比如碎片化时间传播，信息到达率高，能进行良好的媒体联动等。电视台开通电视台微信公众号虽然顺应了新媒体时代的潮流，但是依旧存在一些不足之处，比如电视台微信公众号中出现过多节目预告内容，没有充分发挥互动性优势，报道内容中过多出现信息重复使用的情况。所以，电视台微信公众号应该了解受众需求，合理进行媒体定位，推送受众喜爱的内容，并且在推送的内容时，合理使用网络热词来满足受众阅读兴趣，且由于受众身处图片化数据化时代，还需将电视台稍纵即逝的视频画面信息在电视台微信公众号上进行图片化、数据化处理，向受众更深层次的解读信息。总之，电视台与其微信公众号的融合还需不断探索与发展，才更有利于满足受众需求，实现信息传播的深度融合。

【李飞雪，中国传媒大学新闻学院副教授；赵梦婷，中国传媒大学新闻学院新闻学专业硕士生】

媒介补偿：公共事件中互联网用户的对抗性研究

——以"山东疫苗事件"的网易跟帖为例

【摘　要】 本文以"山东疫苗事件"的网易跟帖为例，对互联网用户对抗性的基本特点进行概括：质疑权威；风格幽默；对抗心态难消解。新媒介的不断发展，补偿旧有媒介功能上的不足，带给互联网用户更好的使用体验，同时也成为互联网用户表达对抗性的重要载体。

【关键词】 媒介补偿　互联网用户　对抗性　"山东疫苗事件"

■ 周　莉　詹　骞

保罗·莱文森曾在《数字麦克卢汉》一书中提出过"补偿性媒介"理论，他认为：任何一种后继的媒介，都是一种补救措施，都是对过去的某一种媒介或某一种先天不足的功能的补救和补偿。[①] 书写和印刷是对稍纵即逝的口头传播的补偿；摄影帮助人们留下美好图景；广播使即时性的远距离传播成为可能；电视则以声画同步补偿了广播无法看到图像的缺憾；互联网更是一个典型的补偿性媒介，将原有的报纸、广播、电视等的不足加以补偿；手机又使以前一切媒介的非移动性得到了补偿。

进入新媒体时代，"用户"一词开始取代"受众"，被更广泛的用来形容新媒体的使用者。这一方面体现了传播者对用户使用行为的重视，另一方面则是对新媒体使用者的"主动性"的强调。"用户"不再是被动接受信息的"受众"，而是能自主使用媒介，会独立思考信息，还可以通过新媒介生产信息，掌握着主动

---

① ［美］保罗·莱文森著：《数字麦克卢汉——信息化新纪元指南》，何道宽译，社会科学文献出版社2001年版，第287 – 288页。

权的使用者。

斯图亚特·霍尔曾提出著名的有关编码与解码的理论，他认为受众对媒介文化产品的解释，与他们在社会结构中的地位和立场相对应。并据此提出了三种假想的地位：第一种是主导——霸权的地位，电视观众在主导符码范围内进行操作，在无意识中接受意识形态控制，这是一种"完全明晰传播"的理想状况；第二种地位是协调的地位，既承认有关事件的主导性定义的特权地位，同时又保留着较为协商式的方法将其运用于"本地情形"的权利，简而言之是一种既不完全肯定，也不完全否定的立场；第三种立场是对抗立场，电视观众有可能完全理解话语赋予的字面和内涵意义的曲折变化，但以一种全然相反的方式去解码信息。① 而这种对抗性的解码方式，在新媒体时代表现的更加突出。

转型期的中国，各方面都在进行深化改革，各利益阶层进行博弈，社会矛盾开始不可避免地显现出来，中国进入风险社会。新媒介给互联网用户带来更多的自主性补偿，使用户可以即时的，多渠道的表达自己的看法。互联网用户的主体意识觉醒，而风险社会里的社会信任又面临危机。这样的情况下，当一些与公众利益息息相关的公共事件发生时，互联网用户就很可能采取比较激进的解码方式，并通过新媒介，将这些对抗性的解读瞬时呈现出来。本文将以发生在 2016 年 3 月，受到公众普遍关注的"山东疫苗事件"为例，结合互联网用户在网易新闻客户端的跟帖情况，据此对公共事件中，互联网用户的对抗性解读做一些观察。

一、事件进程及跟帖情况分析

（一）事件的媒介呈现

2016 年 3 月，山东警方破获案值 5.7 亿元非法疫苗案，疫苗未经严格冷链存储运输销往 24 个省市。疫苗含 25 种儿童、成人用二类疫苗。3 月 18 日，澎湃新闻报道《数亿元疫苗未冷藏流入 18 省：或影响人命，山东广发协查函》，耸动的标题使山东疫苗事件迅速成为人们关注的焦点。3 月 19 日，澎湃新闻关于疫苗报道的新闻在网站下线，但舆论已然高涨。新闻客户端的头条、微博的热门话题、朋友圈的"疫苗之殇"等，有关疫苗问题的讨论充斥人们的生活，其中不乏对抗性的解读。

2016 年 3 月 19 日晚，山东省食品药品监督管理局发布了济南市食品药品监督管理局在协助公安机关侦破庞某等非法经营疫苗案中掌握的信息，共梳理出向庞某等提供疫苗及生物制品的上线线索 107 条，从庞某等处购进疫苗及生物制品的下线线索 193 条②，并向社会公开。随后，食药监总局、公安部等部门对疫苗案展开调查。到 3 月 22 日，李克强总理作出批示，要求彻查问题疫苗流向和使用情况。政府高度重视，媒体持续关注，舆论也继续发酵。

到 2016 年 5 月 20 日，新华社记者从最高检察院获悉，截至 5 月 19 日，检察机关在办理非法经营疫苗系列案件中，对涉嫌非法经营疫苗犯罪的 125 人批准逮捕，立案侦查涉嫌疫苗职务犯罪 22 件 37 人。

① ［英］斯图亚特·霍尔：《编码/解码理论》，文化发展论坛，http：//www.ccmedu.com/bbs14_ 26775.html，2016 – 10 – 24。
② 《关于庞某等非法经营疫苗案有关线索的公告》，山东省食品药品监督管理局，http：//www.sdfda.gov.cn/art/2016/3/19/art_ 3543_ 133258.html，2016 – 10 – 24。

2016 年 10 月 21 日，中新网发布新闻：自 2016 年 3 月，新闻媒体曝光山东济南庞某某等人非法经营疫苗案后，最高人民检察院挂牌督办，山东等地检察机关第一时间介入侦查引导取证，批准逮捕涉嫌非法经营等犯罪嫌疑人 297 人、起诉 68 人、立案侦查涉及的职务犯罪 100 人。① 这便是目前山东疫苗事件的最新进展情况了。

（二）网易新闻跟帖分析

2016 年 5 月 20 日仿佛是一个节点，疫苗案件调查虽然还在继续，但媒体的关注度却有所减退，有关疫苗的公开讨论渐渐不那么活跃，舆论也不再是人声鼎沸的盛况。笔者有一个有趣的发现：查询"山东疫苗事件"的词条，百度百科词条至今被编辑了 37 次，但有 34 次都是在 5 月 20 日之前的；360 百科被编辑了 16 次，4 月 14 日之后就尚未更新；搜狗百科被编辑三次，第三次的编辑是在 9 月，但只修改了词条的分类。从一定程度上可以看出，公众接触到疫苗信息的强度在降低。

网易新闻在 5 月 20 日前后提供的新闻规模也符合上述规律。3 月 18 日，疫苗事件曝光后，网易新闻提供了大规模的，来自主流媒体、自媒体等各类型的新闻报道，还专门制作了《聚焦山东问题疫苗案》和《非法疫苗再现 涉

案 5.7 亿元》两个颇具代表性的有关疫苗案的新闻专题。但 5 月 20 日至今，网易新闻对疫苗案资讯的提供都以单条罗列为主，不再以专题形式呈现，而且搜索过程并不简便，如果仅以关键词"疫苗事件"、"山东疫苗事件"等进行搜索，只能看到一条 10 月 20 日的新闻。

鉴于以上情况，本文对山东疫苗事件中网易的跟帖情况分析，将以 5 月 20 日为界限，分阶段进行。第一阶段是 5 月 20 日之前，舆论活跃，用户广泛，跟帖集中，比较有代表性，本文将选取这个阶段中用户的热门跟帖和最新跟帖进行重点观察；第二阶段是 5 月 20 日之后，用户比较分散，跟帖相对零散，本文将通过观察，截选出相对集中的时间段，并和第一阶段的跟帖进行对比，来得出一些结论。

1. 5 月 20 日之前的跟帖情况

疫苗事件发生后，网易新闻紧追热点，提供了许多相关资讯，并整合出了两个新闻专题。专题一是《聚焦山东问题疫苗案》，有 6 个板块，选取了 2016 年 3 月 19 日到 5 月 20 日的 35 篇报道，网友跟帖数达 148754（约 14.9 万）条；专题二是《非法疫苗再现 涉案 5.7 亿元》，有 8 个板块，选取了 2016 年 3 月 18 日到 4 月 25 日的 49 篇报道，网友跟帖数达 777345（77.8 万）条。简明情况如下：

表 1 网易疫苗专题基本情况表

专题	板块	时间段	篇数	跟帖数
《聚焦山东问题疫苗案》	6	3 – 19 至 5 – 20	35	14.9 万
《非法疫苗再现 涉案 5.7 亿元》	8	3 – 18 至 4 – 25	49	77.8 万

① 最高检：《山东疫苗案 100 人涉职务犯罪被立案侦查》，中国新闻网，http：//www.chinanews.com/sh/2016/10 – 21/8038989.shtml，2016 – 10 – 24。

时间上，两个专题选取的报道时间均在 5 月 20 日之前，是舆论比较高涨、互联网用户比较活跃的时段。报道内容上，两个专题共 14 个板块，84 篇报道，基本可以涵盖疫苗事件的基本情况。跟帖数目方面，两个专题的总跟帖数约 92.7 万，可以为观察互联网用户的特性提供参考。因此，本文将主要基于，但不限于这两个专题的跟帖情况来观察互联网用户的对抗性。为使观察更有效率，笔者将着重观察各板块中跟帖数目较多的报道，并选取热门跟帖进行研究。

2. 5 月 20 日之后的跟帖情况

2016 年 5 月 20 日至今，网易新闻对疫苗案资讯的提供采取单条罗列的形式。在网易搜索，键入关键词"山东疫苗案"可以得出最多的搜索结果，报道时间在 5 月 20 日之后的共 12 篇报道，报道时间集中在 10 月 21 日至 24 日，跟帖总数为 663。12 篇报道中，有 7 篇报道跟帖数均为 0，报道时间最早的是澎湃新闻

网于 10 月 21 日报道的《山东疫苗案进展：100 人涉职务犯罪立案侦查》，跟帖数为 588。

二、互联网用户对抗性的表征

结合疫苗事件各阶段的跟帖情况，并对互联网用户的跟帖留言进行有针对性的分析，可以发现互联网用户对抗性的一些表现和特征：

（一）对权威质疑，并主动发布爆点

用户的跟帖留言中，对权威的对抗比较强烈。比如，3 月 23 日《食药监总局：非法疫苗案部分上线为医药公司业务员》的报道，用户跟帖 5.7 万。观察发现，一些发长文帖论述疫苗无害，呼吁理性的用户，基本都得到了众用户的盖楼群攻。不仅如此，单是热门跟帖的前五名中，就有四名是直接针对政府的，原文照搬如下：

表 2　用户跟帖原文摘要

用户 ID	跟帖原文
m183＊＊＊＊0000	我想知道除了这些责任企业，药监局的人都死哪去了
贪吃蛇 h11	听起来监管部门很是清白啊?!!!
火星网友	看不懂在说什么？"部分"一词在公布信息中能用吗？
即使喷的好名字不好也不好	黑白无常无处不在，而且好多都是"监"关部门的

本是食药监总局公布的信息，但跟帖情况反映，用户并不买账，反而对发布此信息的食药监总局的专业性和权威性甚至是清白与否都表示了严重质疑，用户对劝服理性的排斥和对权威的不信任可见一斑。同样是这篇报道，用户"大中华区拔粪青年"跟帖："小提示：08 年三鹿毒奶粉事件中被记过处分的孙咸泽，就是现在的国家食品药品监督管理总局的副局

长兼药品安全总监。"此跟帖一出，迅速获得一些用户的踊跃回复。"前科"加事实，迅速营造一种"原来如此"的了然感。

但事实上，查询《行政机关公务员处分条例》会发现："受记过处分的期间为 12 个月；在受处分期间不得晋升职务和级别。处分期满后，应当解除处分。解除处分后，晋升工资档次、级

别和职务不再受原处分的影响。"① 如果孙咸泽是处分期满后出任药品安全总监则没有问题。

（二）语言风格幽默，讽刺意味强

除了直接表达不满，对抗权威，设置爆点外。长期活跃在新媒介领域的互联网用户，很熟悉也很擅长有个性，有趣的表达方式。他们语言幽默，但讽刺意味浓厚。比如网易财经发布的《一图看懂5.7亿山东疫苗案》，有6316条跟帖。热门跟帖里有用户问"为什么这个事在财经版?"，马上有用户跟帖"提的好，马上转娱乐版"，这名用户收获了619个赞。

《卫计委回应非法疫苗案：未发现疑似预防接种异常反应增多的情况》的报道热门跟帖里有用户留言"被强奸者没有怀孕，这是警察的功劳?"有807名用户觉得很赞。

再比如《沃森生物子公司一名董事因涉疫苗案件已刑拘3人》的报道中，用户在跟帖里写起了段子："我的一生：打的山东疫苗，喝的三鹿奶粉，吃的镀铬大米，喝的工业酒精，吸的京都雾霾……"；"早起，买根地沟油油条，切个苏丹红咸蛋，冲杯三聚氰胺奶。中午，瘦肉精猪肉炒农药韭菜，再来一发人造鸡蛋卤注胶牛肉……为什么还能顽强的活着? 终于有答案：因为自出生后就用了山东出产的疫苗。"

（三）对抗性看似不持久，但难消解

从2016年3月18日，疫苗事件被曝光，引发热议，到现在差不多过去7个月的时间。10月21日，最高检通报了山东非法经营疫苗案进展：立查涉职务犯罪百人。在网易新闻客户端可查询到的12篇报道，报道时间集中在10月21日至24日，跟帖总数为663。12篇报道中，有7篇报道跟帖数均为0，报道时间最

早的是澎湃新闻网于10月21日报道的《山东疫苗案进展：100人涉职务犯罪立案侦查》，跟帖数为588。这与之前疫苗事件动辄上万的跟帖情况，极具反差。

不可否认，这12篇报道内容上确实存在同质性，这可能是7篇报道跟帖数为0的原因之一。但仅就跟帖数最高的报道来谈，它不仅与之前三至五月份的跟帖数量上存在较大差距，观察其跟帖内容，笔者发现，热门跟帖和最新跟帖中，几乎都是"枪决、重判、立斩、深挖"等简短词汇。用户的对抗性已不似之前丰富，成为了单一的情绪对抗。

如此看来，互联网用户的对抗性是存在阶段性的，而且持续时间不算长久。但这只是表象，互联网用户的对抗性看似随着时间推移，随着信息接收强度的减弱而不再强烈。但事实上，他们的对抗性很可能只是暂时隐蔽起来了，并不会就此消解。观察上文提到的用户的跟帖段子："我的一生：打的山东疫苗，喝的三鹿奶粉，吃的镀铬大米，喝的工业酒精，吸的京都雾霾……"不难发现，每一次的公共事件，都在用户心里留存着很深刻的对抗记忆，几乎形成了基模，当有类似事件发生时，他们就会自动把这些事件联系在一起。这也是为什么在山东疫苗的跟帖中，总是会出现三鹿事件中，有关责任人的升迁状况，还能屡屡引发热议。

三、结语与讨论

公共事件中互联网用户的对抗性，其实质是：当损害公共利益的事件发生时，互联网用

---

① 《行政机关公务员处分条例》，中央政府门户网站，http://www.gov.cn/zwgk/2007-04/29/content_601234.htm，2016-10-24。

户运用媒介，表达对媒介系统和社会系统不信任或不满意的一种对抗状态。但是，对抗往往带来损耗，合力才能向前。媒介系统、用户系统以及社会系统，三者只有处于相对和谐的状态，才能更好地维护各方的利益，也才能一起朝着更好的方向发展。

媒介系统本质上是服务系统。新媒体时代，媒介使用者不再被称作带有被动意味的"受众"，而是被重新审视，定位在了掌握主动权的使用者地位。新的媒介不断对就旧有媒介的不足之处进行补偿，以使媒介使用者获得更好体验。是市场驱动也好，是利益使然也罢，总之，媒介系统似乎是越来越越认识到用户的重要性，立志不断优化对用户系统的服务。然而，还是会有用户发出"事儿越大，文越短"的感慨，或是"后台有妖怪，专吃我的帖"的吐槽。问题出在哪里了？事实上，对用户来说，媒介系统的基本功能就是提供有用的信息，发布事实的真相。如果脱离这两项基本功能，用户对媒介的对抗乃至弃用都不足为奇。当然，媒介系统在服务于用户系统的同时，也服务于社会系统。尤其在我国，传统媒体是国家的喉舌，媒介系统的公信力来源之一，就是借助及时传达政府信息而获得的权威性。其实，媒介系统就像是一个天平，托着两边的砝码，一旦过分偏重某一边，天平就会骤然失衡。

就用户系统而言，互联网用户生活在一个无处不媒介的空间。当公共事件发生，公众的利益被损害时，互联网用户可以通过自己熟悉的媒介，第一时间发出自己的声音，或是愤慨，

或是提议，或是嘲讽，或是安抚。新媒介带来的便捷似乎使用户比以往任何时候都更加占据主动权。用户不再被动接受信息，可以随时提出自己的质疑，表达自己的不满。然而，需要注意的是，媒介素养要求我们学会批判性的使用媒介，而不是批斗性的。不得不承认，许多用户在表达不满时，倾向于质疑一切，甚至是无理由的质疑一切。用户对抗的初衷是为了使公众利益得到重视，那么如何更理智一些，使对抗的合力得到关注，真正推动事件的进展，才应该是用户系统的着力点。用集体的智慧，来运用媒介系统维护公众权益，用理性的对抗，来监督我们的社会系统运行得更好。这比单纯的发泄和只靠刻板印象的质疑来得更有力量。

就整个社会系统来看，转型期的中国正处在深化改革的阶段，各种利益矛盾交织，我们进入风险社会。每一次的公共事件，都在对社会信任进行着拷问。新时期，如何管理好媒介系统，使媒介成为政府和人民有效沟通的桥梁。如何应对来自用户系统舆情的对抗，化解社会戾气，都成了考验社会系统的难题。在用户眼中，媒介系统和社会系统其实是一体的，都是权威的象征，而用户的对抗性很大的一个特点就是质疑和对抗一切权威。公共事件发生后，用户的对抗性往往不会随着事件淡化而消解，而是积累下来，为下一次对抗聚力。长此以往，就形成了公众对社会不信任，对媒介质疑的形态。因此，如何修补社会信任，树立起公众对社会廉政公正的信心是社会系统应该关注的一个着力点。

【周莉，中国传媒大学新闻学院新闻学专业硕士生；詹骞，中国传媒大学新闻学院副教授】

"徐玉玉遭诈骗案"新闻报道的框架分析
——以《澎湃新闻》和《人民日报》微博为例

【摘　要】本文选取徐玉玉遭诈骗案为例，以《澎湃新闻》《人民日报》的新闻报道作为研究样本，将数据进行整理，从还原事实框架、追问因果框架和追踪法理框架三个维度进行内容分析，阐释各个框架的含义和媒体多样化的报道方式。

【关键词】徐玉玉　电信诈骗　框架分析

■ 张云艳　王建华

随着网络、通信技术和金融业的发展，电信网络诈骗案也时有发生，成为社会的困扰。从 2009 年"北京千万电信诈骗案"到 2016 年的"清华在职教师遭电信诈骗，损失 1760 万元"，从国内到国外，电信网络诈骗的地域之广、手段之多，涉及金额巨大，已经成为公安部门打击的主要对象之一。山东徐玉玉遭诈骗案，因为受害者的准大学生身份、敏感的电信诈骗话题以及受害者身亡的悲惨结局，触动了社会各界的神经，在微博上迅速成为热议的话题。

《澎湃新闻》以"专注时政与思想的媒体开放平台"为宗旨，自改革上线以来拥有较庞大的粉丝群，截止 2016 年 10 月 4 日，其新浪微博粉丝数为 191.3731 万，有一定的影响力。此外，《澎湃新闻》注重信息聚合和信息挖掘，来实现内容生产，它对徐玉玉一案的新闻报道较多，关注时间较长，因此十分具有研究价值。本文还选取《人民日报》作为另一个研究样本。《人民日报》以评论和理论的优势见长，它在保持原有传统之上，落实"三贴近"原则，使报纸更贴近生活、贴近实际、贴近群众。

本文选取《澎湃新闻》和《人民日报》的微博数据作为研究样本，对当下最引人关注话题之一——徐玉玉遭电信诈骗案的新闻报道进行框架分析。

一、案例选取和数据挖掘

（一）案例选取：徐玉玉遭诈骗案具有典型性

2016 年 8 月 21 日，山东临沂市徐玉玉接到声称是教育局的电话，被诈骗走人民币共 9900 元，郁结于心，终不治身亡。一时间，徐玉玉遭电信诈骗案引起网民热议，同时，推动了全国加大打击电信网络诈骗的力度，推动了各地出台整治电信网络违法犯罪的新规。如 2016 年 9 月 30 日，安徽省十二届人大常委会第三十三次会议表决通过《安徽省信息化促进条例》，根据条例，"向他人出售、披露所获取信息的，将被会处以最高 50 万元。"① 同日，中国人民银行发布最严新规"将从支付结算上入手，进一步提升支付结算安全性，整治电信网络违法犯罪。"② 12 月 1 日起实行。徐玉玉遭电信诈骗案是网民热议时间较长，也是破案较快、影响较大的电信诈骗案。因此徐玉玉遭电信诈骗案具有特殊的意义，在电信诈骗案例中具有典型性。

（二）数据挖掘：对《澎湃新闻》、《人民日报》的微博数据整理

本文选取新浪微博社交平台上的数据，以"徐玉玉"为关键词在《澎湃新闻》进行搜索，共有 37 条结果，去掉与徐玉玉遭电信诈骗案本身无关的，可使用的有效数据是 35 条。时间

上，截取最早发布新闻报道 8 月 23 日——10 月 1 日《澎湃新闻》发布最后一篇新闻报道。其中，在稿件来源上，《沂蒙晚报》4 篇，《齐鲁晚报》1 篇，《中国之声》1 篇，@临沂发布 1 篇，公安刑侦局 1 篇，法制网 1 篇，新华网 2 篇，《华商报》1 篇，工信部网 1 篇，央视新闻 3 篇，《人民日报》2 篇，中新网 1 篇，最高人民检察院网 1 篇，《中国青年报》1 篇，《检察日报》1 篇，共 22 篇，占 62.9%。《澎湃新闻》发布 13 篇，占 37.1%，且主要集中在中后期发布。

《人民日报》的截取时间同样是 8 月 23 日——10 月 1 日，以"徐玉玉"为关键词，共显示 17 条结果，其中与徐玉玉有关的有效数据为 16 条。在稿源上，多是出自《人民日报》。也有转发其他媒体，如《齐鲁晚报》1 篇，《澎湃新闻》1 篇，《沂蒙晚报》1 篇，@临沂发布 1 篇，央视新闻 2 篇，共 6 篇，占 37.5%。《人民日报》则有 10 篇，占 62.5%。

根据框架理论，将《澎湃新闻》和《人民日报》的微博数据进行归纳整理，分为三个框架：还原事实框架、追问因果框架和追踪法理框架。还原事实框架包括徐玉玉遭诈骗、徐玉玉父亲对此案的态度、诈骗嫌犯落网经过等内容，共 15 篇；追问因果框架主要包括电信运营管理缺失和个人信息倒卖，包含了社会公众以及媒体关注的重点内容，共 18 篇；追踪法理框架包括案件进展以及电信诈骗嫌犯可能受到的刑法等内容，共 18 篇。

---

① 《重拳出击！安徽出台新规：出售个人隐私最高将被罚 50 万元》，新浪新闻，http://zx.sina.cn/2016-10-03/zx-ifxwkzyh4166218.d.html?vt=4&wm=3049_0018，2016 年 10 月 3 日。

② 《央行最严新规！支付宝微信将限制转账笔数、额度》，《齐鲁晚报》，http://weibo.com/ttarticle/p/show?id=2309404026769442264843，2016 年 10 月 4 日。

本文通过对新闻报道分析，揭示各框架中的含义，分析两家媒体对徐玉玉遭电信诈骗案的报道特性，并对媒体的新闻报道提出建议。

二、《澎湃新闻》《人民日报》的新闻报道框架分析

（一）还原事实框架：新闻报道的适度原则

HOW是新闻报道的基本要素，是指阐述清楚事件发生的经过。但在进行新闻报道时，既要传递事件怎么发生的信息，也需把握适度原则，避免对受害者或受害者家属造成二次伤害。徐玉玉被骗后在父亲陪同下报了警，之后不治身亡。诈骗过程究竟是怎样的，使得十八岁女孩一步步落入陷阱？这成为媒体和受众迫切想得知的内容。《澎湃新闻》从徐玉玉家人角度还原受骗过程，"由于前一天的确曾接到教育部门发放助学金的通知，她当时并没有怀疑电话的真伪。"继而报道徐玉玉受骗之后"哭的伤心"，她的家庭贫困，"一万块钱意味着父母要省吃俭用大半年才能凑出来"，还原了徐玉玉因受骗的过程，以及受骗后的心理状态。《澎湃新闻》还报道了家属对此案的态度，帮助记录了家属对受害者的追思，传递了家属"给孩子一个交代"的诉求。

《人民日报》发布的简短消息，向受众报道了徐玉玉遭电信诈骗案的告破以及犯罪团伙是如何实施诈骗的事实。如"18岁女孩被骗学费9900元昏厥离世：诈骗电话来自虚拟运营商"，交代徐玉玉遭电信诈骗身亡的信息之外，还提到了诈骗电话来自何处的细节，引导受众思考虚拟运营商管控缺失的问题。

（二）追问因果框架：新闻报道的立体化

"改变以往那种平面化的报道模式，力求多侧面、多层次地报道变化中的事物，使新闻报道立体化。我们不想用一种新的模式要求所有的报道，但是可以肯定，有相当一部分报道，特别是那些从较大广度和深度反映某一事物的新闻、通讯、调查等，应该如此。"[①]

其一，《澎湃新闻》对徐玉玉遭电信诈骗案的新闻报道正是体现了从多侧面、多层次报道的理念。如从诈骗嫌犯生活现状"年轻缺钱或人生不顺，想快速谋财"的角度追问徐玉玉遭电信诈骗案发生的原因。其二，《澎湃新闻》报道了"个人信息泄露"、"个人信息安全保护缺失"给了诈骗犯可乘之机，呼吁政府有关部门加大惩罚力度，让"买卖个人信息的人普遍付出代价"。其三，《澎湃新闻》问责电信服务商。电话号码实名登记不严格，实际归属地不明，加大了执法的阻力，也是电信网络诈骗案件不断上升的原因。其四，《澎湃新闻》从当前大数据时代，技术发展所带来的弊端的角度，甚至提出"隐私裸奔时代"一词，以揭示案件发生的原因。最后，追踪到福建安溪地区电信诈骗屡禁不止。

《澎湃新闻》在追问事件发生的原因时注重突出重点，即售卖个人信息猖獗。8月26日—9月22日，发布6篇关于信息泄露的新闻报道。《学生被诈骗离世背后的数据贩卖链条：几分钟可黑进教育局网站》、《教育部门承认案发前日曾致电徐玉玉，但"绝无可能"泄漏信息》、《山东罗庄警方：尚不知电信诈嫌犯如何获得徐玉玉个人信息》《人民日报追问：到底

---

① 苏怀亮：《谈新闻报道中的因果把握》，《新闻论坛》2013年第6期。

谁在贩卖个人信息?》《徐玉玉信息如何被盗:嫌犯攻击山东高考报名系统盗取考生信息》《央视还原徐玉玉案:黑客出卖考生信息,骗子作案按剧本分工》。又如,数据贩子宣称"国内学校,一半的数据我都有,即使没有,只要你告诉我名字,我也都能拿到。"①《人民日报》以短评的形式揭露出信息倒卖市场的猖狂,问责倒卖信息"内鬼",表达对"失效的信息管理,失重的信息黑市"的愤怒和谴责,强烈呼吁"堵上信息黑洞,监管之手不能再让人失望!"。在追问众多事件发生背后的原因时,两家媒体都突出重点,即个人信息泄露、被倒卖。

《人民日报》还使用简短消息加图片的方式清晰点出徐玉玉遭电信诈骗案主要原因——"受骗",继而引出"如何防骗,保护生命财产安全"的内容。

(三) 追踪法理框架:新闻报道的舆论引导

法理框架包括抓获犯罪嫌疑人进展情况,每个阶段取得的成果都具有一定的新闻价值。《澎湃新闻》和《人民日报》以短小篇幅及时发布消息,传递人民公安、人民检察院、人民法院、县委、县政府等部门打击诈骗犯的力度,以及案件进展趋向。如《澎湃新闻》在2016年8月26日发布,"公安部发布A级通缉令通缉徐玉玉案3名在逃人员""请各地公安机关接此通缉令后,立即部署查缉工作,发现犯罪嫌疑人即予拘留,并速告公安部刑侦局"。《澎湃新闻》还报道了被称为"诈骗之最"的福建安溪地区对电信诈骗犯的严惩态度。"福建安溪发通告严打电信诈骗:干部为电诈嫌犯说情一律免职"。报道了法治网分析,"'骗死'大学

生的诈骗犯抓到后能判多少年?。"

此外,法理框架还包括了最高法院等六个部门针对电信诈骗所做出的决策,"最高法院等六部门对电信诈骗放大招:个人用ATM向他人转账,24小时后才到账。"《人民日报》采用微评方式,表达鲜明的立场和态度,引导舆论,"用'一时不便'挽救'一时糊涂',制度重拳出击,就是要根除电信诈骗的毒瘤。徐玉玉式的人间悲剧该谢幕了!无论是电话100%实名制,还是海外密集抓捕,唯有正义的法网越织越密,才能还耳边清净,还社会清朗。"

三、结 语

对《澎湃新闻》和《人民日报》进行框架分析最终目的是为了找出两家媒体的报道角度和报道特点,揭示媒体发挥自身优势所形成的报道理念。不仅为新闻报道方式的发展、提升提供借鉴,更为新闻媒体在内容生产方面提供新的思路。

通过对还原事实框架、追问因果框架、追踪法理框架的分析显示,《澎湃新闻》和《人民日报》分别利用自身优势进行新闻报道。《澎湃新闻》注重新闻报道的多角度和信息整合,凸显了"专注思想"的特性;《人民日报》则利用官媒权威性传达民意,引导舆论。由此,本文做出了以下三点思考:

(一) 多侧面、多层次地报道事件,增强新闻的立体化

传统形式僵硬、角度单一的新闻报道模式

① 《学生被诈骗离世背后的数据贩卖链条:几分钟可黑进教育局网站》,澎湃新闻,http://weibo.com/ttarticle/p/show? id = 2309351002454012635577262656&u = 5044281310&m = 4012640201997012&cu = 2849128775,2016年8月26日。

已经适应不了当今日益多元化的传播趋势，受众对于信息需求转向追求立体化的内容。改变平面化报道的单一角度，多侧面多层次报道事件，不仅可以增强新闻立体化，也延伸了新闻的深度。

《澎湃新闻》从"学生被诈骗离世背后的数据贩卖链条""福建安溪长坑被称'骗术之乡'，电信诈骗企业化运作屡禁不止""骗徐玉玉的171号属远特通信"、嫌犯"年轻缺钱或人生不顺，想快速谋财"以及电信诈骗治理困境等多角度入手，更加全面地揭示徐玉玉遭电信诈骗案发生的原因，既保持了新闻报道的立体化也保持了新闻的新鲜性，吸引受众，也增强了传播效果。

多侧面、多层次报道事件，从多角度揭示，深层挖掘加工，是适应现代新闻传播的最佳模式。

（二）突出新闻报道主题，强化舆论引导

新闻媒体担负着舆论导向的重任，引导受众形成正确的公共利益共识、社会信念、社会情感和社会价值观。在复杂的网络空间中，舆论引导尤其重要。这就要求媒体在引导舆论时及时地反映人民群众的呼声、愿望和要求，通达民意。徐玉玉遭电信诈骗案受到社会各界关注，主要的原因是每个人都肯能成为下一个受害者或者有人已经成为了电信诈骗的受害者，公众倾向于了解真相，保护自己。

《人民日报》充分发挥自身的舆论主导地位，突出"信息管理失控"的报道主题，问责倒卖个人信息的"内鬼"，呼吁"根除电信诈骗的毒瘤"，传达民意同时，用鲜明的立场和态度引导舆论方向。

传递民意，突出新闻报道的主题，用对事件明确的立场和态度赢得受众，进而强化舆论引导，是媒体履行职责可行的途径。

（三）培养信息整合能力，增强报道的全面性

大数据时代，海量信息呈碎片化存在。将分散的信息集中起来，把无序的信息进行筛选分析、优化组合变为有序的可用的信息，这一过程体现了媒体的信息整合能力。

《澎湃新闻》是资讯聚合的平台，具有较强的信息整合能力，在对徐玉玉遭电信诈骗案的报道中充分发挥了这个优势。如《福建安溪长坑被称"骗术之乡"，电信诈骗企业化运作屡禁不止》报道中，分为三个小标题即骗术模式化、分工明确、企业化运作和司法打击陷入"无震慑"困境。《澎湃新闻》梳理近年的公开报道发现，"长坑的诈骗已持续十来年，'骗遍全中国'，诈骗活动已呈产业化、企业化运作。"之后，整合了《泉州晚报》2012年的新闻报道、《羊城晚报》2013年的新闻报道以及检索其他媒体新闻报道来说明福建安溪电信诈骗的"骗术模式化，分工明确"。其次，《澎湃新闻》整合了新华网的新闻报道、《经济参考报》2014年的新闻报道、《信息时报》的新闻报道来说明诈骗"企业化运作模式"。再次，《澎湃新闻》整合了《安溪报》2012年的新闻报道、《泉州晚报》2016年的新闻报道、《经济参考报》2014年的新闻报道来说明"司法打击陷入'无震慑'困境。"

梳理碎片化信息，通过整合形成新闻稿件，可以发现新的报道角度，增强对事件报道的全面性，可为新闻媒体提供新思路。

综上，本文通过对《澎湃新闻》和《人民日报》8月26日—9月22日的新闻报道进行内容分析，从还原事实、追问因果、追踪法理三个维度分析了报道内容和报道方式。分析结

果显示，在还原事实时应注重把握适度原则，避免对受害者或受害者家属造成二次伤害；在进一步追问事件发生的因果时，《澎湃新闻》采用多角度的新闻报道方式，增强了新闻立体化；全面揭示事件发生的因果，但也注重突出重点内容；《人民日报》善于采用评论的体裁，表达对事件鲜明立场与态度，进行有效地舆论引导。

由此，本文得出以下三点结论：改变传统的平面化新闻报道模式，采用多侧面多层次报道事件，深层挖掘，增强新闻立体化；突出新闻报道主题，传递民意，强化舆论引导；培养信息整合能力，梳理碎片化信息，增强报道全面性。

【张云艳，中国传媒大学新闻学院新闻学专业硕士生；王建华，中国传媒大学新闻学院副教授】

绍兴市"五水共治"工程良性网络舆情生态实践研究①

【摘 要】 网络舆情生态系统建设是把握正确舆论导向，健全社会舆情引导机制，传播正能量，净化网络环境的重要课题之一，是网络话语权、传播权和定性权的关键环节。绍兴市"五水共治"的网络舆情生态良好，是政府重大项目工程舆情治理的一个典范，本文从实践的角度研究了它的形成机制、循环机制及组织平衡机制，对于类似工程项目的舆情管理工作具有较强的借鉴意义。

【关键词】 五水共治　网络舆情生态　重大工程项目　凝聚共识

■ 张厚远

一、研究目的和基本情况

（一）研究目的

为建设美丽浙江，浙江省委、省政府将"排涝水、治污水、保供水、防洪水、抓节水"作为全面深化改革的重要内容和重点突破的改革项目，这就是全省联动、效果突出的"五水共治"重大决策工程，以此为突破口倒逼转型升级、完善"实施创新驱动发展战略体制"的机制、全面提升发展质量。

根据经验，重大决策类工程很容易出现不和谐的网络舆情事件，影响工程的进展，也影响政府的形象，最终会严重影响到当地人的生活。浙江省治水工程开展以来，网络舆情生态良好，整体舆情平稳，民众的参与度、满意度和支持率非常高。拥有 2500 多年历史的绍兴是著名的水城，是一座"漂在水上的千年古邑"，素有"东方威尼斯"的美称，首批国家历史文化名城、联合国人居奖城市，曾经的水污染十

① 【基金项目】本文系 2016 年浙江越秀外国语学院校级科研启动项目"浙江省'五水共治'网络舆情生态与治理"（立项号：2016QDA015）初期成果、2015 年教育部人文社会科学研究规划基金项目"公民网络非理性表达的心理动因研究——基于群际关系的视角"（立项号：15YJCZ860042）中期成果。

分严重，"五水共治"的任务非常艰巨。所以，研究绍兴市"五水共治"的网络舆情生态，不但能给政府提供舆情参考，而且还具有重大的文化意义和典型性，是个非常好的范本。

绍兴市治水的力度非常大，政府的投入非常多，网络舆情生态建设过程顺畅，这是一个非常难得的好现象。为了弄清楚绍兴市"五水共治"工作网络舆情生态的真实情况、治水的成效等，为政府类似重大工程项目提供情报参考。为此，我们花费了两个多月的时间，重点对绍兴市"五水共治"工作的网络舆情生态进行了网络调查和现场调研，同时，也调查了其它10个城市的"五水共治"网络舆情生态的基本情况，通过比较的方式进行分析，使本研究更具有舆情参考价值。

本研究使用大数据技术搜索与人工搜索相结合的方式，根据模式数学的相关原理，设计了一份精准的《浙江省"五水共治"网络舆情量化评价指标体系表》，搜集了一些宝贵的数据，用数据说话，从而保证了本研究的科学性和实用性。

本文使用内容分析法、统计分析法、抽样调查法等研究方法，共调查了自2014年2月1日起至2015年12月31日止的所有网络上关于绍兴市"五水共治"的网络舆论，数据精准。

（二）基本情况

经过数据搜索发现，自2014年2月1日起，到2015年12月31日止，互联网上关于绍兴市"五水共治"网络舆情的文章和帖子约34,000篇次（含转载），包括政府网站、国内主流媒体网站、地方媒体网站、门户网站、企业事业单位网站和主要的网络社交媒体。具体情况如下。

1. 政府网站（含部分转载）：中国绍兴网287篇、绍兴市水利网91篇、绍兴文明网76篇。

2. 主流媒体（含部分转载）：人民网89篇、新华网77篇、中国新闻网42篇。

3. 地方媒体（含部分转载）：浙江在线2720篇、绍兴网16篇、绍兴e网485篇、绍兴在线25篇、都市快报20篇、上虞日报185篇、柯桥日报75篇、嵊州新闻网93篇、杭州日报51篇。

4. 门户网站（含部分转载）：凤凰网153篇、环球网41篇、新浪网481条、网易新闻1200篇、搜狐新闻8篇、参考消息6篇、今日头条35篇、大公网12篇、光明网292篇。

5. 微信公共平台（含部分转载）：绍兴日报20条、绍兴晚报90条、绍兴发布20条、绍兴之声10条、北京绍兴会馆70条、浙江水文化20条、上虞广播电台20条、浙江民进5条、绍兴高速指挥部2条、联谊报5条、柯桥零距离1条。

6. 论坛：绍兴19楼18篇、绍兴e网87条。

7. 贴吧：百度贴吧248篇。

8. 微博：新浪微博177条，含18篇相关文章。

9. 百度图片：2223张。

自从2014年2月14日，中国绍兴网和绍兴水利网同时公布《绍兴市水利局关于开展"五水共治"相关工作的通知》以来，政府采取了一些得力的宣传措施推进工作，信息公开及时、坦诚、传播迅速。网络媒体发表文章积极配合，形成了良好的舆论氛围，学校等事业单位认真配合宣传，"五水共治"工作进展顺利，民众的满意度比较高。在这项工程中，政府意志与民意达成了一致。

网络舆情生态的基本特征是：舆情平稳，状态良好，媒体宣传及时迅速、态度坦诚认真、信息的透明度高，没有出现不和谐的网络舆情，民众在论坛、社区和新闻跟帖上的活跃度非常高，在微信、微博和博客上的活跃度比较低，整体上，正能量的信息远远高于负面信息。但是，本地企业网站、乡村级网站、县镇级事（企）业单位网站的积极性不高。

二、"五水共治"良性网络舆情生态形成和循环机制分析

（一）政府网站及时公布相关政策措施，网络媒体积极发表文章进行宣传

2014年2月14日，中国绍兴网、绍兴市水利网同时下发《绍兴市水利局关于开展"五水共治"相关工作的通知》。通知表示，"三年（2014－2016）要解决突出问题，明显见效；五年（2014－2018）要基本解决问题，全面改观；七年（2014－2020）要基本不出问题，实现质变"。该通知就"五水共治"项目，提出了明确的工作目标、工作内容和工作要求，分解细化各单位部门责任，清晰有效地梳理了项目相关工作的开展方案，有助于相关工作的落实。

2014年2月27日，浙江水利网发表了文章《绍兴市明确"五水共治"三年目标》，报道了绍兴市委市政府明确提出的该市"五水共治"三年目标：一年消灭黑臭河垃圾河，两年消灭五类、劣五类水质，三年完成农村生活污水治理。

2014年3月17日，浙江在线发表了通讯报道《五水共治百城擂台 重构产业再造水城绍兴》，配有绍兴市委书记钱建民、市长俞志宏的讲话和照片。提出了打造宜居宜业宜游的现代水城和理性发展、科学发展的治理思路。

2014年4月16日，浙江在线发表文章《浙江大幅提高治水治气权重 雾霾预警首次纳入考核》，文章说，在2014年度生态省建设工作考核中，"五水共治"等项目的考核权重将会大幅提高，重点任务涵盖40项考核指标、未完成治水任务的直接判不合格、空气优良天数不足60%的得零分、重污染天气预警首次纳入考核。工作任务具体，思路清晰，目标明确。

（二）主流媒体及门户网站集中发表文章和评论，被广泛转发

2014年5月14日，光明网转发了绍兴晚报的文章《绍兴版"五水共治"你了解多少?》。

2014年06月10日，浙江在线发表文章《五水共治百城擂台新昌篇：再现"唐诗之路"风采》，阐述绍兴市新昌县"五水共治"的各项工作情况。

2014年7月2日，中国环保在线转发了《中国水利报》的深度报道文章《浙江绍兴"五水共治"从古韵水乡升级为现代水城》。

2015年10月08日，浙江在线——浙江日报发表题为《小河长 大担当》一文，宣传"河长制"，阐述实行"河长制"的必要性及其意义。

2015年10月13日，杭州日报发表文章《绍兴河道"认养制"推动全民治水》，反映河道"认养制"的工作开展情况，宣传并推动全民治水。

2015年12月21日，新华网发布了来源于浙江日报的文章《克难攻坚 点赞"河长制"》，新民网、大河网、环球网随后转载。

（三）及时、坦诚地报道各项治理措施落实情况

2015年5月1日，浙江环境保护网转发了绍兴日报记者吕禹的文章《绍兴市推进"五水共治"将考核平时成绩"五水共治"进展每月排名通报》，非常有效地刺激了地方政府治水的热情和普通民众的参与热情。

2015年6月23日，绍兴E网之绍兴论坛转发了2015年1—5月"五水共治"进展排名的通报，引发了本地网民的讨论。

2015年10月19日，浙江新闻——浙江在线发表文章《绍兴向省治水办和本报反馈整改——河长加强巡查，河道保洁无死角》，报道了9月28日，浙江日报记者在绍兴暗访的"河长制"落实工作情况。

2015年11月11日，绍兴网发表文章《"五水共治"，那些人那些事》，讲述普通人积极参与到治水活动中的感人事迹。

2015年12月07日，嵊州新闻网发表文章《绍兴市"五水共治"考核组来我市考核治水情况》。

（四）举办相关比赛等活动扩大"五水共治"的影响力，引导民众参与

2014年5月14日，绍兴晚报（新媒工作室）的微信平台推出了为期十天的"即开型"微竞答知识竞赛活动，来营造深厚的宣传氛围，引导广大干部群众更好地了解、支持、参与绍兴现代水城建设。

2014年4月至5月，省委外宣办（省网信办）组织开展了"美丽浙江·五水共治"摄影作品网络征集活动，共收到来自社会各界的摄影作品共计11632组（幅）。按照活动安排，经评委会评选，评选出158组（幅）获奖作品，并在网页上予以展示。这对提高绍兴市民参与治水工程的积极性有很大帮助。

2014年11月14日"美丽绍兴·五水共治——京联·观湖杯（小苹果）公益版排舞大赛"决赛在稽山公园鉴水广场举行，参赛队伍通过改编《小苹果》歌词和舞蹈内容，表达了"碧水梦"、"创业梦"等内容，比赛现场吸引了大量市民围观。

2015年5月29日00:54:49，网易新闻转载《"印象柯桥·五水共治"摄影大奖赛征稿启事》，当天14:24:06，浙江水网发布消息《柯桥区举办"印象柯桥·五水共治"摄影大奖赛》。

2015年7月2日，绍兴论坛发布《"五水共治"宣传海报设计大赛征集启事》。

2015年11月13日，浙江在线网发表通讯文章《绍兴"五水共治"，大禹精神就是最好的指引》，并召集全国晚报总编来绍兴看水城，并开展大型采访活动。

（五）学校等事业单位积极举办活动配合宣传

2014年9月29日，首届绍兴社科智库论坛的首个峰会，"水清岸绿·生态文明——推进五水共治，实施两重战略"主题峰会，在绍兴文理学院举行。

2014年10月18日，首届绍兴智库论坛系列活动第三场"人水相亲·和谐人文——'推进五水共治 实施双重战略'主题峰会"在浙江越秀外国语学院举行。本次峰会由浙江省社科联、绍兴市委宣传部、绍兴市社科联、绍兴市社科院共同主办，浙江越秀外国语学院承办。

绍兴智库论坛系列活动中，嘉宾们围绕主题，分别从各自研究领域和工作实际出发，深刻阐述观点、交流思想，介绍了相关研究成果、绍兴推进"五水共治"和水城建设情况，以及

存在的问题。

浙江越秀外国语学院、绍兴文理学院、浙江工业职业技术学院等绍兴地方高校利用暑假、寒假时间，组织学生参加"五水共治"的社会实践活动，通过活动，进一步激发了团员青年的参与热情，助推了"五水共治"行动，引起了社会及媒体的广泛关注与好评。

袍江小学开展"五水共治 从我做起"系列宣传教育活动。

各中小学积极参与共青团绍兴市委、绍兴市教育局、绍兴市广播电视总台、绍兴市少工委举办的"保护母亲河，争当治水小卫士"主题教育实践活动。

此外，中小学利用作文比赛、黑板报、发放宣传单等方式，对中小学生进行"爱水"、"护水"思想教育。

绍兴市总工会举办"建功五水共治 聚力两重战略"绍兴市职工文艺作品创作大赛。

（六）利用百度网站平台大量发布治水照片、发表文章

百度图片搜索到绍兴"五水共治"的相关照片有2327张；百度文库中含有5095篇与绍兴"五水共治"为主题的文章和资料；百度知道内含9条绍兴"五水共治"的相关信息，其中包括"五水共治"实践活动征文；百度贴吧有部分关于绍兴治水工作的讨论帖子。

（七）利用网络社交媒体建构话题、引发民众积极参与互动讨论

民众参与度分为两种：一种是正向参与度，指的是积极、肯定性的参与；另一种是反向参与度，指的是消极的、否定性的参与。总体而言，在"五水共治"的网络舆情中，正向参与度远远高于反向参与度。下面分类阐述。

1. 论坛：论坛是网民参与"五水共治"工作讨论的主要集中地，相比一些全国性的论坛网站，地方性论坛网站的发帖更多。

首先，正向参与度非常高，大部分网民能够正确、客观地看待"五水共治"工作，积极参与。

绍兴E网共发帖87条（包含个别转帖）。以下列举几篇网友对"五水共治"工作表示支持的帖文，他们提出了自己的建议。

网友"小龙人治水小队"发布《"五水共治 文明同行"倡议书》的帖子，共7条回复，2201次浏览。网友评论全部为积极支持、点赞。网友"0575老孙"发贴《五水共治 防洪水 排涝水》，表示感谢柯桥区人民政府和水利部门及时采取措施，防洪水、排涝水，及时开闸放水，该贴共4条回复，1053次浏览，该贴的评论都是表示支持。网友"玲珑女子6"发帖《齐心协力，五水共治》展示学校"五水共治"宣传单，共5条回复，9042次浏览，其中网友"六桥烟柳"的评论道："宣传力度是大的，行动也要像宣传力度那么大"。

其次，反向参与的人数比较少，这类贴文主要是少数网民表达对"五水共治"工作不信任、不了解的质疑声。以绍兴e网为例，共87条发帖，其中有30余条属于负面参与的，这部分网民普遍认为"五水共治"只做表面功夫，没有落到实处。

2015年11月17日09:12:28，绍兴E网的绍兴杂谈中发布了一个匿名帖子《现在五水共治，环境整治吗???》。内容如下：

"这是曙光到陶里的必经路段旁。柯桥开发委，你们不是现在五水共治，环境整治吗？可是就在这么一条小河里，居然还有人拦着这么一个东西？那不是应该拆除吗？不要跟我说你们不知道，因为我亲眼看着你们柯开委的人来看过的，可是之后呢？又没信息了。这是不是叫那个官官相互，互给面子啊。"

发帖配有 4 张照片进行补充说明。阅读量为 2145 次，且有 13 条回复贴。

11 月 19 日，有政府相关人员回复了该贴称："该河属于陶里居内河一段，名为陈家溇。网民反映的栏河网确实存在，原计划陶里居委会将在对该河道进行清淤时将栏河网进行拆除，现经沟通，将于一个星期内进行拆除。"

但 11 月 27 日，发帖人回复，称过了一个星期并没有人来拆除："睁大你们的眼睛去看看，一个星期都过了还没拆除，压根就是纹丝不动，你们柯桥开发委都是只拿钱不干活的人吗？连一个小小的拦都搞不定，别的事情怎么搞"。其他网友看到后也纷纷评论，表示不满。

2. 贴吧（百度贴吧）

百度"五水共治吧"中，关注用户为 51 人，发表贴子共 248 篇，都是积极响应并宣传"五水共治"工作内容的。大部分帖子的阅读量为零，除了个别阅读量有两位数，其余都是个位数，说明网民很少使用贴吧关注"五水共治"。

3. 微博（新浪微博）

与绍兴"五水共治"相关的微博共有 177 条，其中有 18 篇是文章，官方媒体发布的消息较多，部分学校微博、相关企业单位的微博也积极发布了相关信息，部分网友发布了自己参与"五水共治"相关活动的消息，也有小部分网友发表了对"五水共治"工作落实情况的不满。例如：

2014 年 8 月 21 日，"越秀网络传播学院"发布微博，阐述"五水共治"项目内容，鼓励网友从身边做起"保卫母亲河"。

2015 年 12 月 11 日，"越城区文化馆"发布微博，宣传当晚在府山街道治水广场，举行的越城区文化馆承办的一场"五水共治"专场演出。

4. 个人博客和本地企业网站

个人博客和本地企业网站参与度很低，各自搜索到一篇文章，分别是：

2014 年 8 月 4 日小宇儿写了博客文章《投身五水共治，共建美丽绍兴》。

2015 年 06 月 25 日，慧聪水工业网发表文章《绍兴多措并举 五水共治 治污先行》。

三、网络舆情生态系统组织平衡机制的相关统计数据分析

良好的网络舆情生态形成并开始良性循环运作之后，组织平衡就是保证其持续发展的关键。为了更清楚地了解绍兴"五水共治"良好网络舆情生态组织平衡机制的情况，以便找出不足，改进工作，研究中心参照了国内所有核心期刊公开发表的各种网络舆情量化评价指标统计表，制定了《浙江省"五水共治"网络舆情量化评价指标体系表》。通过使用大数据搜索技术和人工搜索相结合的方式，经过艰苦努力，终于得到了许多非常珍贵的数据。这份评价指标体系表和所搜集到的数据，虽然与真实情况相比会有些误差，但是，基本上能够反映出绍兴市乃至其它城市关于"五水共治"网络舆情生态组织平衡机制的整体情况，详情如下。

（一）总体情况

本课题主要调查了微博、微信、博客、论坛、社区、新闻跟帖等主要社交媒体的舆情；其次是主流媒体网站的舆情；再次是政府工作会议及事业单位的宣传。因为网络社交媒体网

站的情况非常复杂、繁琐，数据状态变化多端，所以，在设计数据项目方面，做的非常仔细。主流媒体网站相对规范、清楚，所以，数据项目相对简单些。

总体舆情组织平衡的排序方面，金华市和绍兴市做的最好，得分分别是 28063 分和 26782.7 分。第三名是宁波市，得分 25170.4 分，第四名是丽水市，得分 18341.6 分，第五名是杭州市，得分 17607.4 分。

（二）主流媒体网站的比较

绍兴市在省部级网站上发表的文章非常多，得分 2771.4 分，主要是深度报道和评论文章，影响力非常强，图片报道很多，产生了很好的宣传效果，远远高于其它城市。在这方面，排名第二的是嘉兴市，得分 1699.7；排名第三的是舟山市，得分 1030.3；排名第四的是杭州市，得分 424.7。在中央级网站上，绍兴市发表或转载的文章的得分是 431 分，排名第四，排名第一的是台州市，得分 1671。排名第二的是杭州市，总分 975；排名第三的是舟山市，得分 821。地厅级网站上，绍兴市的的得分是 293.5，排名第六，在这方面，排名第一的是湖州，得分 3858；排名第二的是嘉兴，得分 1410.5；排名第三的是台州，得分 1671；排名第四是舟山，得分 864；排名第五的是杭州，得分 447。

由此可见，绍兴市"五水共治"方面的宣传重点在省部级网站上，中央级的网站方面的宣传适度，在地厅级网站上的宣传需要进一步加强。

（三）主流商业网站的比较

这里的主流商业网站主要是指包括新浪、腾讯、网易、搜狐、百度、乐视、优酷、淘宝等在内的大型新闻网站和大型商业网站，他们

的影响力非常大，传播范围广，这里把他们等同于省部级网站。

在这方面，绍兴市的得分是 878，排名第二，情况非常不错，通讯报道、新闻评论、图片报道、视频报道比较多，有较大的影响力。排名第一的是舟山，得分 1822.2；排名第三的是杭州，得分 666.4；排名第四的是金华，得分 310.3；排名第五的是嘉兴，得分 157.5 分。由此可见，舟山市非常重视在主流商业网站上发表文章进行宣传。

（四）地厅级以上事（企）业单位网站、县镇级网站、其它普通商业网站方面的比较

绍兴在这方面的得分是 331.1，排名第四。排名第一的是嘉兴，2717.2 分。排名第二的是台州市，2625.2 分；排名第三的是舟山，560.2 分。排名第五的是杭州，169.7 分。说明嘉兴、台州非常重视地厅级以上的事（企）业单位、县镇级网站和其它普通商业网站方面的宣传。通过比较发现，绍兴市在这方面的工作需要加强。

（五）其它乡村级网站、县镇级事（企）业单位网站、其它小型商业网站方面的比较

之所以把这个项目单独列出来，原因是这些网站贴近当地居民，能收到很好的传播效果。遗憾的是，内容很稀少，舟山市做的稍微好些，得分 93.6 分，其它各地情况都不容乐观，绍兴最低，是 0.2。通过仔细分析，其主要原因是，这些网站的活跃度非常低，几乎是"僵尸网站"，居民没有使用的习惯。

（六）政府会议及宣传动员活动方面的比较

这方面，绍兴得分偏低，是 10.5 分。湖州最高，得分 232.5 分；杭州第二，得分 217；金华第三，得分 161.5；嘉兴第四，得分

129.5；台州第五，得分 123；舟山第六，得分 70；温州第七，得分 36；宁波第八，得分 31。

这方面的情况可能有两种，一种是绍兴市各级政府通过会议和活动进行宣传的次数的比较少；另一种情况是绍兴市各级政府通过会议和活动进行宣传了，但是网上没有报道出来，因为我们是通过网络搜集到数据的。

（七）市县级事（企）业单位方面的比较

市县级事业单位和企业单位，因为地域的接近性，可以在宣传上发挥一定的作用，绍兴市在这方面得分偏低，是 11.8 分。排名第一的是湖州，得分 109。排名第二的是杭州，得分 89.4。排名第四的是宁波，得分 44.4。第五、六、七名分别是，嘉兴 35 分；丽水 33.6 分；温州 26.6 分。

在这方面，绍兴市需要加强工作。

（八）微博、微信、博客或空间等网络社交媒体的比较

这三种网络社交媒体具有比较相似的特征，所以放在一起考察，主要考察舆情事件中所涉及到的人物、事件发生的时间和地点、事件的活跃程度、事件的影响力等四个方面。根据这些因素的大小，分别给予相应的赋值，正能量的给正分，负能量的给负分。结果的情况是，都是正分，说明在这方面，"五水共治"的工作深得民心，同时，也说明了政府的工作做得非常好。

在微博、微信和博客上，对"五水共治"网络舆情事件涉及到的人物（包括发帖者）进行了分级，按照从国、省、市、县区、到乡镇，每一个级别给予 0.3 分的赋值，分数分别从 1.5 到 0.3 分，因为，不同级别的人，在网民心中的影响度不一样；事件发生的时间点不一样，赋值也是有区别的，节假日等热点时间的

舆情事件的影响力大于平常时间舆情事件的影响力；事件发生的地点不一样，赋值也有区别，热闹地区的舆情事件的影响力大于非热闹地区，大城市舆情事件影响力大于小城市事件。活跃程度主要看浏览量、跟帖量、发帖量和转载量。从表中数据可以看出以下情况。

1. 在舆情涉及到的事件人物（包括发帖者）方面，绍兴得分 289.2 分，排名第六，处于居中的位置，说明在微信、微博、博客上，绍兴市"五水共治"方面舆情涉及的重要人物不多。全省范围内来看，排名第一的是金华市，得分 1625 分；排名第二的是杭州市，得分 1410.3 分；排名第三的是宁波市，得分 1206 分；排名第四的是丽水市，得分 907.2 分；排名第五的是台州市，得分 585 分。金华、杭州、宁波三地"五水共治"的网络舆情中，涉及到的重要人物相对多些。

2. 在事件的活跃程度上。各地的活跃度都比较高，主要表现是，浏览量高很高，跟帖量、转帖量、发帖量都不高。绍兴市在这方面的排名是第七。排名第 1 到 6 的分别是，宁波市 21642.5 分，丽水市 16095.8 分，杭州市 5836.7 分，台州市 5030.5 分，金华市 4718.8 分。

3. 在事件发生的时间和地点、事件的影响力方面，各地得分都很低，几乎持平，没有明显的差别，不再一一赘述。

（九）论坛、社区、新闻跟帖等社交媒体的比较

这三种网络社交媒体具有比较相似的特征，所以放在一起考察，主要考察指标与微博、微信、博客等的指标相同，总体情况也相似，不再罗列了。具体情况如下。

1. 在舆情涉及到的事件人物（包括发帖

者）方面，绍兴得分1.2分，排名倒数第二，说明在论坛、社区和新闻跟帖上，绍兴市"五水共治"方面舆情涉及的重要人物非常少。全省范围内来看，排名第一的是宁波市，得分1120分；排名第二的是丽水市，得分926.6分；排名第三的是湖州市，得分312分；排名第四的是金华市，得分275.1分；排名第五的是杭州市，得分195.6分。在论坛、社区和新闻跟帖上，宁波、丽水两地"五水共治"的网络舆情中，涉及到的重要人物相对多些。

2. 在事件的活跃程度上。各地的活跃度都比较高，主要表现是，浏览量非常高，跟帖量、转帖量、发帖量不太高。绍兴市在这方面的排名是第一，得分是20247.9分，远远高于其它城市。排名第2到6的分别是，金华市18737.3分，温州市17413分，湖州市7536.7分，杭州市6410.1分，台州市2909.9分。

3. 在事件发生的时间和地点、事件的影响力方面，也是得分都很低，各地几乎持平，没有明显的差别，不再一一赘述。

四、良性网络舆情生态组织平衡机制中存在的问题及应对策略

（一）存在的主要问题、成因

1. 政府官员的网络宣传意识普遍不高，在政府会议及宣传动员活动方面得分较低，地厅级以下的网络媒体宣传量也很低。这些网络媒体主要包括：绍兴市的各级政府的网站、传统主流媒体的网站、企事业单位的网站。市民的反馈率也不高，主要表现是，第一，新闻跟帖很少，参与讨论的人也很少；第二，相应的"五水共治"的话题在网络社交媒体上的投射率不高。主要原因是，社交媒体上设置的与政府宣传、官方媒体报道相关的话题很少，市民对政府宣传、官方媒体报道内容的兴趣度不高。

2. 微博、微信和博客上的舆情活跃度很低。网民在这三大自媒体上参与绍兴市"五水共治"的话题不多，发帖、跟帖、转帖都很少，浏览量保持中等。主要原因主要有三个方面，其一，缺乏意见领袖的引导；其二，很少有能够激发起他们参与讨论的话题；第三，使用社交网络媒体的网民大多数是青年人，这部分人群大多对治水等公共事务不太关心，而喜欢关注治水等公共事务的人群却没有在网络社交媒体上讨论的习惯，因此，微博、微信、博客上民众自主发布的消息较少，回复率也较低。

3. 本地企业网站的积极性不高，乡村级网站、县镇级事（企）业单位网站转发或自发的消息也很少。主要原因是，相关单位对这些网站的发展很不重视度，网站几乎是"僵尸级"网站，内容更新率很低，受众的参与度不高，不能很好地起到引导舆论的作用，网民也不愿意使用这些网站。另外，本地企业看低了"五水共治"与自身的相关性，没有主动参与到"五水共治"项目中去，对该项目的宣传与推广不够重视。

4. 视频内容太少。主要原因是制作视频内容的成本较高、对技术和策划能力的要求高，制作的难度大。

5. 部分民众对"五水共治"工作意义的认识不够深，习惯于关注与自身利益相关的小事件，容易产生以偏概全的偏见。部分民众在反馈意见时容易情绪偏激，盲目否定，不信任政府。还有部分网民在论坛等社交媒体上反馈情况的发帖留言没能及时得到回复，加重了他们对政府的不信任。

（二）应对策略

1. 政府官员行动起来，亲力亲为，增强"五水共治"工作的网络宣传意识，地厅级以下的网络媒体先增加宣传的数量，然后再提高质量。主流媒体多制作、发布视频内容，设置合适的议题，引起网民的参与兴趣，提高"治水"意识，增强参与治水的主动性。

2. 加强对本地相关企业的教育，采取一定的措施鼓励他们参与到"五水共治"的工作中来。对参与"五水共治"工作的本地企业给予相应的新闻报道和适当的荣誉奖励。充分发挥行业协会和本地意见领袖的引导作用，通过正面信息扩散的方式，发挥多级传播的传播效应，引导他们积极参与"五水共治"的正面信息传播活动中去。

3. 通过微信、微博、博客等自媒体平台，开展相关"话题"活动，激发他们的兴趣，吸引年轻群体对"五水共治"项目的关注，调动这部分群体讨论公共事务的热情。

4. 通过举办活动，推广线上线下互动的方式吸引网民参与，例如"美丽绍兴·五水共治——京联·观湖杯（小苹果）公益版排舞大赛"，"五水共治"宣传海报设计征集大赛等。积极引导大家使用网络社交媒体讨论公共事务，并加以培养使之形成习惯，增强公民自主讨论的积极性。

5. 在新闻选题和新闻选择上，增强"三贴近"，即贴近实际、贴近生活、贴近群众，体现民本意识，用平民视角制作、发布新闻，用绍兴人喜闻乐见的方式，讲好绍兴"五水共治"的好故事。

6. 在出现负面网络舆情时，政府及官方媒体以及时、正确的态度面对，实事求是，保持理性，认真调查，了解情况，解决好实际问题，并及时保持与网民之间的良性信息互动，减轻网民的疑虑。

7. 注重传播效果，及时反馈来自民间的声音，把网络建设成"上下交流"的良性平台。

五、绍兴"五水共治"网络舆情生态系统总评

良性机制可以在正视事物各个部分存在的前提下，协调好各个部分之间的关系，以便其能够更好地发挥作用，促使事务的整体健康有效地运行，绍兴市"五水共治"网络舆情良性生态机制主要表现在："互联网＋"思维模式的合理运用，充分发挥网络平台凝聚共识的作用，以包容、平等之心积极回应网民关切。

通过以上分析，可以明显看到，绍兴市"五水共治"的成效非常显著，远远高于其他城市，尤其在省部级网站、大型商业网站、论坛、贴吧、新闻跟帖等几个方面的传播上，做的非常出色，取得了很好的社会效果。"五水共治"的总体网络舆情状态呈现良性发展的好势头，没有出现过明显的不和谐网络舆情事件，这对于政府的重大决策舆情领域而言，十分难得。

更重要的是，这种舆情的平稳、和谐，不是刻意管理出来的，而是自然建构的。充分说明，政府的这项过程深得民心，而且工作态度端正，工作措施得力。在网络舆情传播和引导的整体情况良好，即使有些个别问题，通过改良，予以消除。

至于一些负面的信息，属于正常现象，多数是一种情绪表达，缺乏建设性意义，多半是因为不理解、急躁、对个别官员工作的不满造

成的。这些网民发言的主要状态是：发牢骚、吐槽、盲目跟风等。这些负面信息的存在，反而是对"五水共治"工作的另一种积极响应。他们把不满意的声音反馈给政府，是一种履行公民监督权的行为，应该予以肯定，这样，更有利于相关部门更有效地发现问题、了解问题、及时解决问题。政府积极回应的态度和做法，能够有效地预防不良舆情的扩散，收到反馈后及时处理，能给网民留下良好的印象，起到二次传播的宣传效果，更能促进"五水共治"工作的开展。

十八届五中全会提出了创新、协调、绿色、开放、共享的新发展理念，重大项目工程需要有"互联网＋"的创新思维模式，体现这种新发展理念。网络空间是数亿民众共同的精神家园，生态良好的网络舆情符合人民的利益，能对重大项目工程的顺利进行产生巨大的推动作用。

【张厚远，浙江越秀外国语学院网络传播学院副教授】

高校校园文化的新媒体传播方略探析

——以北京大学为例

【摘　要】如今以微博和微信公众号为代表的新媒体成为传播高校校园文化的重要渠道，两者的传播内容也已经成为高校校园文化的重要组成部分。本研究考察了影响北大校园微信公众号所推送文章传播力的因素，并结合数据分析所得结论，从而针对北京大学校园微信公众号的内容创造提出切实建议。

【关键词】新媒体　校园文化　传播力　影响因素

■　窦　宁

作为当今新媒体的重要形式之一，微信公众号与大学校园文化的建设息息相关。在微信出现以前，用户需要借助纸媒、广播、有线电视或进入相关网站、登陆BBS论坛等方式获取校园资讯。一度火热的微博虽然具备即时传递信息的功能，但是因内容过于芜杂、传播精准度不够、篇幅通常较短等特点，在校园文化的塑造与传播上较微信略逊一筹。当前，很多高校已经创建了官方微信公众号，推送展现自身文化特色的文章，藉此传递信息、沟通感情、塑造校园形象。在高校内部，以北京大学为例，学校部门、院系、学生组织、个人等纷纷创建

微信公众号，影响较大的微信公众号有："北京大学""北大青年""新传人""爱国关天下""北大未名BBS""北京大学学生会""燕园每日话题"等等，众多校园微信公众号面向在校师生及社会人士传播北大校园文化。

一、"北京大学"与"北大青年"微信平台数据分析

"北京大学"和"北大青年"是北京大学校内最具代表性的两个微信公众号。通过从后台中提取公众号的实时关注人数、文章的转发

和收藏量等数据，本研究得以有效地展开。

（一）基本情况

1. 北京大学官方微信

北京大学官方微信于 2013 年 12 月 12 日正式上线，是继 2013 年 3 月 26 日开通新闻中心官方微博（后更名为北京大学官方微博）后北京大学加强新媒体建设的又一举措。北大官微的功能介绍显示为"发布北大权威信息，展示北大校园生活，服务广大师生校友"。正如功能介绍中所言，北大官微立足北京大学，既面向校内师生发挥传递资讯信息的服务平台功能，又面向校外人士发挥展现北京大学校园生活的展示平台功能。从北大官微的后台数据可以看到，截止 2015 年 3 月中旬，官微的关注人数已达 14 万人左右，其中大部分关注人数来自北京以外地区，由此可以推断北大官微的关注者以校外人士为主。

北大官微发布的第一篇文章是《初次见面，这里是北大》，展示了一系列校园风景照片。如今，北大官微根据一周七天分为七个栏目，基本每天推出一篇固定栏目的文章，从周一到周日分别是：一周讲座概览、未名撷趣、文苑拾英、定格、燕园达人秀、燕园风物、人物·谈，主要可以分为校园资讯类、文化历史类、风物类和人物访谈类四种类型。

2. 北大青年微信公众号

北大青年微信公众号于 2013 年 10 月 6 日正式上线，发布的第一篇文章是《"飞地"如何——解密北京大学圆明园校区》，揭秘了圆明园校区的方方面面。北大青年微信公众号的功能介绍显示为"共青团北京大学委员会机关报《北大青年》"，依托于曾经的报刊《北大青年》改建而成，如今虽然借助了微信平台进行文章发布，但是风格仍然偏向于校园杂志。北大青年微信公众号的常规栏目有六个：姿势、未明、人物、光阴、视界、评论部，主要可以分为校园生活类、人物访谈类、文化历史类、评论类四种类型。除此之外，北大青年微信公众号还会不定时推出一些特稿、专题，如"创世纪"介绍了一些投身创业的北大校友等等。因为主要面向北大在校学生，所以北大青年微信公众号的选题较少限制、思维较为开放，经常深度挖掘一些校园人物和校园生活，文章质量较高，可读性强，在校内传播较为广泛。

（二）数据分析

本研究搜集的数据主要是北京大学官方微信和北大青年微信公众号在 2014 - 2015 学年秋季学期所有推送文章的送达人数、阅读量、点赞量、转发和收藏量，并对所有文章的主题、排版风格、语言风格和篇幅进行分类。

从 9 月 2 日到 1 月 19 日，北大官微的文章送达人数（即平台的实时关注人数）从 65642 人增长到 125271 人；单篇文章发布七天后阅读量峰值达到 38771 次，谷值为 3751 次；单篇文章的点赞量峰值（截止 1 月 17 日）达到 448 次，谷值为 16 次；单篇文章发布七天后的转发和收藏量的峰值达到 3213 次，谷值为 66 次。

从 9 月 2 日到 1 月 25 日，北大青年微信公众号的文章送达人数（即平台的实时关注人数）从 10912 人增长到 31586 人；单篇文章发布七天后阅读量峰值达到 51122 次，谷值为 617 次；单篇文章的点赞量峰值（截止 2 月 20 号）达到 222 次，谷值为 0 次；单篇文章发布七天后的转发和收藏量的峰值达到 4217 次，谷值为 26 次。

针对这两个微信平台在一学期内所推送文章在主题、排版风格、语言风格和篇幅上的特征，文章主题分为生活服务类、校园资讯类、人物访谈类、文化历史类、运动养生类、学术职业类、时事热点类和风物类；排版风格分为文字为主、穿插图片，图片为主、文字说明，纯文字，图片形式、点缀文字四种风格；语言风格分为诙谐幽默、轻松自然、简洁扼要、严谨正式四类；篇幅分为 1000 字以下（文字长度一般在 2 屏幕以下），1000 - 3000 字（长度一般约 2 - 6 屏幕），3000 - 5000 字（长度一般约 7 - 11 屏幕），5000 字以上（长度一般在 11 屏幕以上）四类。

1. 北大官微

在北大官微一学期所推送的文章中，主题属于生活服务、人物访谈、文化历史和风物的文章平均阅读量均超过一万，且平均转发和收藏量在几个文章主题中也处于靠前的位置，最受阅读者欢迎。除此之外，值得质疑的是时事热点和校园资讯这两类主题的文章在阅读量、转发量、阅读者点赞率和阅读者转发率上却相对较低，关于产生的原因将在之后做进一步探究。

在排版风格方面，纯文字的各个指标明显、稳定地偏低，且数据方差较小，可见其受阅读者的喜爱程度非常低。另外，从数据分析来看，图片较多的推送文章能够吸引更多的阅读者在推送内点赞。同时，就转发与收藏量和阅读量来说，文字为主和纯图片这两类排版风格更具优势。

在语言风格方面，无论是阅读量、转发量还是转发率，语言严谨正式的推送文章都处于最大值，另外，语言简洁扼要的推送文章则在各项指标上都明显偏低。

在文章篇幅方面，1000 字以下这种较短的推送文章明显对阅读者的吸引力较低，但人们在推送内的点赞率却比较高，除此之外，我们可以从数据中看出易被转发的文章篇幅一般在 1000 字至 3000 字这一范围内。

2. 北大青年

在北大青年一学期所推送的文章中，校园资讯类的推送文章在阅读量和转发量上都不占优势，但阅读者的转发和收藏率却是最高的，而较高的转发率，必然会使得该类推送文章在正反馈机制下得到更高的转发量和阅读量，然而该类推送文章的转发比例并不高，所以推测校园资讯类的推送文章的收藏比例非常高。相较之下，人物访谈和文化历史类推送文章更受阅读者的欢迎，这与北大官微的数据极为相似，从这一点可以看出阅读者对这两种类型的推送文章的偏好较为稳定。

在排版风格方面，以文字为主的推送文章在转发率和点赞率上具有优势，而以图片为主的文章和纯图片的文章转发率都较低。这与北大官微的数据存在差异。笔者认为这可能与两个微信公众号的自身定位和受众差异有关，北大官微的主要受众是校外人士，他们希望通过一些风物图片了解北大的具体情况，而北大的在校学生则对校园图片类的推送内容兴趣较低，更希望从微信公众号获取内容更加丰富的文字类文章。在语言风格方面，从总体来看，语言轻松自然的推送文章最受欢迎，并较为稳定，而语言严谨正式的推送文章的阅读量比较低，但转发和收藏量却比较高，据此推测其收藏量较多、转发量较少。与官微的数据相比较，可以发现平台受众以及平台自身风格的差异会造成相同语言风格的推送文章会受到不同程度的欢迎。

二、深度访谈及启示

本研究通过深度访谈的形式对此前研究中

发现的一些问题寻求解释，同时更好地挖掘微信用户的行为特征，从而针对如何更好地借助新媒体传播校园文化提出建议。

（一）微信普通用户深度访谈

1. 微信公众号亟需整合

在访谈中，不少受访者提出，如今微信公众号数量不断增多，导致大多数微信公众号的个体影响力在逐渐衰落。受访者表示，早期微信公众号较少，自己关注了某个公众号之后会有意阅读其推送的文章，而如今微信公众号数量过于庞大，每天的推送内容非常繁多，关注者已经没有精力逐篇浏览，对具体某个公众号的关注度必然有所下降。

因此，在当前微信公众号数量趋近饱和的情况下，一方面为使微信用户不多次重复接收相似信息，另一方面也为保持微信公众号自身的影响力，北大校园微信公众号需要重新考虑自身定位并进行相关整合。

2. 篇幅较短或适中的文章更受欢迎

推送文章的篇幅大小是影响读者有否耐心读完全部文章的重要因素。在访谈中，几乎所有受访者都表示不太喜欢篇幅过长的文章。对于不同读者来说，篇幅长短的定义不同，但是具体到文字数量，大部分受访者都认为"1000－3000"是最合理的文章长度。有访谈者提到，喜欢短文是因为文章的有效信息"也就1000字左右"。

同时，笔者了解到，北大青年微信公众号作为校内最有影响力的新媒体之一，一直力争每篇推送的文章都控制在3000字以内，这也印证了大多数受访者的观点，即短小精悍的篇幅更能引发注意力和阅读兴趣。

3. 正面或中立价值导向的文章更受欢迎

针对微信公众号上不同价值导向的文章，大多数访谈对象都表示更喜欢转发传递正能量的文章，中立的、理性分析问题的文章也受到访谈对象的广泛认可，而负能量的、负面价值导向的文章则不受用户欢迎。因此，校园微信公众号应该明确自身定位，用更加正面的内容传递积极向上的精神态度。

4. 时事热点、校园资讯类文章的特殊性

在新媒体传播中一个很重要的现象是，热点时事或重要校园资讯一经发布，经常形成规模效应，大家都知道这一资讯后，就不会再跟风转发或收藏。这更加凸显出这类资讯时效性的重要程度。因此，对北大官微和北青的数据分析结果并不表明这类文章的重要性低下，反而突出这类文章的时效性非常重要。

因此，信息服务类性质的微信公众号更要注重信息时效性，所谓新闻"抢头条"正是这个道理，新媒体的发展也不例外。

（二）微信平台运营者深度访谈

1. "北大特色"最受欢迎

截至2015年3月，北大青年微信公众号已经拥有超过3万的关注者。总编表示，粉丝数增加较快主要出现在推出比较优秀的文章时，譬如《糖葫芦小哥》、《无法恋爱的10个理由》，另外是新生入学的时候增长得关注量快。受到欢迎的一般是贴近学生群体，同时体现出一定新闻专业性的文章。

北京大学官方微信的关注者现在已经达到14万人。但是与稍早时候推出的微博相比，微信在建立之初关注者增长并不是很快。在经历了两次开学季后，开始逐渐保持稳定的增长速度。访谈者说，没有哪一个栏目特别受欢迎，每一个栏目中的文章都可能出现峰值。其中，比较受欢迎的主要是突出表现了北大的特质，并且文字和图片都非常吸引人的文章。

在北京大学官方微信较受欢迎的文章中，一类是采访人物，体现了大家对北大学子的期待。如果是采访广受欢迎或得到广泛关注的老

师，通常也会收获较多的阅读量、点赞量和收藏量。另一类是"定格"等展现北大美景的栏目，体现了较高的摄影水平，北大风景本身也独具魅力，所以文章的阅读量也比较高。还有譬如北大食堂这样受关注度较高的题材，阅读量也比较高。比较特别的是"一周讲座概览"这一服务性质的文章也受到极大欢迎，北京大学官方微信负责人解释说，因为公开讲座信息体现了北大的开放程度，反映教育资源共享的特点，所以尤其深受校外人士欢迎。

2."酒香不怕巷子深"

在宣传上，北京大学官方微信公众号和北大青年微信公众号的方式都比较简单，北京大学官方微信平台的主编说，他们没有进行特殊的宣传，也没有必要发传单，因为"作为学校形象展示的平台，基本不需要营销和推销"。

在不断发展的过程中，北京大学官方微信和北大青年微信公众号都会对排版风格进行调整，但是调整的频率不高。北京大学官方微信的主编表示"其实现在排版有一点返璞归真的趋势，很多微信都回到了文字加图片的传统形式。"在文字风格方面，比较受欢迎的是"有情怀"的文风，但是由于新媒体的一些特性，北大青年微信公众号的总编认为，北大青年的文章在专业性上不如过去。北京大学官方微信同样没有过于鲜明的语言风格，更多的是以内容质量脱颖而出。两个微信公众号的编者都表示公众号在发展过程中主要依靠自身摸索，很少直接借鉴其他微信公众号。

三、针对新媒体内容创造的建议

（一）整合微信公众号，避免同质化

目前北京大学的校园微信公众号主要由学校部门、学生组织或个人进行运营，稿件由运营者自行提供，如果运营团队规模不够庞大，会经常出现稿件匮乏的情况。同时，微信公众号也面临着内容重叠、功能相似等特点。因此，本研究建议对各个院系、部门、组织对现有微信号进行整合，将经常发布同质化内容的多个微信公众号整合一个公众号。同时，这些公众号可以接受广泛的投稿，让校内更多同学成为资讯、信息、文章提供者。

此外，本研究建议可以充分利用现有资源创建专业性较强的微信公众号，例如，某一公众号专门提供教务资讯、校园通知等；某一公众号专业提供电影、书籍等公众评论等等。因为作为新媒体宣传平台，只有确立自身优势才能在数量愈发庞大的微信公众号群体中立足。与北京大学相关的微信平台，立足于北大校园，其特点自然应当来自北大校园特色，这一点毋庸置疑。在只有密切关注校园动态，挖掘普通学子关心的人物、题材、话题，才能做出有特色、受欢迎的推送内容。

（二）增加正面价值导向和贴近现实生活的内容

本研究发现微信用户更倾向于转发正面价值导向的文章。因此，微信公众号在发展过程中应该更积极地宣传和推广正能量，而非一味批判，对于各类现象应进行客观、理性的思考分析，推送一些积极思考如何解决问题，如何改变现状的文章，这才是正确并且受欢迎的媒体传播态度。

与此同时，任何媒体都不能以一幅严肃的官方形象示人，近年来国内各种传统媒体的改变都说明了这一点，作为青年学子集中地的北大，其校园媒体更应该贴近校园生活。如前文所述，虽然北大官方微信的风格仍然以严谨为

主，但也已经作出一定的改变，尝试让推送内容和语言风格更轻松、更接地气，使官方宣传平台焕发出全新的活力。

（三）注重时效性，避免模式化

校园微信公众号作为校内媒体，在选题和操作中应当注重时效性，这样用户才能保持新鲜感。虽然这对于以学业任务为主而兼顾微信运营的校内同学而言具有一定难度，但是因此就跟随主流媒体，后知后觉地整理既有信息，无法提供有思想性的内容，这样的微信公众号很难令读者满意。

北京大学官方微信和北大青年微信公众号经过创建一年多来的逐渐摸索，已经确定了日常发布文章的主要栏目，每个栏目也都有阅读、点赞量非常突出的模范文章。但是，在依循固有模式继续创作的同时，还应当保持创新的能力。高大全的人物固然好，但是作为校园媒体也应该在很多校园事件中发出独特的声音；燕园风景固然美，但是大学生活中有更多事物需要观察和记述；悠久的历史固然迷人，但是现实中仍然有很多事情值得青年人深思。所以，校园微信公众号应该在总结发展经验的同时不断推陈出新，避免文章或栏目的过度模式化。这样才能充分发挥校园媒体有别于其他媒体的优势，真正为学生群体所接受与欢迎。

【窦宁，中国传媒大学新闻学院新闻学专业硕士生】

网络美剧《尼基塔》中运动镜头的表现意图①

【摘 要】网络美剧《尼基塔》中运动镜头很好地体现了导演的意图。或者为推动情节发展服务，或者为表现人物心理塑造人物性格服务，或者为表现人物关系的发展变化服务。镜头的推与拉、摇与移的变化增加了电视剧的魅力。

【关键词】《尼基塔》 运动镜头 意图

■ 李先国

一、概 述

2012 年秋季，美剧《尼基塔》第三季开播的时候，搜狐视频携手美国华纳兄弟公司，推出在线网络视频，一时风靡中国，取得了每集 8 位数的点击率，一度飙升至中国网络电视剧的超高人气榜首。中央电视台引进、翻译、播出过吕克·贝松的电影作品《尼基塔》。2013 年 8 月 12 日，美剧《尼基塔》登录中央电视台电视剧频道的海外剧场，再度掀起"尼基塔"的中国热，目前已经翻译、播出了两季。同时人们认为大陆 2012 年拍的电视连续剧《X

女特工》也是该剧的"高仿剧"。本文基于搜狐的网络美剧分析其运动镜头的表现意图。

"现在，静止的、仅仅处于边缘位置的事物不被理解，耀眼的、清晰的事物获得激赏。"② 在镜头运动中追求动作片的动作效果，以抓住处于讯息千变万化之中的观众的注意力，可谓当今动作片创作的基本宗旨。美剧《尼基塔》第一季讲述尼基塔不满美国秘密特工组织的反人性行为逃出组织、又联合安插在组织的内线艾丽克丝干扰、破坏组织的各种任务的故事。在美剧《尼基塔》第一季第十一集的开头，艾

① 【基金项目】本文系浙江省社科规划基地一般项目《越地现代文学理论研究》（课题号：12JDYW02YB）、国家留学基金项目《美国华裔文学批评中的"创伤"心理研究》（课题号：201408330075）阶段性成果。

② ［美］弗里德·里奇：《摄影之后》，潘望译，南京大学出版社 2015 年版，第 5 页。

丽克丝在阿曼达帮助下试衣服。黄、黑、蓝花、红、黑连试几件，都未选定。进来的迈克尔说宝蓝色的并未出现，后来婚礼现场才出现。这一段镜头非常丰富，充分发挥了电视数码编辑的功能。

第一件，黄色，三秒移动镜头，从衣架后面转到艾丽克丝全身。切换至阿曼达的评价：皱折太多，建议试下一件。

第二件，脚步特写，切换为近景，再切换为中景，黑色，切换为阿曼达摇头。

第三件，蓝花，摇拍由上到下，中景。阿曼达低首否定。

第四件，黑色，由下到上，近景。艾丽克丝自己摇头。

第五件，红色，由下到上。近景。艾丽克丝问：这一件吗？阿曼达答以差不多，并越过艾丽克丝看向门口问迈克尔觉得怎么样？艾丽克丝扭头。迈克尔从左进入，边走边说："我还是觉得那件宝蓝色的好。"宝蓝色的并未出现，一来是为了节省镜头，二来是为后来留下悬念。

这是美剧《尼基塔》善于运用各种运动镜头的一个典型例子。从中我们可以看到摄影师的认真负责、导演的良苦用心。一是镜头数量繁富，二是镜头变化多端。正如德国著名摄影师贾马里·利奥尔所说："摄影创作是一件严肃的事情，所有人都应该认真对待，这点非常重要。"[①] 他还说："摄影师应该适应很多变化或让画面实现不同的变化。"[②] 然而，不管如何千变万化，镜头的推、拉、摇、移等都是为表现导演的创作主旨服务的。美剧《尼基塔》的运动镜头也难逃这一视听基本法则。

二、推镜头的运用

推镜头作为影视拍摄中常用的手法之一，是指摄影机镜头沿摄影机光轴方向纵深移动，与拍摄对象的画面逐渐靠近，所造成的画面效果是画面外框逐渐缩小，画面内的景物逐渐放大，使观众的视线从整体看到某一布局。这种推镜头可以引导观众更深刻地感受角色的内心活动，加强情绪气氛的烘托。推镜头主要利用摄像机前移或变焦来完成，逐渐靠近要表现的主题对象，使人感觉一步一步走近要观察的事物，近距离观看某个事物。它可以表现同一个对象从远到近变化，也可以表现一个对象到另一个对象的变化。

美剧《尼基塔》第一季第二集开头便使用了推镜头。首先入镜的是枪贩的女服务员的背部特写，几乎遮住了镜头。随着她端水走向尼基塔和军火商贩特雷弗，她的背影越来越小最后出画，尼基塔和军火商贩成为画面主体。此时尼基塔正与枪贩谈生意。镜头推进，从远及近，突出主要人物尼基塔，接后面的反打镜头更加突出重点人物形象及细节。这一段优雅而高端的商谈镜头，使得紧随而至的两人翻脸的情节显得更加突兀、更加出人意料。后来尼基塔拿枪指着特雷弗时，镜头从枪的另一端慢慢推进，慢慢强化人物的气定神闲的面部表情及瞄准细节，突显了尼基塔处变不惊的优雅性格。9分07秒，镜头又慢慢推进到尼基塔的电脑界面，是她与艾丽克丝的谈话窗，慢慢推进更突出她们谈话内容的重要性。当艾丽克丝对尼基

---

① [德] 贾马里·利奥尔：《解密——模特摄影》，周莹、张锦兰译，中国摄影出版社 2013 年版，第 31 页。

② [德] 贾马里·利奥尔：《解密——模特摄影》，周莹、张锦兰译，中国摄影出版社 2013 年版，第 110 页。

塔说她不再需要她的保护，又慢慢推进到对艾丽克丝的面部的放大特写，表现了艾丽克丝的坚定决心。

迈克尔奉命去找正在训练枪械拆装的艾丽克丝去陪侍流亡美国的前乌克兰总统达迪奇，11 分 53 秒镜头慢慢推进到迈克尔的面部，有纠结有无奈，很好地让观众看出他内心的煎熬。15 分 37 秒开始也是对迈克尔的正面放大，此时他的表情可以用无奈到悲伤来形容，他极度厌恶将艾丽克丝置身险地这一做法，却又不得不这样做。后来正在他冲进房间救艾丽克丝时，达迪奇被冲进的雇佣兵劫走。22 分 26 秒，对尼基塔进行推进，尼基塔因为艾丽克丝始终没有音讯，此刻有些焦急。30 分 05 秒处，又对尼基塔推进，当时她刚好从电脑上找出了金发女的身份，有些兴奋得意。总体来说，推镜头能够突出主体人物，突出重点形象、细节以及重要的情节因素。

第三集结尾，新闻报道了航空公司走私毒品的消息，珀西在电视前踱来踱去无可奈何。大厅楼梯上，迈克尔扶栏沉思，镜头推近，他面色凝重。额上伤痕是之前与尼基塔打斗留下的。尼基塔又一次从他手中逃走。忧伤的音乐表明他既为尼基塔受伤的手臂挂念，又表明他还揣不透她的心思，当然也对组织内鬼是谁颇费神思。

第四集第 24 分，迈克尔在现场通过对讲机向伯克霍夫询问是否发现了什么尼基塔的踪迹。镜头切换，推近伯克霍夫，正悠闲地坐在监控前，表现了他的自信，对自己的监控技术胸有成竹。

推镜头与人物运动结合，可以加快运动过程，表现人物特定心理。第四集末尾时，尼基塔追问迈克尔为何对珀西那么忠心，迈克尔告诉她自己欠珀西一条命后，匆匆整衣离开尼基塔。镜头切换至迈克尔，从长长的走廊尽头走来，同时镜头又往前推，既加快了叙事节奏，又表现了迈克尔的怨气与沮丧。

第十一集中，艾丽克丝接受任务后，两次推的镜头表现她回到自己房间，最后是她关上房门按住胸口的近景，表明她的紧张。"有时为了惊吓观众或抓住观众的注意力，电影制作者可能会有意打破精心制作的一种模式／格局或是一种习惯。"①

总的来看，推镜头改变了观众视野，调整构图，使各种景别发生变化，加强运动主体动感，强调戏剧效果，突出主体人物，突出细节，或者突出戏剧元素表达了主体内涵。

拉镜头是沿摄影机光轴方向向后移动，让摄影机逐渐远离被摄主体，画面就从一个局部逐渐扩展，使观众视点后移，看到局部和整体之间的联系。拉镜头是使人感觉正一步一步远离要观察的事物，远距离观看某个事物的整体效果，它可以表现同一个对象从近到远的变化。拉镜头能表现主体位置和所处环境，表现主体与周围事物的相互关系。

美剧《尼基塔》第一季第一集开头，从兔头面具特写开始，往后拉，同时带有晃动，悬念式地展现抢劫场景。特写表明人的认知，出乎人的意料，并不是每个人经常碰到这种事情。往后拉是为了表现整个事件。没有这个拉的动作，惊慌失措的效果及其原因可能难以表现。

第二集有两处拉镜头给人印象深刻。一是 15 分 03 秒处，这是一年前的艾丽克丝正被尼

---

① ［美］丹尼斯·J·斯波勒：《感知艺术》，鍮斌、程宝逊等译，中国人民大学出版社 2014 年版，第 282－283 页。

基塔关在桑拿房戒毒，艾丽克丝吵着要出去，而尼基塔无动于衷，并且走开了，这种由近及远的拍摄手法，很好的结束了这一小段的回忆镜头，同时也能看出尼基塔要为艾丽克丝戒毒的决心。二是 37 分 37 秒处，将珀西的镜头慢慢拉远，此时他刚刚得知尼基塔再次逃脱的消息，内心愤怒，拉镜头体现了他的怒火中烧，但又无力回天。

所以，拉镜头不象推镜头积极，它往往表现的是人物的消极或者不利处境。第四集结尾从 36 分 50 秒开始的电视新闻播报用了拉镜头，镜头从只有电视画面慢慢出现电视机及背景墙。画面显示是珀西在看电视打电话。一个拉镜头，说明尼基塔此次行动的结束，突出尼基塔抓住维克多·韩并把他送至警察局的行为被人们所认同，而且她的行动深刻影响了珀西的行动。接下来一组推镜头表明珀西在电话中如何被迫放弃佣金与继续追查尼基塔的决心。推拉对比，更进一步表现了导演对人物刻画的意图。

观众能够顺着拉镜头感知人物关系或人物性格的变化。第十七集结尾，迈克尔从卡里姆口中得珀西才是杀害自己妻子女儿的幕后凶手，但解决珀西时机并未成熟，所以还回去继续听他使唤。镜头把珀西从办公桌后拉开，暗示在迈克尔心中珀西地位的缩小。

三、摇镜头的运用

摇镜头主要是摄像机机位不做位移运动，而是利用三脚架等拍摄方向可变动的功能，机身做上下、左右方向的变化。摇镜头符合人眼在自然界寻找运动物体或视觉关注景物的生理特性。

在第三集的开始（00：48），分别进行了从右到左，从下（腿）到上（上身）的摇镜头进行人物拍摄，描述艾丽克丝正在组织训练大厅的跑步机上跑步；继续往上扫描两台电脑显示屏，表明组织的计算机工程师伯克霍夫和组织最大头目珀西同在观看屏幕上的下一个行动目标。

作为目标的这个女记者后来被尼基塔从组织手中抢走。迈克尔负责找到这个女记者和她手中视频来源。在指挥室中，连续用了三次快速摇镜头。一次是从右上迈克尔头部到左下摇到接线员，告知现场队员未发现尼基塔在场踪迹。一次是从右下摇到左上站着的迈克尔，伯克霍夫在找女记者最后位置。还有一次是从上到下扫视两台不同的电脑屏幕。几次不同方向的摇镜头，中间又杂以正反打镜头和人物对话，渲染了指挥室的紧张工作的氛围。后来迈克尔向珀西汇报工作进展时，珀西告知其怀疑组织内有尼基塔的内奸，所以才有三次行动被她破坏。此时伯克霍夫插话，吹嘘自己的网络十分安全。镜头又从他往上摇到珀西与迈克尔二人，他们怀疑上次伯克霍夫被尼基塔抓走可能被装了窃听器，于是叫人抓走伯克霍夫去检查。

尼基塔和女记者开机等待线人联系后，组织内部电脑马上跟踪到了。镜头先是拉远，再向左摇到紧盯电脑屏幕的工作人员，同时听到报告的迈克尔走过来，由模糊变清晰，镜头又推近。迈克尔知道尼基塔在等线人电话。这一段先拉再摇再推，非常流畅。

迈克尔组织小分队去缉捕尼基塔，楼下往上一摇，高楼摩天，正与迈克尔感叹相合："真是藏身的好地方！"这个摇镜头既顺承人物视线，同时有了隐喻意义：要找到尼基塔比登天还难。而接下来审问伯克霍夫的阿曼达倒水时镜头从杯子摇到出水的水壶再到阿曼达上半身，显示她的地位和居高临下的气势。另外，迈克尔给新学员布置任务时镜头从艾丽克丝、杰登、托姆脸上依次摇过，也有相同的效果。后来还有她们分析资料时的场景也用了摇镜头，展现了训练大厅里的忙碌情景，最后落实在她们小组有了发现。这里突出了主要人物的聪明。

后来迈克尔带人追踪到线人的公寓外，他知道警察带走女记者后尼基塔还藏在屋内。此时（34分）镜头俯拍，遥看警车远去，一路摇下来俯拍迈克尔等人提枪从组织行动的保姆车中出来。这一摇镜头，采用隐蔽角度，展示了行动的隐蔽和队员们的杀气腾腾。

镜头有时候是按照剧中人物的视角，使观众也能感同身受。第四集17分时，艾丽克丝被阿曼达下药麻晕，镜头从倒地的艾丽克丝往上摇到阿曼达，模拟人物视线，使观众产生身临其境之感。

第十七集中大量使用摇镜头。该集多处使用了摇镜头来表现环境，交代发生地点，渲染气氛。如56秒，有从左向右的摇镜头，交代回忆中故事发生的地点在圣彼得堡。2分31秒，从下至上的摇镜头，再是从左到右的摇镜头，交代迈克尔端枪与尼基塔见面的场景。8分38秒，空镜头交代了尼基塔到达圣彼得堡。27分23秒，从左到右，水平向前的摇镜头，迈克尔到器械室拿武器，说明他要去见卡里姆。27分49秒，先是从右到左表现卡里姆在磨蹭绑扎带。接着从左到右，直到监视器中出现正在磨蹭绑扎带的卡里姆，然后变换为尼基塔，又摇到门口，她正在安装探头。两个摇镜头交代了卡里姆所要逃脱的环境。35分34秒的摇镜头主要用来渲染环境，为后面迈克尔讲诉妻子心愿营造一种悲伤的氛围。

第四集从23分42秒处艾丽克丝在床上滚到地上镜头对着艾丽克丝，到23分47秒时镜头向左转出现阿曼达的脚后又向右转回到艾丽克丝身上，这是运用了摇镜头表现出艾丽克丝当时的恐惧感和对阿曼达行为的厌恶。

摇镜头可以结合旋转用来表现人物的眩晕的身体反应。快速地将镜头摇动，极快地转移到另一个景物，从而将画面切换到另一个内容，这就是人们常说的甩镜头。甩的过程中容易产生模糊镜头，这种拍摄可以表现一种内容的突然过渡。第四集在23分53秒时艾丽克丝站了起来后用到了旋转镜头，镜头对着阿曼达时快速地进行了360度以上的旋转，表现出来当时艾丽克丝的晕眩。

移镜头是将摄像机安放在移动的运载工具上，按一定运动轨迹进行的运动拍摄。拍摄时机位发生变化，边移边拍摄。移镜头能使画面背景（视野）不断变化，产生流动感。由于改变了被摄体与背景间的关系，也能充分展示人、物、景之间的空间关系，尤其擅于展示近距离的事物景象。

第一集中，艾丽克丝被迈克尔带入训练大厅，此时镜头从她的侧面走廊的尽头开始从右到左移动，展现了新学员们训练的场景，生龙活虎，从后来艾丽克丝的表情看来，惊异，似乎进入了一个罗马斗兽场，她也表现出参与其中的欲望。

移镜头的跟拍、追拍容易形成长镜头。第三集3分19秒开始，摄影机随着主编吉里米的路线行进，转弯时又增加女记者，表明她已等待许久，但不是主编意料中的。这段移镜头延续了十几秒，是整季剧情中少见的。使不动的物体产生运动效果，这种拍摄手法多用于表现静物动态时的拍摄。移镜头往往要形成长镜头，这在靠快节奏来吸引观众的电视中是很少见的。即使拍出了长镜头，成片时也会前得很碎，以免让观众对场景的变化不大产生时间上的倦怠感。

第三集第23分的时候，尼基塔和女记者站在大学校园草地上等线人，移镜头围着她们进行了360度拍摄，后面又接几个短暂移镜头，表现她们对四周的观察。

第十七集中，迈克尔要挟尼基塔去寻找卡里姆下落后，回到组织训练大厅，先是在他后面跟拍一段，直到他走到大厅中部，镜头又旋转到他右边。接着又给踏上长廊后的迈克尔一段移镜头，摄影机退着跟拍，直到珀西从另一侧上来。表现他对未来能靠尼基塔找到卡里姆的肯定。

当他在尼基塔帮助下抓到卡里姆时，卡里姆却告诉他珀西才炸死他的妻女的主谋。回忆片断从33分45秒开始，摄影机围着他和珀西旋转一周，直到34分13秒结束。这个移镜头的旋转，恐怕不是卡里姆被打得晕眩而已，对迈克尔而言也足以让其产生天旋地转的感觉，毕竟自己为仇人服务了九年还蒙在鼓里，此时方才明白真相。所以接下来他都无力亲自开枪了。尼基塔打死卡里姆后走出门外，移镜头全景展现尼基塔慢慢走向迈克尔，此时俩人心里都不好受。尼基塔长期反抗组织，活得艰辛，迈克尔知道真相也一时找不到好的办法来解决珀西。真正复仇须待时日。

四、总　结

数字时代，镜头的变化通过剪辑更加频繁，也更加容易实现。“未来的摄影可以探索和描述宇宙，在那里，多重原则同时发生作用，存在既是坚实的也是虚幻的。它将会引发能量共享状态这一概念，它连接起人、动物、精神、存在、物体、潜在的事物——是牛顿的三棱镜无法考量的联系。摄影不会使时间静止，它承认空间－时间的可塑性，但也不以记录时间、跟踪时间那蜿蜒的变化为目的。它将更少碎片、更多延展，把未来与现在想象成非线性的具备多层次的复杂的存在。”①

运动镜头的使用，既是时代发展、科技发展的要求，也符合当今观众的心理特点。“摄影机的运动和位置能够为画面或场景增添变化或冲击力，甚至连调整镜头焦距的技术都能为画面增添某种意义。”② 美剧《尼基塔》对运动镜头的成功使用，无疑增加了无穷的艺术魅力。

【李先国，浙江越秀外国语学院网络传播学院教授】

① ［美］弗里德·里奇：《摄影之后》，潘望译，南京大学出版社，2015年版，第194页。

② ［美］丹尼斯·J·斯波勒：《感知艺术》，鋉斌、程宝逊等译，中国人民大学出版社2014年版，第282－283页。

"移动凝视"下的体验：品牌视觉传播的转向

【摘　要】本文提出了品牌视觉传播的四个转向：品牌视觉传播载体由相对静止转为"移动"，品牌信息在时间与空间上实现着多重流动；品牌的视觉信息不再只是消费者凝视的对象，而是感知消费者的视觉需求，与消费者实现"双向互视"；品牌视觉信息产生的渠道从单一转为多元，品牌视觉符号在传播过程中被分解和重构；品牌视觉信息的传播依赖于消费者的综合式体验。

【关键词】移动媒体　互视　视觉传播　图片社交

■ 李　薇

移动媒体的出现不仅使消费者的视觉认知借由传播载体的变化实现了时空的转移，也改变了消费者的视觉认知方式。根据美国市场研究公司 Strategy Analytics 的调查，社交网络用户在 2014 年中已超过 20 亿人，中国社交网络媒体用户在全球用户总数中所占比例近 25%。[①]

随着社交网络的逐渐进化，不受地域和语言限制的图片逐渐取代繁琐而微妙的文字，日渐成为传词达意的主要媒介，图片分享功能也已成为各社交网站最核心的功能之一。

一、发展趋势

"移动凝视"源自 Anne Friedberg 虚拟移动的屏幕理论。Anne Friedberg 认为，屏幕文化，即现代性的虚拟移动视域的出现，带来了人们认知方式和传播方式的的改变。[②] 巴黎拱廊街和展示橱窗的出现，预示着人类社会消费视觉认知的移动模式开始形成。在现代消费社会中，从商品陈列窗、报刊杂志、影视剧、户外广告牌、视频网站到图片社交网站、各类手机应用

---

① 艾瑞网：http://web2.iresearch.cn/sns/20120910/181267.shtml，2015 年 4 月 4 日。

② Anne Friedberg, *The Virtual Window* ［M］. MIT Press, 2006, p10.

软件等，商品视觉传播的载体经历了从传统到现代，从"相对静止观者的绘画视觉机制的流动的视域"①到与消费者实现打破时间和空间限制的互动展示的完美演进。

与传统的相对静止的屏幕媒体不同，依托移动媒体为载体的社交网站，大多具备专业图片制作，构成独立的社交网络，提供位置服务等功能，为品牌传播提供了新思路和新模式。传统的商业视觉信息传播也因此面临重大转变，并呈现以下发展趋势。

（一）品牌视觉传播载体由相对静止转为"移动"，品牌信息在时间与空间上实现着多重流动

达拉斯·斯迈斯曾以政治经济学的视角研究认为，大众媒介的使用与受众"闲暇"的七小时有关。②虽然过去的传统大众媒体（包括：报纸、杂志、电视）和小众媒体（包括：户外、直邮单、POP 等），对消费者的品牌传播已经达到一定程度的覆盖，但今天，媒体的使用早已越过工作和休息场合及时间的界限，淋漓尽致地影响着消费者的生活。麦克卢汉将媒体比喻为"人的延伸"，揭示了媒体承载信息并跨越时空实现信息流动的本质。从传统媒体到移动媒体，媒体跨越时间和空间的性能越来越强，品牌信息与消费者实现了更全面的接触。例如，基于近关系模式的"微信"，在熟人之间分享、评价图片信息；基于远关系模式的"美丽说"，受众由某些兴趣爱好因素聚合形成，通过分享、点评和展示商品信息与其他会员进行互动；基于 LBS 模式的"color"，通过地理位置定位与他人建立关系并分享图片。以

上三种模式的图片社交中，品牌主均能够在空间和时间与消费者全方位接触，且品牌视觉信息的流动也不受时空限制，得到有效分享。以微信为例，61.66% 的用户曾查看"朋友圈"的照片，53.55% 的用户在"朋友圈"分享照片。

传统的大小众媒体与 PC 终端、户外电子媒体、手机、Pad 等各类工具并存，品牌视觉信息载体趋于多元和联通，在外部形式上呈现出规格型号的大小尺寸共生，形态上动静结合，层次上多屏重叠和互动，公共空间和个人空间并存的趋势。媒体在空间形式上的丰富性与时间上的联通性，为品牌传播提供了三种整合方式：其一，各类媒体可以共同完成对同一品牌信息的传播；其二，便于品牌信息的即时传播；其三，便于消费者与品牌的即时互动。整合传播理念认为品牌与消费者的任何接触点都可作为品牌传播的媒介，要获得消费者的任何接触点传播，打破媒体的时空界限则是关键。在未来，将移动媒体与其他媒体建立关联，实现媒体之间的无缝链接将是品牌整合传播的核心。图片社交是品牌整合传播中可有效利用的媒体，能充分实现品牌视觉信息的时空流动。未来的品牌应该思考，"如何将移动互联网与一些在人们生活空间中的场景化、空间化和生活化的媒体协同，将品牌的势能落地转化成销售力和品牌印象"③。

（二）品牌的视觉信息不再只是消费者凝视的对象，而是感知消费者的视觉需求，与消费者实现"双向互视"

视觉传播是符号的转换和应用，但是在媒

---

① 苏状、马凌：《屏幕媒体视觉传播变革研究》，《南京社会科学》2014 年第 8 期。

② 奥利弗·博伊德·巴雷特，克里斯·纽博尔德：《媒介研究的进路》，新华出版社 2004 版，第 279 页。

③ 肖明超：《移动互联网时代如何思考品牌传播》，《中国品牌》2014 年第 6 期。

介的融合过程中不单单是符号的传播，而是一个集成系统的多维立体传播，不是图像、图形、文字、色彩的堆积，而是可视、可听、可触、可嗅的多元虚拟图像，这一虚拟图像或许以"意像图像"的形态存在。[①] 可以认为，品牌是消费者脑海里独特的"意像图像"，通过图形、标志、文字、声音或价格、服务、质量等载体，消费者结合自身的认知建构出了品牌意识。然而，过去的品牌传播中对消费者意识的观察并不及时，不能同步挖掘并满足消费者的需求。依托各类媒体所进行的品牌视觉传播，例如品牌电视广告片、户外广告、广告传单、海报、网页广告、富媒体广告等，基本以向消费者传递品牌信息为主要目的，消费者可以主动选择，也可被动接受，但依然是以"凝视者"者的身份接受信息。按照保罗·史密斯的说法，主体是意识的载体，它和那个人们以某种方式看待的世界相互发生作用。[②] 在移动媒体建构的虚拟社区里，这种单向的凝视转化为"双向互视"，品牌不仅是视觉信息的传播者，同时要观察并感知来自消费者的视觉需求。例如，在图片社交里，通过关联位置，基于兴趣形成的用户群体能使品牌营销实时性和场景化，激发并满足消费者即时的消费需求。百威曾拍摄视频广告《你的朋友在等你》，呼唤人们"理性饮酒"，面向要去酒吧或者派对的人在 Twitter 中推广，并借此融入到"酒后不开车"的社会话题讨论中，最终获得了最大化的传播价值。

根据 CNNIC 的数据，61.6%的用户使用移动设备访问社交网站，这其中又有 36%的用户法发布过个人所在位置。随着读图时代的到来，越来越多的消费者会使用到位置服务功能。而立足消费者，通过位置关联满足消费者即时即兴的消费需求，建立基于兴趣图谱的消费圈层，实现本地与场景相结合的品牌营销，成为品牌主进行品牌传播的重要路径。无论是在工作或休闲场合，消费者谈话中的潜在意图都可能被挖掘，并成为"信号"，品牌主将通过掌握人们的行为及其在社交网站分享的内容，探测到用户的"信号"并对其进行有效传播。

（三）品牌视觉信息产生的渠道从单一转为多元，品牌视觉符号在传播过程中被分解和重构

后现代消费观认为，消费社会从商品形式占主导地位进入到符号形式为主的时代，人们追求商品的符号象征意义。根据美国市场营销协会对品牌的定义：品牌是一种名称、术语、标记、符号或设计，或是它们的组合运用，其目的是借以辨认某个销售者或某群销售者的产品或服务，并使之同竞争对手的产品和服务区别开来。视觉符号是品牌传播最外在的载体，是品牌主为自身形象建立的辨识系统。过去，品牌视觉传播围绕品牌视觉符号产生，并由品牌主、广告商进行扩散。随着网络媒体的扩张，广告渠道越来越多，消费者可以进行口碑传播、分享并扩散，品牌视觉符号和其他信息一同成为了基于用户产生的内容，传播渠道从单一的品牌主传播转移为多元的大众消费者传播，在这个过程中，主体与客体角色互换，实际也导致了品牌真实与虚拟传播的割裂。原本单纯而明确的传播策略必须不断拆分下去，连带品牌

---

① 任悦：《视觉传播概论》，中国人民大学出版社 2012 年版，第 50 页。

② 潘可武：《论电视剧视觉传播中观众的主体性》，《现代传播》2014 年第 8 期。

也撕裂成一块一块的碎片。① 在分解品牌视觉符号的同时，消费者也在进行着对品牌符号的重构，每个消费者都倾向于用自己的消费观解读视觉符号。符号消费中，消费者通过消费商品展示个性、品味、社会地位并获得社会认同，表现出强烈的表征性和象征性，消费者也获得了品牌价值的象征性满足。

在社会化的电子商务网站，消费者根据自己的喜好分享、点评、展示和分享商品信息，以此建立互动的社交关系，并对其他消费者起到导购的作用。在这一过程中，品牌视觉符号的意义经历着被消费者分享，拆分，曲解并重构的后现代消费过程。经历了碎片化与后现代消费，"品牌价值更多的是信誉与文化需所赋予的符号，相应的品牌传播也需以"价值满足"为取向"。② 可视化的内容更容易引发消费者以"价值满足"为需求的品牌消费。例如，在品牌图片中加入流行因子，通过深刻的寓意诱导传播的潜质；或者，品牌运用示意图把抽象的内容可视化，并加上解释，使步骤或内容更加生动形象，让有意思的内容引发用户的评论、点赞及分享等行为；又或者，将一些容易被大众忽视的日常生活现象，采用对比图片，将两张表明相反态度或属性的图片同时呈现，让对比的效果更明显，由于对比本身具备教育他人的功能，视觉内容更易于在社交媒体上广泛传播。许多案例表明，在社交媒体中增加可视化效果可以提高品牌在社交媒体中的曝光率和用户的参与度。同时，消费者在参与内容创造的过程中，也获得了更多的"价值满足"。

（四）品牌视觉信息的传播依赖于消费者的综合式体验

施密德在《体验式营销》中列举出消费者的各种体验模式，分别为"感觉、感受、思维、行动、情感和相关"等。③ 感觉和感受是品牌视觉传播的基础，是品牌对于受众的直观体验；思维着力于运用品牌创意吸引注意，引发消费者思考，促使消费者主动搜寻并分享品牌信息；情感体验则注重消费者内心的情绪和情感，通过刺激情感需求，引起共鸣；相关体验则将消费者与社会联系起来，满足消费者的社会需求。

社交媒体出现之前，品牌很难在一次传播过程中完成上述所有体验，单一的一个传统媒体也无法将品牌视觉信息与综合性体验进行关联，往往需要品牌采用多个媒体的配合使用，才能给消费者带去不同的体验。而在社交网站中，品牌传播就是一个视觉体验系统，每一种体验都和其他体验叠加融合在一起，每一种体验都是这个系统中不可或缺的部分。例如在图片社交网站，消费者由于品牌的某组符号创意获得感知，并由其独特创意引发思考和情感共鸣、产生分享，并由此形成具有一定社会关系的即时社交群体。2013 年，可口可乐公司的"快乐昵称瓶"活动就是一次成功的社会化媒体营销，并入选"中国最佳国际品牌建设案例"。可口可乐通过调查中国年轻人的消费文化及社交特点，选取 70 多个诙谐幽默、富有个性色彩的网络流行称呼，如"有为青年""女神""纯爷们""小清新""才女"等，将其印在产品标签上，在微博，"人人网"等社交媒体上

---

① 李媛媛：《碎片时代的品牌焦虑》，《中国广告》2014 年第 10 期。
② 周杨、舒咏平：《"价格让渡"到"价值满足"》，《现代传播》2014 年第 9 期。
③ 施密特：《体验式营销》，张愉等译，中国三峡出版社 2001 年版，第 197 页。

进行分享。这次活动引发了突破亿次的分享，销量较去年同期增长20%。可口可乐的品牌传播，通过富有创意的包装设计与年轻消费者沟通，通过消费者对品牌的体验传播了"快乐与分享"的品牌精神。[①] 让品牌内容在社交媒体的信息流中浑然一体地出现，为品牌提供"好友推荐"或"群体推荐"的场景，这也是品牌视觉传播未来的走向。

社交媒体中，品牌将更关注视觉内容的创意，在调查用户兴趣、社交行为、文化群体等数据基础上，提供能与消费者进行"沟通"的价值内容。价值内容强调内容与媒介场景的匹配，内容与消费者所属社会文化群体的匹配，将消费者对品牌信息的接收转变为消费者对品牌的主动分享和扩散。

二、针对性建议

移动媒体重塑了品牌与消费者，品牌与媒介以及消费者与消费者之间的关系，也改变了品牌视觉传播的格局和模式。针对以上的转变，笔者提出几点建议。

首先，移动媒体的社会性、信息的海量性等，往往容易造成消费者注意力被"瓜分"，媒体的凝聚力被"稀释"。社交网站中源于价值驱动的品牌传播，是基于消费者的利益关系的品牌关系，无法带来稳定的品牌忠诚。品牌应以一致的品牌核心价值为出发点，运用传统媒体作为凝聚全过程的主导力量和塑造品牌形象的发力点，进行品牌核心价值的深度传播，利用移动媒体作为消费者的接触点渠道，开展品牌核心价值的社会化分享与覆盖，实现品牌视觉传播的跨媒体整合与互动。

其次，基于移动媒体的品牌视觉传播的主体是消费者，传播的内容也是以满足消费者需求为中心的，但并非一味迎合，而是以引导消费者自创内容，对品牌核心价值进行分享、参与和体验。品牌视觉传播的内容创意可结合消费者所处时间、地点、场景和行为特点等，输送相关内容来激发需求；也可结合消费者社会文化背景，心理需求和市场环境等背景，作用消费者的深层次心智，使消费者产生价值认同和思想共鸣。

最后，基于视觉注意的移动媒体，在视觉内容设计中更应注重功能性和体验性。由于视觉信息具有选择性，品牌视觉符号的大小、色块对比、方向和距离等设计，应更注重于使用者的识别和注意，便于消费者在海量信息中对品牌的辨别。根据消费者的视觉注意轨迹和视觉查询规律，将操作性信息和重要信息放置在消费者能注意到的方位，提升用户体验和视觉传播效果，例如 Google 根据用户实现浏览范围整体呈现的 F 型，设计出搜索结果页面的"金三角"形态。[②]

【李薇，浙江越秀外国语学院网络传播学院副教授】

---

① 网络广告人社区，http://iwebad.com/news/409.html。

② 刘毅：《移动互联网平台中的产品设计》，《装饰》2011年第1期。

独立与整合：构图元素在新闻摄影中的运用

【摘　要】 摄影中的构图元素就像一门语言里面的词汇，通过巧妙的组合能表达出丰富的内涵。而构图的思想就像是一门语言里面的语法，将不同的词汇组织起来，每一幅好的新闻摄影作品，都因有其独到的语法，而有深刻的表意。本文旨在通过对荷赛奖、普利策奖等获奖作品中包含的摄影构图元素进行解构和整合，探讨如何组织摄影构图元素以便明确高效的传达新闻信息。

【关键词】 新闻摄影　摄影构图　新闻信息　荷赛奖　普利策奖

■　冯　帆

一幅优秀的摄影作品，应当是经过成熟的构思和设计后才拍摄出来的。它是一个由多种元素构成的有机整体。这些共同组成摄影作品的元素被称为"摄影构图元素"，它们就像一门语言中的词汇，通过巧妙的组合，能表达出丰富的内涵。而将它们整合在一起的，是拍摄者的构图思想。构图思想就像是一门语言中的语法，将零散的词汇串联起来。每一幅由构图思想和构图元素组成的优秀新闻摄影作品，都像是一句语法和词汇完美结合的优美话语。

一、新闻摄影构图元素的细分

新闻图片是新闻报道中常见的表达形式，承担着传递新闻信息、展现新闻现场的任务。新闻图片是作为个体呈现出来的，同时它又是作为整体存在的，因为它是通过不同信息要素以及构图元素的组合来传递新闻信息的。

通常情况下，我们对摄影构图的理解停留在这样的层面上："从新闻摄影构图的角度来说，构图内容只有主体陪体和衬景（背景）三个要素。这三个要素是一个相互配合的整体，其中主体是新闻摄影图片传达信息的主要载体，是整个图片的重点，而陪体和衬景是衬托主体、协调图片结构的重要组成部分，是新闻事件情节必不可少的要素。"① 按照上述分解我们只能看到新闻摄影构图的中观视角，并不能深入到图片的基本构成，也就是微观层面。而优秀新闻摄影图片的意义是由更细致的内容，也就是本文中所强调的"摄影构图元素"组合出来的。因此将一张好的新闻图片分解至单个构图元素层面将更彻底的展现其组织新闻信息的方法。

新闻摄影虽然与艺术摄影有明显区别，但是他们构建画面形象的手段是相同的，都是通过安排组织不同的构图元素来传达信息。因此在分析构图元素的过程中，我们可以尝试着引入艺术摄影中的相关原则。在《摄影的艺术》一书中，作者 Bruce arnbaum 所列出的独立摄影构图元素包括：色彩、反差和影调、线条、形状、图案样式、景深、快门速度等。② 在他看来，所有能够使观者保持足够注意力直到能读懂拍摄者所传达的新闻信息的元素都可以称为摄影构图元素，而如何组织和运用它们，将是传递新闻信息的关键。

二、构图元素的解构：突出关键信息点

我们所看到的构图元素均作为零件组合在新闻图片中，它们互相配合共同生成一张优秀的新闻图片。由于性质和功能不同，不同的构图元素在图片中所起到的作用也是不同的。在分析一幅摄影作品时将这些元素进行解构，可以更好的分析每一类元素的作用。

（一）新闻现场基调的确定：色彩、影调

新闻摄影讲求现场感和震撼感，要给观者身临其境的感觉，影调和色彩在奠定现场基调上是高效的。甚至在某种意义上说，影调和色彩本身就在传递新闻信息。比如，新闻"5W"要素中的时间要素（When）就是可以通过色彩和影调是来大致体现的。一般来说，在清晨与黄昏的时候呈现暖调，夜晚呈现冷调都是新闻摄影中常见的做法。

"影调是指画面的明暗层次，当画面整体呈现在暗调时我们说一张照片是低调的，而当一张照片整体呈现在亮调时，我们说这张照片是高调的"③，色彩是烘托画面氛围另一个关键元素，一张表现悲伤情绪的照片会使用较为灰暗和阴沉的色彩，而一张体现欢快情感的照片中我们能够经常看到由红色和黄色等明亮颜色所组成的元素。

图1 《信号》，第57届世界新闻摄影比赛（荷赛）年度获奖作品，作者美国摄影师 John Stanmeye

上图中展示的是非洲移民夜晚聚集在吉布提海岸，举起手机接收来自索马里的廉价信号来联系海外的亲人。作为荷赛奖最高奖作品，

---

① 徐培玲：《新闻摄影构图中的图形与背景》，《新闻爱好者》2012 年 6 月下半期。

② Bruce Barnbaum：《摄影的艺术》，人民邮电出版社 2012 年版，第 25 页。

③ 何清：《电影摄影照明技巧教程》，世界图书出版公司 2012 年版，第 63 页。

这张照片的成功离不开对颜色和影调的把控，冷色调和黑色、蓝色将照片的主题之一"乡愁"展现了出来。同时黑色剪影使图片中的单一个体结成了一个群体，暗示着作为移民的他们无法预知的命运。

图2 自由摄影师 Javier Manzano
获得了普利策专题摄影奖的作品

影调不仅能展现主题，还能烘托气氛。这张照片所表现的战争的即时感与危机感是通过曝光进而控制影调来展现的。在观察画面的时候，观者会发现视线很容易被一圈光束所吸引，而事实上摄影师就是为了要凸显光束，士兵只是画面中的一个信息传达点。将作为客体的士兵放在暗部与处于亮部的光束进行对比理解，就会产生类似"光束会刺穿室内的黑暗，但随之而来的子弹也会刺穿士兵的身体"的意味，由此可以将现场的不安定感传达给观者。

（二）新闻要素的确立：景深、反差、线条、图形

"何人（Who）""何事（What）"属于新闻图片需要突出的主体范畴，它们是一张新闻图片的主要信息点。新闻图片讲求直观性、感染力和冲击力，当事人和新闻事件的直观呈现是图片是否成功的基础。凸显这两个要素时应该使用能突出主体、约束引导视线的构图元素。此时，景深、反差、线条和图形等构图元素就可以发挥各自的作用。用景深突出主体并排除干扰信息；通过在新闻现场变换站位与角度，

寻找线条进行视线引导与约束；利用眼前可见或不可见的图形进行主体的框选或利用现场光线将主体控制在有反差的部位等方法是此类构图元素常见的使用方法。

控制景深就是引导视线，将主体控制在清晰范围内与画面其它部分区分开，排除干扰信息直接展现画面的要点。但是在新闻摄影中对景深的控制要十分谨慎，清晰范围之外的信息量的减少会影响新闻现场的还原度。

人眼在观察一张照片的时候，会不由自主的被反差（对比度）高的区域所吸引，所以反差也是引导视线的一种方式。处在高光区域的物体与处在阴影区域的物体会产生对比，形成强烈的画面感和冲突感。

图3 《饥饿的苏丹》，作者凯文·卡特

《饥饿的苏丹》拍摄于一九九三年苏丹大饥荒。这是新闻界无人不知的一张照片，凯文·卡特凭借它获得了普利策新闻奖。这张照片并没有使用什么高超的的技巧，但是依然可以看出拍摄者扎实的功底。拍摄者将画面的两个主体都放在了景深范围内，让他们获得同等的注意力，然后这两个主体由于都是大片高光区域中的唯一阴影，他们轮廓都是高反差部位，所以他们在画面上异常突出。其次两个主体被置于"井"字构图的对角点上，观者会不自觉将两点连成线条使主体关系一目了然。

运用线条和形状也能引导视线，人眼有跟

随直线看下去的意识，向画面中心延伸的直线同时也是表现透视感（景物间近大远小的关系）的重要元素；矩形、五边形、三角形这些常见的形状对人眼也是有吸引力的，矩形最常见的作用就是框选主体。

图4 《一步之遥》，2015 年荷赛体育
单幅一等奖，作者鲍泰良

这张照片的成功关键是摄影师特殊的拍摄手法导致镜头的焦外成像内旋，背景的内旋和前景结合起来在视觉上会形成一个封闭的椭圆，将观者的目光紧紧的锁在运动员与大力神杯上。

（三）在特定的新闻题材中表现动与静：快门速度

快门速度越快，越能捕捉高速运动的物体，相反，如果快门的速度相对于物体的运动速度较慢，那么物体在画面上会模糊。是凝固还是模糊，要根据新闻现场的具体情况判定，因为无论快慢，它们都能表现动感。

图5 《走过战争》，作者《洛杉矶时报》
摄影师卡罗林·科尔

上图拍摄于内战中的利比里亚。除单纯的场景因素外，景深和快门速度也是让这张照片令人震撼的原因。由于使用了足够深的景深，满地的子弹壳都清晰的呈现出来。"走过"二字通过快门速度体现出来，街道上行人迈出的那只脚由于较慢的快门速度显得模糊，体现出了动感。这张照片在选取角度和构图的时候也是很考究的，拍摄者选择了一个极低的角度，这样使得子弹在纵深范围内层层叠加，让人感觉出子弹的多。整体向左倾斜的角度也增加了画面的不稳定。增添了观者紧张的情绪。

（四）隐含意义的表达：图案

图案样式是人类文明积淀的产物，是一种直观的表意符号。将某种图案样式呈现在新闻中可以高效且隐晦的传达信息，但前提是拍摄者与观看者不存在文化上的巨大差异。

图6 《欢迎回家：Scott Ostrom 的故事》，
2012 年普利策奖的特写摄影奖

这张图片就是一张通过图案来传达信息的典型案例。图片中的当事人作为美军士兵曾两次被派往伊拉克，并患上了应激障碍症。图片中除了被摄者的两只手，几乎没有给我们任何信息。他的右手指正在抚摸着左手上刚缝合的伤口，在这只受伤的手腕上还纹着一个骷髅。骷髅代表着死亡和绝望，配上图片的注释，含义一目了然。同时会让受众联想到而这个伤口很可能是尝试自杀留下的。

在以上的分析中，我们可以看出各种摄影

构图元素在画面信息的呈现中都展现了其各自特点和具体应用范围，而不同元素的组合，又会呈现出新的特点。

三、构图元素的组合使用：呈现多义性画面

新闻图片的现场冲击力不仅表现在鲜明的直观视觉上，也体现在信息的多义表达上。而多义性的画面可以通过不同摄影构图元素的组合来实现。构图元素的组合使用也会表达出单个摄影构图元素所不能表达的丰富内涵。

（一）动态

"视线在照片上是顺着线条、形状、反差和物体的连续性而移动的，这种移动方式决定了照片的动态"[①]。拍摄者可以通过控制某一项摄影构图元素约束视线，同时也可以组合多个摄影构图元素来有意识的控制受众视线的转移，从而让观者将不同的信息点联系起来，形成新的含义。

图7　第53届荷赛体育专题类单幅一等奖作品，作者美国摄影师 Robert Gauthier

上图首先是通过角度控制反差来凸显主体的。通过找角度，拍摄者让黑色的网球手套处于白色的背景之下，使手套成为了高反差区域，吸引了观者的注意力成为主体。然后通过控制画面中元素所占的比重，让观众成为不可忽视

的元素，同时由于观众本来就将视线投向球手，于是画面中出现了不止一个信息点。拍摄者通过控制观看者视线的运动，让他们的注意力在多个不同的信息点上转移，画面中各元素之间也实现了联动。

图8　《猴戏》，2015年荷赛自然环境类一等奖，作者储永志

"摄影是减法的艺术"，这句话表示并不是眼前所有的元素都要框选进取景器，让观者看不到他想看到的东西反而会激发其对画面信息的多元解读。在这张照片中，猴子惊恐的脸被放在了"井"字构图的交叉点上，耍猴者的肩部以上被切分，使猴子成为视觉中心。同时，这张照片通过控制角度进而控制光线反差的方法让训猴的鞭子获得了足够的注意力：摄影师拍摄的角度让黑色的棍子以白墙为背景，也让白色的鞭子以下方的黑色墙体为背景，让整个鞭子都获得了足够的注意力，耍猴人的双脚分开给人向前迈进感，各种要素相互配合，这样拍摄者的意图就很明显的传达了出来。

（二）失衡

照片的平衡不是绝对的，根据拍摄者要表达的感情来控制画面的平衡才是明智的。单纯追求机械的平衡会让画面显得死板呆滞，而有

---

① Bruce Barnbaum：《摄影的艺术》，人民邮电出版社2012年版，第48页。

意识的失衡处理则会为照片增添信息。

图9 《发展·污染》，2015 年荷赛长期项目
三等奖，摄影师卢广

在这张照片中可以体会到巧妙处理景深和平衡所带来的丰富含义。在一般情况下，是要将主体放在清晰范围内的，但是这张照片却将主体虚化而将背景放在清晰的景深范围内。可主体因为其面积大，居于画面中央等因素还是吸引到了观者足够的注意力。这张照片的背景是失衡并对主体有干扰的，首先烟囱下面的栏杆作为一条直线是向左下方倾斜的，搭配向左上方飘飞的烟雾形成一种随之而来的动荡感，使画面产生强烈的不稳定。而主体后面的大烟囱直接插在其头上，与它相交的栏杆则分割了主体的头部和胸部，这个交叉而成"倒T"型

给受众强烈的不适感，在一定程度上暗示了主体的命运。当充满不适与不稳定感的背景逼迫着模糊主体的时候，拍摄者想要传达的信息就不言而喻了——日益恶化的工业环境对于人产生了致命的威胁。

摄影作为一种艺术形态是难以离开"表现"二字的。但是作为新闻摄影来说，新闻的真实性原则又是其不可违背的本质属性。摄影记者要适应这种"戴着镣铐起舞"的要求，就要将"真实"和"表现"二者很好的结合起来。在众多荷赛奖和普利策奖获奖作品中，我们都能看到此二者良好的结合：既包含带给观者极大冲击力的新闻现实，又有充满美感的表现形式。利用单一或聚合的构图元素合理布局新闻图片，使其在真实基础上更具视觉冲击力，众多国际大赛中的优秀作品值得我们借鉴和学习。

新闻摄影为展现新闻事件而存在的，虽然不同构图元素都有其最独特且高效的信息表达范畴，但是根据新闻现场的实际情况和需要自由组织、合理利用新闻构图元素，进而传达新闻信息才是呈现高效优质新闻摄影作品的不二法则。

【冯帆，中国传媒大学新闻学院新闻学专业博士生】

数据新闻可视化传播效果及发展策略分析

【摘　要】 本文旨在从数据新闻的报道方式、传播效果、发展策略等角度进行分析，找出数据新闻传播的优势所在从而给我国数据新闻未来的长远发展提供一些参考和建议。

【关键词】 数据新闻　交互性　传播效果

■ 郝丽丽

随着信息技术的发展和信息需求的增加，我们已经无时无刻不在接受信息。"大数据"（Big data）的诞生开启了一次传播领域的信息技术革命，人们的阅读习惯也一同发生转变。海量数据时代下，一种新的新闻呈现方式——数据新闻（Data Journalism）悄然兴起。数据新闻旨在通过对数据的收集与挖掘，触摸隐藏在繁杂数据背后的新闻事件，利用信息图、交互图表等多种样式将新闻内容用可视化的方式呈现。数据新闻作为以数据为驱动力的新闻报道，具体表现形式以图表、数据为主，文字为辅，配以利于视觉表现的图形设计元素，探索数据背后的关联性，诠释出一个复杂的故事，多运用于网络媒体以及 PC 端。数据新闻是一种在适应受众"短、平、快"的阅读习惯下不断探索而孕育出的成果，其具备文字表达的故事性、视觉吸引力强等特质，被广泛应用于时政、经济和其他"软新闻"报道等领域，成为新闻报道新的呈现方式。

一、数据新闻的传播特征

数据新闻是新闻业适应当下海量数据环境探索出的新成果。与传统新闻相同的是，二者都需要收集新闻线索，用文字解释事件原委或政策背景等；但二者又存在着显著的差异：传统新闻采写过程为线性，流程为采访、生产稿件、编辑、刊登，电视新闻节目则是采访、拍摄、撰写解说词、剪辑、播出。数据新闻的生产流程一般是"获取数据—分析数据—数据可视化—图文或动态图表呈现"。数据在这个过程中被收集提炼、可视化后形成图文并茂的新闻故事。①

（一）信源渠道的广泛性

大数据来源十分广泛，它可以从精密繁杂且看似毫无规律的数字中提供给记者观察不到却又蕴含逻辑的关联，这弥补了传统新闻报道在宏观叙事方面的不足，也拓展了传统新闻报道涉及不到的领域。数据新闻的制作更依赖于能够获得的有效数据，如政府部门官方网站或企业网站公开的信息，还有一些是数据采集平台收集的信息。由于信息的私密性，自然限制了数据新闻报道的开展，增加了媒体获得信息的难度。与传统新闻搜集数据方式不同的是，媒体既可以获得政府或商业集团主动公开的信息数据，也可以通过与社会大数据平台进行数据共享与合作来实现数据的采集。

数据新闻的制作依赖于搜集到的信息，从数据变化中追溯事实的起因，推理演绎事实相关性并以此来制作可视化图表，侧重的是对于事实关系的呈现。收集、整理、分析并展示数据变化以及信息间的逻辑关系就成为了媒体制作数据新闻的主要目的，对大型数据的处理分析能力成为了对媒体的新要求。大数据时代下广泛的信息来源使新闻业不再局限于依赖过去有限的文件调查中的数字来报道新闻，转而变成从海量的数据中挖掘新闻，以数据为基础、以关联性为纽带建构新闻的价值，从单纯的采写变为生产新闻。

（二）叙述方式的宏观性

传统的新闻采编通常是记者一人完成，首先需要采访获得事件信息，然后将事件过程整理成文字，侧重于对新闻事实的叙述，多为线性叙事，文字占据主导地位传达新闻要素。在数据新闻中，数据成为了讲述事件关系的关键语言，数据分析为我们提供了"新的切入视角"，使得新闻由对新近发生事实的及时报道转向对事实背后意义影响的探寻，叙述的方式变得更加宏观。

在大数据背景下，受众对于高质量新闻的需求以及精确新闻的经验积累，使得传统新闻的模式不再适应当今新闻生产。② "数据新闻"极大地改变了文字作为新闻记录的单一性功能，在处理复杂多变的信息时，"数据新闻"通过互动图表与可视化视图呈现新闻内容，增加了传播的便利性和受众对信息的认知程度。

（三）呈现形式的多样化

大卫·麦克坎德莱斯在《信息之美》的前言中说："我们正处于一个视觉世界，我们沉浸其中，或许我们已迷失于其中。因此需要设计优良的、色彩斑斓的、充满希望并有用的图表来为我们导航。"③ 从形式和制作方面考量，数据新闻都有别于传统的纯文字配图片式的新闻，它的出现适应了全媒体融合时代民众吸收信息的需求与癖好。

数据新闻的交互可视化传播方式使其具有独特性。它以直观、形象的方式让受众阅读时获取更多的信息。在过往的新闻报道中，文字始终是新闻的主角，即使有图片、数据，也是为文字叙事做辅助，只是新闻"辅料"，是"配角"。④ 在数据新闻中，数据并不是数字的

---

① 黄鸽：《大数据时代数据新闻的实践浅析》，《新闻世界》2015 年第 10 期。

② 史浩然：《数据新闻：大数据时代新闻传播模式》，《新闻传播》2015 年第 4 期。

③ 大卫·麦克坎德莱斯著：《信息之美》，温思玮、盛卿、叶超、曹鑫译，电子工业出版社 2012 年版。

④ 郎劲松、杨海：《数据新闻：大数据时代新闻可视化传播路径》，《现代传播》（中国传媒大学学报）2014 年第 3 期。

堆砌和罗列，而是通过数据可视化将数据以更清晰的逻辑和更好的阅读体验呈现给用户。视觉可视化工具的信息图表主要包括图表、图解、图形、表格、地图等，通过在图表中综合运用图像、文字、色彩、符号等视觉信息，并利用一些手段处理某些单靠数据或文本很难表达和解释的信息之间的关系，呈现出事件的发展过程，提高信息图表中所要传达信息的丰富性、感染力和说服力。在网页动态图表中，只要轻轻点击文中的图形或文字，就会出现与此有关的一系列内容，动态与静态融合的可视化方式能取得比文字更好的传播效果，让受众更容易认知复杂的情境。

（四）生产流程的复杂化

传统的新闻制作流程通常是，记者前往新闻现场收集相关信息，然后根据已有的新闻素材提炼、撰写稿件，经过新闻编辑审核后制作发表，新闻生产就此结束。数据新闻的生产流程更多地是一种合作与互动的关系。数据新闻的制作不再是记者一个人的事情，而是由团队完成，团队中通常包括记者与数据分析师、程序员、视觉设计师等，一条可视化新闻是分工协作、共同完成的。采编人员负责策划选题和搜集文字资料与数据，视觉设计人员根据文字素材和表现意图等设计图形与动态图，同时与程序员沟通，考虑方案或创意的实现难度并反复修改，属于一种生产链方式的分工协作。[①] 数据新闻不再只用文字讲述故事，它是通过数据的可视化来配合故事性阐述，在解释抽象或环环相扣的社会问题时比单纯的文字叙述更具说服力。因此，它所运用的数据量大大超出传统

新闻，数据统计工作量非常大，并依托 EX-CEL、Chart beat 等数据处理工具。

二、数据新闻的可视化传播效果

（一）视觉效果

一般来讲，印在纸面的数据新闻叫信息图，用网页呈现的数据新闻叫互动图表。目前信息图的应用比较广泛，互动图表受到网络技术的限制，还处在发展初期阶段，仅在 PC 或移动端应用。数据新闻用大量数据作为支撑，降低了受众文化水平的限制和接受难度，其采用视图结合的方式解读时政报道，事件的来龙去脉诠释得更加精确，便于受众运用形象思维进行理解。如果说挖掘与解读是数据新闻的内核，那么数据新闻的设计与制作则体现了其吸引力与传播效果。

（二）交互体验效果

"人的大脑有一半以上的神经元与视觉有关，而人从外界所获得的信息中，60% 以上是通过眼睛得到的。"[②] 一张设计精湛的数据可视化新闻作品能给予读者深刻的印象。数据新闻传播区别于传统新闻的 5W 传播模式即控制研究、内容分析、媒介研究、受众研究、效果研究，拥有交互性、多维度、逻辑性等特点。其主要表现为：受众点击相关色块或者名称即可获得想了解的信息，突出传播者与受众的互动性；注重用线条、箭头等方式描绘出复杂事件、人物关系间的关联性；多种类型的信息图表包括关系图、地图、时间轴、柱状图、饼状图等

---

① 申玲玲：《数据新闻生产的难点与创新研究》，《江淮论坛》2015 年第 4 期。

② 毕强、杨达：《信息可视化的基本过程与主要研究领域》，《情报科学》2004 年第 1 期。

体现出了视觉语言表达的多样性。这些呈现方式强调用户视觉上的感官体验，较好地实现了制作者与用户之间的信息交流。数据地图在新媒体上的应用更为广泛，不仅可以提供交互式的体验，还可以链接更实时的信息，实现信息的双向流动。

（三）新闻产品传播效果

在人们的交往实践中，信息的传播不仅仅是由媒介提供受众接受的线性传播模式，而是在媒介和受众主动参与传播的前提下，信息传播与信息反馈之间实现双向互动。从"使用与满足"理论角度出发，通过分析受众接触媒介的动机以及接触信息满足了他们的哪些需求来考察信息传播给受众带来的心理和行为上的效用，把能否满足受众的需求作为衡量传播效果的基本标准。[①] 由此看来，受众反应是传播行为效果的最佳体现。越是影响力大的新闻事件，受众的反应越强烈。

2015 年 1 月财新网将原载于财新周刊的六万字的深度调查报道《周永康的红与黑》制作成数据新闻《周永康的人与财》，原报道的受众接受度差，因为文中写到许多经济活动，涉及几十个人和上百个公司及项目，理解起来相当的困难。数据新闻报道则把与周永康相关的数十名人员进行了关系网梳理（见下图），用户每选取一个相关人员，均会出现该人的身份背景。这些资讯单靠文字难以解释清楚，却很适合以图表来表现，以互动网页形式呈现。这篇数据新闻从六万字的稿件中提炼出来，汇聚在动态图表中。作品中核心位置是周永康的名字，鼠标点击"周永康"，屏幕右侧便会出现其个人简历，作品中我们可以看到，周本人与

下面公司并无联系，但其家人、心腹与众多公司都有密切联系。周滨作为周永康之子，连线显示与于晓东联系密切，于则与很多公司有联系。詹敏利是周滨的妻子，其与很多家公司都有金钱往来。所以这副数据新闻作品直观地展现了周的"前朝""后宫"与企业之间的钱权交易。根据财新网数据，《周永康的人与财》数据可视化作品一周获得 400 万访问量，相关微博被阅读 2000 万次，被转发 5 万次，获评论 4 千条。

图 1 数据新闻报道《周永康的人与财》

我们可以发现作为传统新闻报道方式平铺直叙的"文字 + 图片"的静态形式在当今的媒体时代明显处于劣势，随着受众对信息需求的增加和信息全面性的渴望，更多的受众希望参与到传播过程中来，与传播者沟通、反馈与表达自己的意见，这也是数据新闻产品传播的优势所在。

三、数据新闻发展存在的问题

国内较早使用数据新闻这一报道方式的主要是以四大门户网站腾讯、网易、新浪、搜狐为主的网络媒体，它们分别开设了《新闻百科》《数字之道》《图解新闻》《数读》等栏

---

① 郭庆光：《传播学教程》，中国人民大学出版社 2011 年版。

目,是国内数据新闻的先锋。人民网也出品了自己的数据新闻板块,用信息图的可视化形式报道当下最受关注的重大新闻。2014年两会期间央视《晚间新闻》开始推出《"据"说两会》版块,通过采用搜索引擎360的大数据调查网民意见,根据网民关键词搜索数据,盘点出"网友最关注的改革话题",给新闻内容的选取提供了很好的素材,更好地反映出老百姓关注的话题,赢得了很好的反响。但目前我国数据新闻的报道也存在一些问题。

(一)受众对于数据新闻的解读能力低

由于数据新闻呈现元素多样,图文的背后蕴含着海量数据,阅读门槛较高,因而受众群体较小,文化程度较低者还不能做到完全理解,甚至丧失阅读兴趣。虽然数据新闻对数据实行了可视化呈现和交互式的点击解读方式,但它可能还是比一个有故事有照片的新闻更抽象、更繁杂,受众需要具备一定的逻辑思维和数字解读能力,才能更好地读懂数据背后的意义。

(二)受众对于数据新闻的阅读习惯有待培养

就国内数据新闻发展情况看,目前数据新闻的兴起时间较短,四大门户最早于2012年上半年才开始制作发布数据新闻,对受众来说还是比较新鲜的事物,各媒体也还在积极探索阶段。虽然四大门户网站都开设了数据新闻专栏,但其新闻首页和头条等几乎还是采用文字配照片的传统新闻报道方式,数据新闻只是以专栏或者专题的新闻栏目存在,作为新闻报道多样化的形式展现在受众面前。不定期更新而非固定的新闻报道常态,使得受众不能很好地培养起稳定的阅读习惯。此外,受视觉呈现的容量度限制,为了效果的美观,数据或文字信息不能完全呈现在图上,很多时候需要受众进行二次点击,相当于将内容隐藏在了文字或者图"里面",受众需要有更高的兴趣和阅读动机才会去"挖掘",在某种程度上削弱了数据新闻的传播效果。

(三)选题需要宏观考量的局限性

数据新闻是新闻的一个种类,也需要遵循新闻传播的规律。这对数据新闻的选题提出了硬性要求:选题必须是适合用数据和图表来表达的,此外还需具备新闻价值的五要素,这在实际操作中有一定难度。数据新闻由于制作周期长,在时效性上存在先天不足,又因对数据依赖性大,选题必须宏观考量。因此,目前的数据新闻题材主要集中在时政类、经济类领域。如搜狐"数字之道"栏目曾推出的《数据真相:究竟有多少凤凰男娶到上海女?》和《强哥(李克强)带给你的福利红包》等,选题对于受众日常生活的贴近性较低。

(四)一定程度上的"炫技"

人的眼睛处理信息的能力有限,当同时提供太多元素时,受众会感到混乱和无从着眼。尤其是当数据繁杂且没有清晰的标注时,更容易让受众产生眼花缭乱的感觉。目前国内许多数据新闻产品,为数据而数据,为可视化而可视化,为炫技加入了许多不必要的图形、颜色和线条等元素,乍一看很"高大上",但其实复杂难懂,反而减弱了受众的理解能力,削弱了数据的价值和作品质量,影响受众阅读体验和传播效果。

四、数据新闻的发展策略

(一)提高记者的数据素养

作为数据新闻记者,首先要具备一定的

数据敏感度和分析能力，在浩瀚如烟的数据库信息中提炼出有价值的数据，揭开隐藏在庞杂数据背后的故事，精选出耐人寻味的新闻选题。数据的整合与挖掘通常涉及 HT-ML5、JAVA 等计算机程序语言，虽然通常是程序员以及数据分析师操作，但记者们也应多涉及该领域，完善产品创作中的实现程度。数据的呈现要求记者除了具备人文素养和社科素养之外，还必须有一定的艺术素养和审美设计能力。数据、视觉艺术素养由此成为数据新闻时代记者素养的新维度。目前四大门户网站和财新数据可视化实验室人员大多都有计算机、传媒、经济等交叉学科背景，另外复旦大学、中国传媒大学也相继开办起高校数据新闻研究实验室，着眼于培养未来数据新闻生产的高质量人才。

（二）创新交互设计

数据新闻在民生类、时事新闻、突发新闻、重大会议、舆情分析等领域往往能够凸显它的传播效果。《卫报》数据新闻编辑西蒙·罗杰说过："数据新闻不仅是图形或可视化效果，而是用最好的方式去讲述故事。"内容才是数据新闻的核心，可视化设计只是帮助信息传达更有效的一种手段，在追求更好的视觉呈现效果的同时，不能一味追求华丽的图形构成而忽略新闻表达的实质，只有图文互相增量，才可以为受众创造完美的体验。例如财新数据可视化实验室作品《青岛中石化管道爆炸——财新记者实拍图集》，黄线标示损坏的管道，红点标示爆炸地点，黑点则标示人员伤亡的地点。点击红色的标记点，受众可以看到记者在不同的爆炸地点所拍摄的现场图片，而点击黑色标记点，

则可以看到部分伤亡人员的详细信息。[①] 这种"地图＋地理信息"的方式，让受众更容易了解事故现场、事故的起因。相比传统的文字配图片的常规报道方式，受众看到地图上醒目的红色与黑色区域就能了解到死伤者的人数情况，具有实况性和互动感。

（三）PGC 与 UGC 内容深度融合，视觉设计配合内容输出

大数据的核心特点决定了数据新闻能清晰直观地展现新闻事实与事件脉络，但也很容易造成数据信息的铺陈而缺乏对事实的深层次探讨与追究。内容上，PGC（Professional – produced Content）与 UGC（User – created Content）深度融合，利用专业者的专业素养和敏锐度与受众贡献的内容相融合，进行数据挖掘，拓宽数据新闻选题的维度。视觉呈现方面，过于强调可视化也会造成读者的阅读障碍，减弱信息的有效传播。数据新闻不能局限于做"有数据支撑的信息传达"，而是要让可视化服务于传播主题的需要，并且尽量向纵深度拓展，将平铺直叙的内容生动化，抽象关系的罗列具体化，新闻信息可观化，争取在一个数据新闻作品中，让受众更快速全面地了解新闻事件的发展演变，掌握新闻中的知识化内容，用新颖生动的形态和报道方式影响人。

数据新闻是新闻报道的新门类，从单纯的文字报道到多种媒体功能在线融合，依托互联网与移动端可视化技术，取代过去以文字主的新闻报道，运用图表来进行内容的解释或利用形式多样的交互式动态图展现数据的流动，让受众有了对新闻进行探索的意愿，促进了传受双方的新闻互动。在未来的融媒体时代，数据

---

① 刘义坤、卢志坤：《数据新闻的中国实践与中外差异》，《中国出版》2014 年第 20 期。

新闻势必要成为新闻报道中不可或缺的报道形式，随着大数据在各行各业的广泛运用，数据新闻在完善数据搜集和内容设计的基础上会呈现出更优质的视觉形态。

【郝丽丽，中国传媒大学传播研究院传播学专业博士生】

呈现"数据之美"

——试论数据可视化与信息图的传播特点

【摘 要】本文以数据可视化、信息图为切入点，探讨数据可视化的心理建构、传播效果，以及数据可视化的传播学、审美学的特点，运用罗兰·巴特的图像修辞理论对数据可视化的图表进行分析。最后简要论述主要的可视化图标建构方法，以期对数据可视化的产生、发展和未来形成一个整体全面的认识。

【关键词】数据可视化　信息图　信息传播

■ 钱 锟

当今时代，信息云集，瞬息万变。在人们普遍快节奏生活的今天，以直接性的视觉感官为主的内容传播更是在信息传播中占据主导地位，且人们日常生活中的信息更有 **85%** 是经由眼睛获取的。法国结构主义符号学家罗兰·巴特指出，随着图像转向时代的开始和视觉传播的宽泛，图像与言语之间出现了一种历史性颠倒：言语成了图像的寄生物。① 图像逐渐超越文字，占据了日常大部分的信息传播空间。而言语则退居到解释图像的地位，使其具有文化。现今，各大内容提供商正极力争夺受众的"视觉资源"，并将主要注意力集中在具有传播效果的图片、影像的制作上。在信息化的社会里，通过图片、图表等传播活动，可以把许多难以用语言和其他符号传递的信息诠释为视觉信息，这种视觉化信息的传播渗透力作用非凡。

在传播学、符号学的视角中，图形图像是最直观的交流符号。图像符号的特点是能指意义多元而丰富。通过接触各种媒介，人们每天都获取到大量视觉信息。这也长期以来逐渐培养了人们的浅阅读习惯。"读图"时代，纷繁复杂的信息内容并不能第一时间进入人们的眼

① 罗兰·巴特：《显义与晦义——批评文集之三》，怀宇译，百花文艺出版社 2005 年版，第 13 页。

球。对于数据展示的层面，人们已经不愿意耗费很多精力去分析图表所反映的深层含义。图形设计领域，设计样式丑陋、颜色的单一的数据图表也被受众所唾弃。在这一形势下，"数据可视化"这一新理念应运而生了。数据可视化追求视觉审美，同时也注重可读性、教育性和信息的丰富性。可视化的信息图继承了经典图表的视觉形象，如饼图、条形图、雷达图等，并在其基础上发展出新的传播特点。

一、数据可视化与视觉传播

谈到数据可视化，就不能离开"视觉传播"这个话题。研究视觉是研究可视化的基础。原始的数据是通过对现实世界发生的现象进行研究，对现实世界的观察纪录的结果进行的原始编码。通过使用基本的图形单元，诸如点、线条、或者面，可以将原始数据转化为视觉元素。随着计算机图形学在二十世纪八十年代的发展，出版机构开始使用辅助性的图表对书本中的内容进行说明，这样语言性信息便可以不必再承担很多对于数据的解释工作。如今，可视化的信息图已经成为普通人日常生活中理解数据不可缺少的重要因素。

视觉传播主要研究信息视觉化的问题，其中既包括科学的视觉认知原理，也包括对受众群体的理性分析和对媒介技术的了解，同时研究视觉表现的艺术规律。巴特是较早地运用符号学研究视觉传播的学者。他在《图像的修辞》中论述了意义是如何进入图像的。他认为，在视觉传播的时代，图像并不阐明或实现言语，而是言语来升华图像，使图像感人或理性化。

巴特将图像的视觉传播划分为三种信息：语言性讯息、非编码图示讯息和编码图示讯息。

语言性讯息主要是非图像的文字，对图像进行解说。非编码图示性信息则是直接意指的视觉文本，而编码图示讯息则涉及视觉修辞，是包含隐喻的含蓄意指。观众用视觉器官感知现实事物时，大脑会积极调动以往的经验和记忆，回忆与之相吻合的图像，然后确认。在大脑的储存库中，与现实世界相似性较大的图像符号占据大部分容量，人们解读这些符号的过程也更为简单方便。

数据可视化的目的是通过使用一系列图形、图表或其他重要的视觉指示符号，来建立可理解的组织、关系或者数据趋势，以将信息的复杂度降至最低，从而能够对复杂的数据进行理解。普遍意义上的数据可视化被认为伴随统计学的诞生而出现。其实，用图形图像描绘、记录量化信息的思想，从人们开始观察这个世界进而产生测量、管理的需要的时候就已经出现了。在新闻传播领域，乔治·罗瑞克开创性地设计出了气象图表，它改变了人们了解气象信息的方式。罗瑞克将数据和地图结合使用，综合地运用了颜色、符号以及注释，将一直以来都是以数字和文字表示的枯燥信息变得有趣而且容易理解。如今，海量数据使人类进入了大数据的时代，除了数据量的大幅度增加，数据图表也不再只是专业学者们的工具，而是每一个普通人都能读懂它、感受它、应用它，每个人都能参与到数据可视化推动社会发展的进程中来。

二、数据可视化的心理建构

人认识世界、改造世界都需要通过视觉和思维。如前所述，人类的视觉已被证实有极高的信息处理能力。一个具有良好视觉传达效果的数据图表，需要能够使接收信息的人快速理解吸收并达到某种效果——学到新知识、获得新灵感或者感受到视觉上被满足的充实感。对于不同地区的人而言，视觉传播内容可以一定程度上冲破语言、文化背景的限制，使得不同文化程度、不同背景的人都能读懂信息。

从人的生理的角度分析，视觉是光线经过瞳孔到达视网膜形成物象，而后通过视神经传达到大脑的视觉中枢形成的。格式塔心理学原理认为，整体大于部分之和，视知觉是从整体范围到局部范围的过程。[①] 对于数据可视化的欣赏方式来说，也是相同的。元素间的距离、符号间的相似性，都会给受众带来不同的心理体验。在数据可视化图表中，图形与文字所扮演着的角色不同，它们的作用各有偏重，优势各异。图表图形的魅力在于快速、直接、形象化展现数据的量和变化趋势，文字的优势则可以准确清晰地表达意义。同样地，根据格式塔心理学原理，在阅读图表时，人们首先关注的是整体外形，其次是意。首先体会到的是形的意味，其次是意的精髓。

三、可视化图表的设计特点

（一）相似性

可视化的数据图表中，象征性文字符号的表现要与人们日常生活的经验相吻合。当符号的形式化在人的大脑中所具有的式样与我们日常生活经验中的物体同形式样时，符号就会再现我们内在的不可见的情感经验。在文字成为图形化的过程中，通过一些不完全的形或是张力的作用可以完成具有目的性的图表设计工作。

受众对呈现的可视化图表所感知到的视觉因素要必须符合设计者的意图和设计主题。

图1 "人力资源"标签云

图1为"人力资源"领域的标签云数据图。该图揭示了人力资源领域相关的英文术语词汇。在视觉的直觉中，大小不一的字体隐喻了该词汇的重要程度，所有词汇拼接成人的头颅的形象，令读者自然联想到"人"这一含义，再现了读者对于"人"的自由的理解的内在情感经验，也体现了设计者的意图。

（二）简单性

即人们常说的"少即是多"。

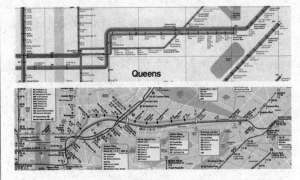

图2 纽约地铁线路图

如图2，同样是美国纽约的地铁线路图，经过设计的前一张图的指示性就明显好于第二张图。第一张图针对"乘客"这一类图表阅读对象作了优化，剔除了背景地图这一信息"噪音"，并将原本尽力模拟真实地铁路线的弯曲的

---

① 王受之：《世界现代设计史》，中国青年出版社2002年版，

线路笔直化,给读者直观的关于地铁线路的印象。这样的设计也会让乘客觉得路程"缩短"了。类似地,北京地铁线路图也参考了类似的设计模式。

(三)贴近性

作为数据图表的设计者首先要考虑的是自己的受众,考量受众的视觉欣赏水平在什么程度,并据此考量设计图表的方式。设计给普通受众的图表重在简洁明快、通俗易懂。如果受众是专家群体,则需要照顾到其相关专业领域,并仔细考量应该展现的不同数据的重要程度区别。

如图2,城市的地铁线路图的主要使用者是乘坐地铁的普通乘客。他们一般在乘坐地铁前就有明确的目的地,检索地铁线路图也主要是为了搞清乘坐方向和换乘路线。背景地图以及街区对于乘客来说相当于几乎无用的"噪音"。地铁线路的弯曲程度也不是乘客主要关心的内容,只需要向他们标注大致的方位即可。并且,笔直的线条交汇形成的图形更容易被识别和记忆。许多乘客对于一座城市的主要方位印象感就来自于对地铁线路图的记忆。

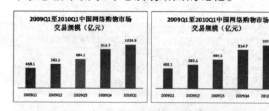

图3 中国网络市场交易规模图表

在图3中,左侧图表的颜色比较丰富,看起来似乎增添了图表的生机。但仔细想来,这些颜色并没有其他的意义,反而会造成受众的误解与疑惑,以为每个柱形表示的信息是不同的。相比起来,右侧信息图则简洁明快,一目了然。

四、数据可视化的传播效果

根据巴特的图像修辞理论,数据可视化图表可被划分为语言学讯息、编码的图示讯息和非编码的图示讯息。语言的所指具有一种抑制价值,也就是清晰概念的"锚固"功能。对于图表来说,少量的语言可以辅助图片的解释,减少"误读"。但语言信息比起图示讯息来说,属于"勤奋"的语言系统,需要观众自身具有较高的理解水平。

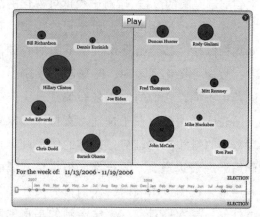

图4 2008年美国总统候选数据图

在图4的图表中,语言讯息为"Play(竞赛)""ELECTION(选举)"以及所有候选人的名字。仅仅几个简单的符号就可以让观众觉知这是一个关于总统候选的数据图表。紧接着,观众会将"勤奋"的语言系统转移到"懒惰"的图像系统。此时,被编码的图示系统开始发挥作用。凭借观众的认知经验,会将"大"和"小"的圆形视作得票数多少的隐喻。图标下方的"轴线"具有时间轴的指示效果,也说明了数据所标示的时间。两种色相反差极大的颜色表示(左蓝右红)隐喻了两个不同党派的对立竞争。

五、数据可视化的受众差异性

不同地域、民族、文化传统的群体具有有差异的解码方式。比如中国的文化传统和西方的文化传统就有着很大的不同，在不同的文环境下成长起来的人们就具有不同的特点，有时可能会发生交流上的误读，将矛盾升级为冲突。例如白色在西方象征纯洁、善良，而在中国白色有不吉利的意思。为了避免不同受众接受信息上的差异所产生的传播冲突，使信息更容易被受众所接受，就需要了解和尊重这种文化传统。

性别和年龄的差异也会对图表解读造成些许不同。男性大多血气方刚，喜爱的颜色也偏向冷色、暗色调。所以有关军事、政治、运动题材信息图大多采用冷色调、严肃的设计；而女性则比较偏好情感丰富、缠绵委婉的故事，或是与时尚装扮方面有关的信息。时装、娱乐类信息图表则多用简洁明快的颜色。年龄对于受众而言是具有时代差异的，他们也因为经历和与之相关的年龄特征具有不同的信息接受差别，一般儿童喜欢简单有趣的图表，青少年则追求新奇刺激，老年人则更加偏爱一些严肃的信息内容。

受众也会因个人的习惯偏好而对信息进行选择。一般来说，受众偏爱什么类型的信息图表设计，与他们自身的审美情趣和偏好也有很大关系。受众的个性差异还表现在心理因素上，例如求知和好奇的心理。例如，有些人对于数学和数字比较不敏感。有的人因为自身的好奇心驱使而选择阅读某张数据图表。

六、数据可视化的视觉审美

从审美角度看，信息图表设计的的主旨更多是将信息有效地传递，这与传统的强调形式感和审美性的平面设计有根本上的区别。

视觉文化里的视觉符号泛化，也常常会导致"视觉审美疲劳"的产生。审美情趣及文化素养的普遍化直接导致个人满足于作一个视觉符号"容器人"，对信息符号不假思索地接受，而丧失了深度的审美感悟能力。

优秀的数据可视化信息图表应该兼具内容信息的充实与审美的极致。不能因为过分重视数据而忽视图表的"美学"建构，使图表重新回归到无趣的、机械的状态。而又不能过度重视审美而忽视数据的呈现。图表在发展出审美客体共知的审美符号时，也应不断创新，避免长期使用单一模式而形成审美客体的"审美疲劳"。

互联网时代的图表因其带有潜在的交互性质，更容易使审美从物我对立的状况升华为物我同一、物我两忘的境界。

七、图表的可视化建构方法

在对可视化图表进行传播和视觉审美分析之后，下面简要论述具体的数据可视化操作过程中的设计要素。

在数据信息转换为视觉形象的过程中，一般需要协作完成。数据需要经过筛选和整理，首要应该确保数据的精准。具体操作中，要找出主线逻辑，筛选次要内容，从而进行精心的设计，将信息转换为视觉形象。设计因素一般包括以下几点：

（一）注重视觉平衡性

获得视觉平衡的因素有两个：重力与方向。重力源自视觉形象之间的集中度或者它们之间支配与被支配的关系；方向，是眼睛在平面上各个元素之间移动的方式。在设计可视化图表时，数据展示不宜过于密集，也不可留白过多。在展示数据时，要兼顾视觉的平衡感。

（二）注重文字图形的空间性

在人的知觉系统中最基本的一种知觉能力就是在图形与背景之间作出区分。当人们在观看事物的时候，其中一部分成为知觉对象而其余部分被看成知觉背景。这种关系被称为"图底关系"或是"形基关系"。在人的知觉系统中最基本的一种知觉能力就是在图形与背景之间作出区分。当人们在观看事物的时候，其中一部分成为知觉对象而其余部分被看成知觉背景。这种关系被称为"图底关系"或是"形基关系"。作为数据可视化图表的文字元素和图像元素都要具备合适的空间比例，如上文图2，后一张地铁线路图的设计就并没有考虑到图形的空间性，将城市地图和线路图简单拼合到一起，增加了许多无用的信息，给读者的阅读带来了极大困难。

（三）注重不同的媒介特性

对不同的信息内容，需要选择不同的媒介来进行传播。为了使设计契合受众的理解和情感，设计师必须选择出针对特定受众传播媒介，比如老年人一般不太熟悉电脑的操作，针对他们的设计比较适合投放于传统的报纸或者电视媒介中。互联网中的图表一般带有一定的交互性质，这就需要设计师多了解日常生活中常见的交互设计案例，设计出更加贴心易用的图表。

按照形式特点，我们把图表分为关系流程图、叙事插图型、时间表述类等类型。不管何种类型，都是运用列表、对照、图解、标注、连接等表述手段，使视觉语言最大化的融入信息之中，使信息的传达直观化、图像化、艺术化。

1. 关系流程类图表

如果事件的前后关系较多或比较复杂，就

可以采用此类数据图表方式（如图5）。通过这种方式，读者迅速的找到表述亮点或表述事件的主干。

2. 叙事插图型图表

叙事性图表就是强调时间维度，并随着时间的推移，信息也不断有变化的图表（如图6）。插图型图表就是用诙谐幽默的图画表达信息的图表。

图5　关系流程类图表

图6　叙事插图型图表

3. 时间表述类示意图

图7　时间表述类示意图

时间表述类示意图（如图7）只要以时间轴为中心加入文字数据即可。从设计的角度来看，将主题融入图形设计中，挑选重要事件点解读，就可以使画面精美，加深理解力度。

数据可视化图表不仅优化了传统的图文阅读方式，而且已成为当下视觉传播发展的必然趋势。以信息图表为代表的数据可视化不仅把枯燥的文字、数据变成美好的阅读体验，而且刷新了设计师们的设计思维方式，焕发出他们更丰富的设计潜能。尽管数据可视化在互联网时代高度发展的今天已经有了成熟的设计模式，但未来仍有很多创新的路要走。

【钱锟，中国传媒大学新闻学院网络与新媒体专业（媒体创意方向）本科生】

科普微电影的内容创意策略探析

【摘 要】 本文以科普微电影为研究对象，结合已有研究成果，从科普微电影的内容创意入手，分析了大量优秀的科普微电影作品，归纳整理出科普微电影的创意策略，试图解决当前科普微电影创意不足的问题。

【关键词】 科普微电影　内容　创意

■ 王　凡

纵观当前微电影市场，以宣传和营利为目的的商业微电影占到了大多数，以传递知识、普及科学为目的的科普微电影则寥寥无几。

优秀的科普微电影能够在让人们放松心情的同时了解科学文化知识，对广大的青年学生和社会大众具有良好的教育意义。目前，我国优秀的科普微电影数量较少，该领域的市场还有很大的空白，究其原因，除了投资、重视程度不够等客观因素外，阻碍科普微电影发展最重要的因素即电影内容创意的不足。由此，为生产出更多更优秀的科普微电影作品，解决科普微电影故事内容创意问题至关重要，本文从科普微电影的特征和优秀案例入手，归纳整理出科普微电影的内容创意策略，希望以此推动科普微电影的创意和创作。

一、科普微电影的内容特点

（一）模式多样，逻辑性强

科普微电影除了继承传统微电影"微播出时长""微制作周期""微投资规模"的特点外，自身也有很多值得注意的特点。与相比于一般的微电影作品，科普微电影的模式多样，内容逻辑性强。

作为微电影家族中的一员，科普微电影篇幅短小，但"麻雀虽小五脏俱全"，科普微电影的内容构架非常完整。在一般的微电影中，制作者经常采用浪漫主义的表现手法，用空镜和蒙太奇的镜头组接渲染情感，对内容的逻辑性重视程度不够。然而科普微电影以传播科学知识为首要目的，在创作中十分重视内在逻辑，无论何种形式的科普微电影，其叙述逻辑都十分严密，给观众带来科学、严谨的观影体验，增强知识的可信度。

经过不断的探索与创新，目前科普微电影形成了较为固定的制作模式，根据科普微电影的叙事模式可将其分为三大类：故事型科普微电影、解说型科普微电影和复合型科普微电影。这几种形式的科普微电影分别有自己的叙述逻辑。

在故事型科普微电影中，制作者将科普知识融入故事中，巧妙的设计故事情节，通过主人公的一步步科学探索完成故事的过程普及科学知识。故事型科普微电影以情节的发展为载体，按照提出问题，进行尝试，解决问题的步骤，调理清晰的进行科普教育。由江苏省吴江区科协、吴江日报联手打造的科普微电影《神九你好》，以神九飞天为背景，讲述了三位小伙伴以与宇航员通话为目标，经过不断的科学探索，最终实现了梦想的故事。整个故事环环相扣，有很强的的科普价值和趣味性。

解说型科普微电影的一般形式为视频画面配合科普解说。制作者将视频画面与解说词相结合，按照解说词的内在逻辑巧妙的设计视频画面，解说词常采用总分或总分总的方式对某一事件、理论、现象进行阐述，逻辑性强。由壹读传媒与腾讯新闻合作出品的科普微电影《奇怪的美国》，首先大致介绍了美国的基本情况，然后分别从肥胖、车、房子、性、枪支、大选六个方面向观众介绍了美国的文化。逻辑清晰，调理明确。

复合型的科普微电影将故事与解说两种形式综合到一起，以故事发展为依托，中间插入对科普知识的补充解说，让受众"带着问题看故事"，从而起到良好的科普效果。由明恩传媒中国疾控中心、盖茨基金会联合出品的科普微电影《微杀手》，以结核杆菌称霸武林的故事为背景，向受众介绍了结合杆菌的起源、危害、症状、预防等相关知识。通过拟人的形式和幽默的表述，潜移默化的普及科学知识。

（二）科学性与艺术性统一

科学性与艺术性的统一是科普微电影最鲜明的内容特点。

科普微电影的科学性指科普微电影作为一种科普手段，其传播的科学知识必须以准确、严谨为原则。科普微电影以传播科学知识为己任，这就要求其内容中的概念、观点、数据、例证等科学元素必须真实可靠，语言和画面也应是科学准确的，切忌将"假知识""伪科学"传递给受众。

科普微电影的艺术性指科普微电影作品对拍摄手法、表现手段、后期处理等艺术要素的有效运用。科普微电影在制作过程中需通过视听语言的手法来曾强影片的表现力，从而引起受众的观影兴趣，满足受众的审美需求，带来优质的观影体验。

对于科普微电影来说，科学性是科普微电影基础，也是所有科普作品的根本属性；而艺术性则是科普微电影为达到良好的传播效果而不可或缺的表现手段，也是其区别去其他科普形式的根本所在。

一部优秀的科普微电影离不开科学性与艺术性的结合。同济大学电影研究所执行所长，上海影视戏剧研究会副会长杨晓林教授指出："传统科普作品的表达一般严格按照现实逻辑和科学态度展开，……将科学知识按照知识体系的内在逻辑的方式进行客观表达和解读，其中涉及故事情节的成分不多……而科普微电影则不同，它寓科学于艺术，以引人入胜的剧情制造戏剧冲突。"① 通过艺术的手法，科普微电影在传播知识的同时迎合了受众的审美需求，用丰富多彩的表现手法和通俗易懂的表述方式吸引受众，从而达到寓教于乐、隐性教化的作用。没有科学性，科普微电影将丧失科普作用，不能成为科普的有效手段；没有艺术性，科普微电影便枯燥无趣，失去传播优势，只有将科学性与艺术性进行良好结合，才能真正发挥出科普微电影的传播优势，达到预期的科普效果。

二、科普微电影的内容创意策略

（一）以故事创意为内容创意核心

电影中的叙事，就是"研究电影本身是怎么样讲故事的，它运用了那些元素与功能，涉及怎样的布局结构，采用了哪些策略和手法，企图和可能达到何种叙事目的。"② 对科普微电影的故事内容创作来说，由于其制作目的、传播渠道、媒介环境等因素与传统科教影视作品有很大差别，科普微电影表现出了独有的内容特点。

故事创意是科普微电影内容创意的核心。相比于传统的科教影视作品，科普微电影往往采取"知识＋故事"的叙事模式。通过巧妙的设置故事情节，把静态的科学知识具象化为一种动态的、可连续的的知识性叙事，让科学变得充满"人情味"，用故事化的手法使原本枯燥的知识生动起来，达到科学性与艺术性的统一。另外，在当前新媒体的传播大环境下，受众正逐渐向快餐式的文化消费模式过度，这就要求任何形式的文化产品都要用优质的内容吸引受众，"内容为王"成为时代文化的主题，科普微电影必须明确其创意核心，在故事创意上下功夫。

通过总结多部科普微电影的创意策略，我们发现故事创意是这些科普微电影创意中最吸引人的部分，相比于其他创意要素，科普微电影的故事创意对评判作品好坏起到了决定性作用，其他因素仅起到辅助作用。如果一部科普微电影作品没有富有新意的故事情节，无论画面多么美妙，剪辑多么精良，都无法让受众满意。优秀的科普微电影用"故事＋知识"的模式服务科普，能够为科普知识量身设计适合表达其科学内涵的背景故事，而非生硬的在故事中讲科学，让受众潜移默化的吸收科学知识，使科普效益最大化。

在科普微电影《唐僧说户外之登山篇》中，制作者以一个浪漫的故事作为开篇："传说在阿尔卑斯山区，小伙子们为了表达爱意，必须爬上海拔3000多米的雪线附近，采摘高山玫瑰送给自己心爱的姑娘。"影片制作者用戏剧性的故事引起观众兴趣，并在唐僧为登山做准备故事中展开对登山知识的讲解。在科普微电影《论成为大侠的基本方法》中，作者以一个出身于中医世家的青年修行成武林大侠的故事为载体，向观众讲解了中医里关于穴位和针灸的科学知识，并对武侠片中的点穴知识进行了科普。在科普微电影《吃的秘密》中，作者讲述了一对恋爱中的男女想要变得更强壮和更性感的故事，向观众介绍相关的饮食常识和其中的科学道理。

在故事创意上下功夫，不仅可以更好的发

---

① 杨晓林：《微电影艺术导论》，中国电影出版社2015年版，第199页。

② 李显杰：《电影叙事学：理论和实例，中国电影出版社2005年版。

挥科普微电影传递科普知识的功用，还能以剧情为基础，在科普的基础上进行宣传公益和社会教育。在科普微电影《双生疑云》中，创作者设计了一个"尸体移动"悬疑故事，以略带诡异气息的故事作为科普载体，随着主人公的探索，逐步向观众普及了关于同卵双胞胎的科学知识。不仅如此，影片制作者还利用故事情节，赞扬了遗体捐献者的高尚情怀，整部微电影情节流畅，有很强的科普意义和社会教育意义。在科普微电影《石油过敏症》中，主人公因对石油制品过敏而受到困扰，必须远离生活中的石油制品。作者通过展现主人公提心吊胆的日常生活，向观众普及了生活中常见的石油化工制品和其中的石油化工物质含量，并以此为契机对低碳生活进行宣传，兼具科普与公益两个方面。

（二）选取独特的叙述视角

在科普微电影内容创意中，选取合适的叙述视角对整个作品故事情节的展开至关重要。能否选取恰当的叙述视角，将科学知识恰到好处的植入在剧情之中，是科普微电影内容创意的关键点之一。

不同于传统的微电影，科普微电影中故事的叙述视角并不局限于人，几乎所有可观存在的事物都能通过拟人的手法成为科普微电影的叙述主体，巧妙的运用拟人化的表现手法是科普微电影重要的创意策略。运用拟人的手法进行叙述，不但可以可以提升观众对科普微电影作品的新鲜感，还能通过可爱的卡通形象引起观众兴趣，增加观众对故事主体的亲切感。在科普微电影《温度 vs 男女》中，作者以鳄鱼的视角展开叙述，通过鳄鱼宝宝探索自己性别奥秘的故事，向观众普及了温度对部分两栖类生物性别的影响。在科普微电影《太空蔬菜》中，作者用蔬菜的视角叙述了从太空旅游回来的蔬菜进入课堂作报告的故事，向观众普及了太空蔬菜的相关知识。

另外，使用恰当的叙述视角还可以为科普微电影的故事创意创造更大的发挥空间，为影片提供更多可选择的科学话题，进一步提升科普微电影内容的创新度。在科普微电影《白眼之殇》中，电影制作者选取实验室中的果蝇为叙述主体，从果蝇的视角进行故事的编排并展开叙述。故事中的果蝇生活在狭小的广口瓶内，并有着自己认识世界的标准，但是它们无法解释被人的研究活动打扰时所发生的有悖于果蝇世界常规的事情。为解释这些奇怪的现象，果蝇中的科学家们提出了各种各样的学说。《白眼之殇》中有许多巧妙利用果蝇视角进行叙述的地方，比如在叙述摩尔根研究果蝇眼色性状并发现伴性遗传的知识时，制作者从果蝇的视角出发，将其改编为一个怪兽摩尔根用食物换取果蝇的故事；在解释基因重组而导致的性状分离比时，制作者构造了白色眼睛的红眼七世杀父娶母的故事。精彩的故事加上卡通的形象，使原本枯燥的知识一下子变得生动起来，令人印象深刻。

（三）将多科学知识融入故事内容

科普微电影以科学性为基础，相关的专业知识必不可少。在目前的科普微电影市场中，大多数作品的内容都是对某一现象、知识、理论进行阐释，很少有在一部作品中涉及多学科知识的微电影作品。然而科学知识的覆盖面相当广泛，在科普微电影作品中涉及到多个学科的知识可以丰富故事内容，增加微电影作品的科学性。

综合运用多学科的知识是科普微电影中较为高级的，也是较为复杂创意手法，这种形式不但要求制作者本身涉猎广泛，还需将科学知识进行有机整合，并创意出适合表现多学科知识的故事情节。在科普微电影中综合运用各学科的知识，能够增加作品内容的丰富度，开拓读者眼界，提升科普效果。

由清华生命科学学院 96 级同学制作的科普微电影《白眼之殇》在创意应用多学科知识上非常成功，其创意手法值得我们借鉴。《白眼之殇》以生物学知识为内容创意的基础，作者以果蝇认识自己的过程为基本脉络，用过个相对独立的小故事组成整个作品。在科学知识的运用上，《白眼之殇》的故事构架除了生物学的相关知识，还涉及到神学、统计学、地理学、物理学等多个学科。例如神学家果蝇认为上帝主宰了一切，白眼是罪恶的，呼吁停止与白眼果蝇进行交配；统计学家果蝇从对每代果蝇的分析中得出伴性遗传的基本规律，呼吁停止白眼雌果蝇进行交配；社会学家果蝇对白眼果蝇所遭到的不公平的待遇进行了阐述，表示白眼是无罪的，应该受到平等待遇；物理学家果蝇认为宇宙中存在着无数个平行的世界，提出"蝇顿场"这一概念，认为果蝇的多少是有"场力"决定的。影片制作者综合运用多种学科的知识来构建果蝇的世界，这种知识上的迁移与表现形式上的创新是这部微电影成功的最重要因素。

不仅如此，《白眼之殇》中关于果蝇世界的讨论不仅突破了生物学，更突破了自然科学，上升到哲学以及宗教的高度。整个故事以"白眼是否意味着命运"为主线，作品开头便抛出了一个哲学问题："果蝇，相信命运吗？"结尾又用同样的句子与开头相照应，让人印象深刻。在作品的中间部分也不乏许多精彩的哲思："什么是命运？白色就注定意味着罪恶么？"，"当

你相信世界上的一切都有井然有序的规律和原则的时候，却发现是更高的存在决定了一切，主宰了世界的表象甚至最细微的信仰，你要怎样相信自己的生命仍然有意义。"通过这些具有哲学意义观点，微电影的内涵得到了升华。并且也从一个侧面体现了制作者的独具匠心，从果蝇的角度对世界进行了深入的思考，给观影者带来启发，让人回味无穷。

三、结 语

科普微电影的出现为科普事业带来了新的活力。在传统的科普模式中，科普的主体是科学家、科普作家和科技新闻工作者，科普结构单一，不能广泛的引起社会大众的科普热情。而科普微电影的形式打破了传统科普的线性模式，是一种可以实现全民参与的科普形式。科普微电影的创作门槛低，只要对科普有兴趣、有想法，能将科学知识融入故事剧情之中，任何人都能撰写科普微电影剧本，甚至当导演、做演员，制作属于自己的科普微电影。制作主体的多样化为科普微电影的发展提供了有益的创意创作环境，有利于科普微电影的制作者们相互借鉴、取长补短，创作出更多优秀的科普微电影作品。而优秀的科普微电影作品又能够激发人们的想象力，吸引更多的人参与到科普微电影的制作中去，以此形成良性循环，有利于科普微电影的可持续发展。

总之，科普微电影发展的关键在于优秀创意的不断涌现，而内容创意则是科普微电影发展的灵魂所在，只有在内容创意上下功夫，才能不断提升科普微电影的科学性与艺术性，使二者结合产生出情节新颖、知识丰富的科普微电影作品。希望通过本文对科普微电影内容创

意策略的探析，对科普微电影的创意创作起到 推动作用，从而生产出更多故事情节别具匠 心、艺术手法使用得到的优秀科普微电影 作品。

【王凡，中国传媒大学新闻学院新闻学专业硕士生】

影视动漫设计中 3D 技术的运用探析

【摘 要】在影视动漫设计中融入 3D 技术，不仅是对以往影视动漫设计技术的优化，同时也会切实提升最终的影视动漫成品效果。本文对影视动漫设计中 3D 技术的应用优势、技术应用要点、具体工作步骤、以及实践方式等进行了较为全面的分析和介绍。

【关键词】虚拟模型　3D 技术　影视动漫设计　后期合成

■ 罗晓琳

想要制作出一部优秀的影视动漫作品，不仅要有前期的故事情节与人物角色构思，同时还要运用适当的设计技术，对作品的画面、动作、环境以及每个人物造型进行设计，是一项繁杂的工作。传统的影视动漫无论是制作方面还是画面表达，都存在一定的局限性。为了使影视动漫作品最终的成品画面更加饱满，故事诠释更加到位，近些年 3D 技术已融入到影视作品的设计之中。这一技术的运用不仅使影视动漫作品摆脱了以往技术上的限制，同时也对动漫作品的表现空间进行了扩展，从而有效地带动了国产影视动漫行业的发展，值得深入探究。

一、影视动漫设计技术现状

（一）动漫制作载体存在一定的约束性

传统的电影制作都是以胶片作为载体的，这样的制作方式具有一定的束缚性，无论是在电影的设计、制作方面，还是电影发行方面都造成了一定的阻碍。[①]

（二）影视动漫作品的画面表现力不足

传统的影视动漫作品都是以二维平面为主，作品的整体画面感不强，尤其是在进行虚化场景的表达时，很难使观看者与之产生共鸣，观众的观影享受自然大打折扣。

---

① 禹云：《浅谈影视动漫设计中 3D 技术的应用研究》，《计算机光盘软件与应用》2014 年第 1 期。

（三）国内影视动漫专业人才相对匮乏

虽然现代社会对于动漫行业的认同度以及重视程度在不断增加，但由于影视动漫行业与影视表演行业的发展速度还是存在一定差距，导致选择该专业的人才数量始终没有达到理想的水平。同时由于国内各院校对于影视动漫相关专业建立的时间较短，在教学内容以及教学模式方面，难免会存在一定问题，进而对国内影视动漫人才的培养质量形成了一定的影响。

二、运用 3D 技术进行影视动漫设计的优势

（一）突破了以往影视动漫制作的限制

3D 技术是以网络为依托的新型设计模式，其载体不再是胶片，发行方式也不再是拷贝，取而代之的是数字文件形式，通过网络、卫星直接传送到电影院以及家庭。3D 影片从制作到发行，都不会受到任何模式的束缚，从而有效地解决了传统影视作品载体以及制作方式过于单一的问题。

（二）对影视动漫的表现空间进行了扩充

运用 3D 技术进行影视动漫设计，可以强化灯光特效以及虚拟模型的渲染程度，对影视动漫表现空间进行了有效的扩充，能够使虚幻的场景变得更加真实，带给观众更加有感染力和震撼力的观影体验，这是传统动漫设计技术所不能比拟的。设计者可以运用 3D 技术将自己的构思以较为理想的效果呈现给观众，为影视动漫行业带来了更大的发展空间。

（三）带动了相关行业的诞生

由于我国影视动漫真正起步的时间较短，国内的影视动漫设计技术相较于国外先进国家的技术还具有一定差距，还处于摸索阶段，优秀的影视作品数量也较为有限，难免会失意，国内影视动漫行业的从业人员感到迷茫。但 3D 技术的应用，无疑是对影视动漫设计技术的一次改革，不仅使从业人员看到了希望，同时还带动了一些行业的兴起，像三维动画视觉设计以及三维动画软件设计等等。

三、3D 技术在影视动漫设计中的具体应用

（一）动作设计方面的运用

想要利用 3D 技术对影视动漫作品进行三维动画的合成，首先就需要按照动画的故事情节，对动画的基本角色、环境以及整体框架等内容进行手绘创作，这就要求设计人员必须具要有一定绘画功底。要将场景设置以及剧本内容的手绘材料提前制作出来，进而才能使用 3D 技术对动画进行相应的加工。

当对动漫故事中有动漫人物的存在，就必须要对其表情神态与动作情绪等进行设计。只有动漫角色的表情语言与肢体语言达到理想的效果，才能算是一部成功的影视作品，所以设计人员一直对动作设计环节极为重视。相对于 2D 技术，使用 3D 技术进行动作设计，可以有效地提升人物动作的逼真程度，会给观众带来更加真实的观影体验。以动漫人物的走路动作设计为例，当设计人员运用 3D 技术对人物的走路动作进行设计时，会通过人物动作表情、鞋子以及衣服等方面变化来进行设计，这样合成的人物走路动作，表现会更加细腻、有层次感。此外，设计人员在对动漫人物角色动作进行设计时，不仅可以采用固定的模式，同时还

可以利用人体与电脑设备相结合的方式，通过动作捕捉仪对真实的人体动作进行采集，然后进行模型绑定，最终合成真实度较高的动漫影视作品。

（二）角色设计方面的运用

想要制作出一部成功的影视动漫作品，既要对故事情节进行巧妙的构思，同时更重要的就是要对人物角色进行完美的诠释，很多优秀动漫作品的人物角色，基本都是个性鲜明且充满想象的，像"大圣归来"以及"小门神"等等，动漫角色的性格都很有特点，而且虽然与我们的生活有所关联，但却是虚拟的、充满想象的。此外，人物自身的造型也都是较为独特的，非常具有想象力，这样对观众才更具有吸引力。丰满的人物角色，完整的故事情节，以及3D技术的逼真效果，三者完美的结合，就可以创作出具有情感冲击力以及视觉震撼力的好作品。

使用3D技术对动漫人物进行设计时，不会受到任何限制，且成品中的人物角色更加立体，在荧幕中的呈现效果也更加真实。而且使用3D技术对人物角色进行设计，也可以对人物的装扮以及外貌等方面进行更加细腻的处理。目前常用的三维动画设计软件中，都会带有大量的真人动作数据，而且对于真人行为进行模仿的技术也越来越完善，可以对真人的所有动作进行系统的处理。

（三）画面设计方面的运用

设计人员在进行影视动漫制作时，不仅要对人物的动作以及角色特征进行设计，同时还要对整体的画面进行处理。设计人员会紧贴故事情节以及人物性格特点，运用3D技术对作品画面进行设计，进而保证画面的唯美性以及流畅性。3D技术不仅可以对细节进行处理，同时还可以营造出一些恢宏的场面，给观众带来更

大的视觉冲击力。这样的画面处理方式，可以使观影者产生感同身受的体验，更加容易与作品产生情感共鸣，从而提高作品在观众中的好评度。

（四）贴图制作阶段与后期合成方面

作为影视动漫制作中的重要过程，设计人员在对作品进行贴图工作时，首先要通过软件将二维图片转变为三维模型，且要确保物体质地与制作效果的一致性；其次要将设计估价与事物模型进行有机结合，要保证模型动作的灵活性，以达到逼真的动作效果；再次，要根据故事的情节对场景以及灯光色调进行设定，烘托出与之相符的环境气氛。而后期制作就是最终3D动画合成阶段，会以视觉与声音为切入点，运用3D技术对图像画面进行制作，最终实现动态化的效果。

（五）环境设计方面的运用

环境设计属于画面设计的一部分，是对故事所发生的地点以及角色所在的位置的环境制作。当使用3D技术对环境进行设计时，数据人员会按照剧本的发展要求，对环境进行真实化模拟处理，会将河流、山川以及城市等元素以动态化的形式呈现在观众面前，进而对故事情节开展进行有效的烘托，提高作品的代入感，让观众有身临其境的观影感受，这不仅是对作品画面感的优化，同时也以直观的方式对故事发生的环境进行了介绍，便于观众理解。

（六）色彩设计方面的运用

色彩设计与环境设计相同，也是画面设计中的一种。设计者会利用3D技术对画面处理的优势，对作品的色彩进行准确设计，从而使作品色彩更加鲜明。因为人类的视觉感官较为发达，在对事物进行欣赏时，会先被其色彩所吸引，所以设计人员通常会将对比性较强的色彩运用到动漫作品之中。传统的色彩设计技术

虽然也具有可圈可点之处，但在色彩区分方面始终难以达到理想的效果，色彩艳丽程度也相对不足。而 3D 技术的运用，不仅可以妥善解决以往色彩设计技术的不足，同时还能对色彩的整体视觉效果进行优化，真正实现高质量的视觉成品效果。

四、3D 技术在影视动漫设计中的实践方式

以影视 CG 设计为例，关于 3D 技术在动漫设计中的实践方式我们不妨也略作分析和介绍。

（一）CG 设计中的 3D 技术

所谓 CG 设计，是 Computer Graphics 的英文简称，是指以计算机技术为依托进行的视觉设计。随着计算机技术的普及，影视 CG 设计也开始逐渐运用到各个领域之中。无论是在三维模型、影视动漫以及室外建筑等方面，还是在三维设计作品中，影视 CG 设计都发挥了一定的作用。人们对于"技术数字化艺术设计"概念的认可度越来越高，同时在信息传播样式与效率不断优化的驱动下，影视 CG 设计也在影视动漫领域中得到了多元化的发展。

影视动漫设计者，一般会使用"3D max"以及 Maya 两款功能性较强的三维设计软件对模型进行制作。使用该两款软件之前，设计者必须要对自然环境、人体以及动物等方面进行全面研究，并利用 Photoshop 绘图软件对模型进行制作与贴图。之后要运用 After Effects 以及 Premiere 软件，在后期合成时对整体画面进行修改与调整，并加入相应的特效效果，以增加动画作品的震撼感。

动漫影视作品中的角色类型较为丰富，制作过程与技术也有所不同。例如在进行机器人制作时，要经过材质贴图、模型建立以及灯光调试等步骤来对模型进行制作。由于工业模型建立方式与机械模型建立与场景之间的制作工序差异较大，因此想要提升大体型机械模型的真实度，就必须精心设计模型的摆位、穿插以及重叠等关系。变形金刚团队在进行三维模型制作时，就是通过对模型各个部位的位置变化来形成最终的汽车模型的。

（二）三维软件模型制作中的 3D 技术应用

在诸多三维软件模型制作方式中，多边形模型制作的方式使用率最高。相对于其他的建模方式，这种操作方式具高兼容性、高效率以及制作简便等特点，软件之间的转换没有过多的限制。当使用 3DMax 软件进行建模操作时，设计师会通过对 BOX 将其转变为多边形，同时会利用多边形工具，对模型进行定点以及定边面等方面的设计，在涡轮平滑修改器的配合下，模型的初步轮廓就制作成了。

模型制作中最重要的部分就是对角色头部的设计。当对头部进行设计时必须要考虑多种因素，应将头部进行拆分，按照不同单元分别进行制作，从而对模型的制作进行简化。要参照修改器中已经成型的角色定位作为依据，先制作一个圆柱体，再将其转化为多个多边形进行编辑，这些多边形可以独立进行操作，也可同时进行多个操作。在进行单独编辑时，要将这一部分放置在独立的页面中进行操作。在对多边形物体进行转换时有两种方式，一种是单击鼠标左键选中要进行编辑的对象，同时再点击右键找到"转换为可编辑多边形"这一选项，点击就可以进行操作了；另一种是先选择编辑对象，之后再将"可编辑多边形"添加到修改器面板中即可。

五、3D 技术的运用难点以及解决出路

虽然目前 3D 技术已经在影视动漫制作中得到了广泛的应用，但在实际运用中还是遇到了一定的困难，主要是 3D 技术的开发问题以及 3D 技术的人才水平问题。由于 3D 技术的兴起，为国内的影视动漫设计带来了新的活力，于是越来越多的动漫设计者都对 3D 技术予以极大的热情，但都只限于在运用层面上的研究，在 3D 技术开发方面的研究人数相对较少。而且由于这项技术的应用时间较短，能够完全掌握已开发功能的人数也相对不足，以上的愿意你对 3D 技术运用与发展造成了直接的影响。因此相关部门必须要重视这方面的问题，要加大对 3D 技术的研发力度以及人才培养力度，同时影视动漫设计行业还应与国内各大高校进行联合，借助高校的研发优势，对该项技术在影视动漫中的使用功能进行开发，反之高校也应利用相关单位的优势，为影视动漫专业学生提供实践机会，使他们能够通过不断地实践锻炼，来提高学生对于 3D 技术的掌握程度，为国内影视动漫行业培养出大量的优秀人才。

通过对 3D 技术在影视动漫设计中的分析和介绍，不仅使我们对 3D 技术的优势与技术要点进行了了解，同时也使我们明确了 3D 技术在动漫影视设计中的具体应用。3D 技术在影视动漫设计中的使用，能够使人物造型更加饱满，影片整体呈现效果更加真实绚丽，对推动我国影视动漫行业的发展具有极大作用。不过目前我国的 3D 技术还处于初级阶段，还需在不断的实践中对其运用进行开发、拓展，使其能够与影视动漫设计完美地结合在一起，从而为我国影视动漫质量的不断提升做出应有的贡献。

【罗晓琳，淄博职业学院动漫艺术系讲师，中国传媒大学新闻学院访问学者】

网络直播中女性形象的符号学分析

【摘　要】网络直播作为一种"互联网＋"时代的新兴产业，在 2016 年经历了爆炸式增长。而在与网络直播产业相关的人群中，普通年轻女性成为了主播主力。本文对网络直播中的女性形象进行了符号学分析，探讨了这种形象符号背后的深层意识形态含义。

【关键词】网络直播　女性　符号　意识形态

■　刘雅婷

一、网络直播概况

网络直播，类似于电视直播，也是传播者利用采集设备收集视音频资料，在现场随着事件的发生、发展进程同步制作和发布信息，只不过网络直播是通过互联网传输内容的，还可以实现传者和受者之间的实时互动。国内"网络直播"大致分两类，一是在网上提供电视信号的观看，例如各类体育比赛和文艺活动的直播，这类直播相当于"网络电视"；另一类则是真正意义上的"网络直播"，正是目前蓬勃发展的视频直播网站，拥有较为成熟的互动分享模式，受到不少网络用户的追捧。

近年来，随着移动互联网的发展和手机、平板等移动终端的普及，普通用户视频直播或观看直播越来越简便。用户只需拿出自己的移动终端，打开视频直播软件，即可开始直播，全平台用户可以随时随地观看，并与主播互动，进行直播社交。目前，中国在线直播平台接近 200 家，用户达到 2 亿人，市场规模达到约 90 亿元，2016 年成为名副其实的"网络直播元年"。

（一）主播群体关键词：85 后、90 后、女性

根据易观公司发布的网络直播数据[①]（图1），可以看到在网络直播平台上，主播群体主要是"85 后、90 后"的年轻人，19 到 28 岁的主播占总数的 72％，成为绝对主力，而且女性是占多数的。而欢乐时代旗下的几个直播平台统计其男主播占主播总数的 36％，女性则占到

[①]　易观国际：《中国娱乐直播行业白皮书》，2016 年。

总数的 64%。笔者在 2016 年 10 月 25 日统计的数据中看到，"映客"首页的 81 个热门直播中有 56 名主播是女性，男女比例为 5：11，"花椒直播"热门推荐页面中的 60 位主播里有 49 名女生，男女比例为 1：5，"六间房"平台全站主播排行总榜前九名全部都是女性，"Bo-Bo 娱乐"的主播明星榜前九名也均为女性。

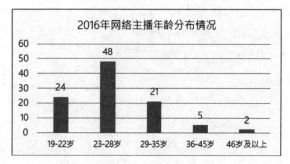

图 1　2016 年网络主播年龄分布图

（二）直播内容关键词：UGC、娱乐表演

目前网路直播平台的内容生产主要有 UGC（用户生成内容）、UPGC（用户与专家生成内容）、PGC（专家生成内容）三种方式，其中秀场主播和素人主播的 UGC 占大多数，内容主要还是主播们在视频直播中娱乐表演（唱歌、跳舞）、打游戏或与粉丝聊天互动、化妆美颜、探险旅游等。

（三）主播主要收入来源

主播们在直播平台获取收入的途径有三种，粉丝打赏虚拟礼物的平台分成、平台工资及游戏代言收入三种途径，其中娱乐主播的收入主要以粉丝打赏的虚拟礼物分成为主。

在网络直播平台中，虚拟礼物是用户给主播"打赏"的虚拟物品。用户只要在平台内充值，将现金转换为虚拟币，就可以用虚拟币购买从 1 毛钱到几千块不等的礼物送给主播，送的礼物价值越高，越容易得到主播的回应。

（四）观众群体关键词："85 后、90 后"，男性

观看娱乐直播的人群中，男性居多，他们大都是在互联网中成长起来的 85 后、90 后年轻用户。据易观千帆对娱乐直播用户的监测数据显示[①]，目前网络直播平台的用户中，男性占到 67.1%（如图 2），30 岁以下的用户占比高达 73.2%（如图 3）。从职业来看，以自由职业者为最多，其次是学生和工人、服务人员（如图 4）。自由职业者和学生的空闲时间较多，有较多时间去观看直播，工人、服务人员则是生活娱乐休闲缺乏，且途径单一，观看视频直播正好是一种极为方便的方式。

图 2　观看直播用户性别分布

图 3　网络直播平台用户年龄分布百分比

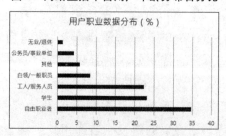

图 4　网络直播平台用户职业分布

---

① 易观国际：《中国娱乐直播行业白皮书》，2016 年。

二、女主播形象的符号构成

艾柯认为，符号是指一个社会全体成员共同约定的用来表示某种意义的记号或标记，每一个符号都在指代一种意义，符号分析就是解析我们生活中符号的意义。通常，我们将符号分为语言符号和非语言符号进行研究。因此在本文中，我们按照前面提到的分类方法，提取出了女主播形象的构成符号，并分析了符号组合构成方式，探讨符号所承载的深刻含义。

通过观看大量女主播的直播内容，我们发现女主播们的形象有大量的共同点。她们虽力求个性化，但我们看到的最终结果却是她们的形象明显具有类型化、同质化特征。目前，我们一提到网络女主播，必然会想到一个标准模式化的形象：白皮肤、尖下巴、大眼睛、身材苗条、曲线佳、处在时髦漂亮的环境里，穿着时尚的衣服，扮可爱或者搔首弄姿。而且笔者发现，女主播的非语言符号数量要远远多于语言符号，视觉性符号要远远多于听觉性符号，这说明女主播的形象更多来说，是一种视觉符号，也就是说，女主播更多是作为一种视觉对象存在，主要刺激和满足观众的视觉需求。

由于直播观众大部分是年轻男性，其注意力本来就处在容易转移的时期，而且互联网时代信息爆炸培养了年轻用户碎片式的行为方式，使得他们的注意力时刻都极有可能转换焦点；再加上直播平台数量很多，每个平台上又有难以计数的直播，想要维持稳定的粉丝量，实在是难上加难。而视觉刺激对于人类来说应该是最直接、花费时间最短、最立竿见影的一种刺激，而且对于女主播们来说，把自己装扮的好看比花很长时间提升自己、培养自己更经济，

对于观众来说，他们在一瞬间中会更容易选择一眼看上去美丽的女主播。所以女主播就会竭尽所能抓住观众的眼球，这样女主播就更具有了视觉符号的倾向。

（一）语言符号：可爱、幼龄化的女性

语言符号主要由口语和文字组成，但在视频直播中，女主播们是直接用口语跟观众进行互动聊天的，不会有文字出现。所以在语言符号的分析中，本文只分析她们的口语符号部分。在口语符号中研究中，笔者又细分了两个类型，词汇和口音。

在词汇方面，我们找到了女主播们在表达自己对观众打赏的感谢时，最常用的一些口语词汇，包括"谢谢""Mua""爱你哦""么么哒"等，这些词汇都是当下最为流行的女性口语词汇，从词汇中可以看到，女主播想要暗示的是自己可爱、天真、温柔、易与人接近的形象。且女主播往往表达的都是日常生活、衣着打扮等等门槛较低、观众更容易接受的内容，只有极少数女主播是在展示专业技能。这正与父权意识形态下对女性的期待相吻合，女性需要温顺、可爱，不需要有很强的能力，最好能在家中把日常生活安排妥当，"男主外，女主内"。

从口音来看，女主播大多使用普通话，其中会夹杂东北口音，主播使用东北口音的目的，是为了制造笑点，营造欢乐热闹的气氛。东北口音是目前大家公认的、可以逗乐的口音，为什么不是山西口音、湖南口音、北京口音？因为最近几年，来自东北的小品演员一直活跃在各级舞台上，极尽所能表演逗乐，带起了一股东北搞笑潮，使得"东北话有幽默感"的集体无意识深入人心。

从口语的分析中可以看到，女主播们主要

使用目前的流行词汇将自己塑造成可爱、如孩童般的形象，以此让自己能够在男性心目中留下柔弱、需要保护的特点，满足男性的强势、征服、保护的心理。女主播同时还会为了使自己直播的内容不那么空洞，用笑话或者口音来填补空白，增加趣味性，满足观众乏味的笑点。

（二）非语言符号：女性是美丽性感的视觉动物

1. 视觉性符号

妆容。所有女主播均在面部化有精致妆容，且具有很强的相似性。她们的发型和眉形都是流行的、时髦的，脸型小小的，下巴是尖尖的，皮肤如婴儿般娇嫩、白皙，一双大眼睛，双眼皮，水汪汪的，睫毛又长又翘，鼻子小巧、鼻梁高挺，嘴唇则是薄薄的，十分的粉嫩、水润。她们还涂有指甲油，颜色主要与服装相协调。

在以上几个符号中，发型、眉形是与时尚最为相关的，受时尚影响极大，每个时代都会发生巨大的改变，女主播们的发型和眉形无一不是处在时尚潮流当中的，然而社会中最时尚的发型、眉形数量屈指可数，因此，她们的发型和眉形基本相同。还有剩下的几种符号，男性对其喜爱之情千百年来亘古不变，尖尖的下巴、娇小的脸型、白皙娇嫩的皮肤、水汪汪的大眼睛，长长的睫毛、又小又挺的鼻子，还有粉嫩水润的嘴唇，这本是形容女子美貌的词汇，但用它们来形容孩童也完全没有不妥之处，这说明在父权社会的男性意识中，美丽的女性具有可爱、天真的孩童形象，即弱小的、需要保护的形象，这种形象主要迎合了男权意识中对女性的期望。

衣着。所有女主播衣着均为时尚的、符合当下流行趋势的衣服，有的女主播还会选择较为暴露的衣服，展示自己的身体性感美丽。

身材。所有女主播均是苗条型的，如果女主播认为自身身材曲线较好，会主动展示。身材线条并不一定意味着美丽，每个时段会有不同的消费倾向，唐朝时就是以胖为美的。在消费社会中，流行的时尚的美丽、那种具有范例性的普遍倡导和大众化的美丽，那种在消费社会中具有权力和义务的美丽，是要求女性身体苗条的[①]。

动作。女主播的动作大致有两类，一类是"卖萌"，如比爱心、嘟嘟嘴、收下巴，另一类是具有性暗示意味的动作，如飞吻、撩头发、不断弄耳机、咬嘴唇、整理内衣等。

场景。女主播进行主播的场景大多是在卧室中，卧室的装饰是具有梦幻色彩的少女风格。通常可以看到的摆设是毛绒玩具、华丽可爱的家纺、纱帘和星星点点的灯光等。女主播的卧室背景采用少女风格的色调，如淡黄色、淡粉色、淡蓝色等等。但卧室不一定是女主播真正意义上的卧室，而是被特意打造成卧室场景的工作室。另一种出现次数比较多的场景就是商场、餐厅等时尚场所。

对于女性来说，女主播们的"卧室"就像是把自己从小的梦想变成了现实，她们拥有像公主一样的房间，这对女性来说极具诱惑力，女主播们把这种诱惑变成了流行潮流，变成了一种诱导，引诱着更多的女性像她们一样布置卧室。而另一方面，对于男性来说，展示女性卧室就有了另一种意义。女性的卧室是只属于女性的私密空间，对于中国男性来说，女性的闺房是处于想象中的神秘空间，他们一直就有

---

① ［法］鲍德里亚：《消费社会》，刘成富、全志刚译，南京大学出版社2000年版。

对这一空间的好奇和窥探欲望，极具暧昧。因此卧室场景的展示实际上是对男性的一种性暗示。

2. 听觉性符号

女主播无论是聊天、唱歌还是跳舞，均要播放音乐，她们选择的都是流行音乐，如《新不了情》等。

从非语言类的符号构成中看到，女主播们拥有符合时尚潮流的妆容、衣着、身材以及所处环境，她们把自己塑造成了美丽的视觉对象。她们的面孔如同天使般美丽，她们的动作或如孩子般天真，又或者性感撩人，她们的身材如同魔鬼般诱人。然而不管是哪种形象，都是在用自己的身体来迎合男性的审美、迎合时尚，丧失了真正的个性。

三、网络女主播形象构成原因分析

网络直播平台实际上可以看作是一个微型社会，这里主播与观众之间、主播与主播之间、观众与观众之间都可以进行互动，彼此之间相互联系，而且这里也有以金钱为标准划分的等级和金钱往来。同时，它也是现实社会在网络平台上的一种展示和延伸。而且，由于这里男性是主要观看者，由于在直播平台上用户之间的关系不如现实社会那么复杂，男权的体现更加直接，现实中的消费社会意识形态得到更直接的投射。男权制和消费社会的意识形态成为直播平台的主流。因此，为了获得更多的直播资源，女主播们自然而然又身不由己地迎合着男性和时尚。

① 李银河：《女性主义》，山东人民出版社 2005 年版。

（一）男性主导：女性为男性打造自己的形象

男权制又称男性中心主义，简单来说就是"注意"的中心在于男性及其活动①。男权制下，衡量、评价女性的一切标准都是男性参与制定的，女性不能参与制定和自身相关的标准。在这种情形之下，女性能够获得相对更多的认可，只能依靠男性。而越是柔弱、温顺的女性越容易得到男性的青睐，越能够得到男性青睐的女性就越容易获得社会资源，因此男性审美需求就成了女性的审美标准。

由于网络主播们收入来源很大一部分来自观众打赏礼物后与平台的分红，而直播平台大多数观众是男性，取悦男性观众成为主播们的主要任务，因此男性观众在直播平台中就占有了优势地位，所以实际上在直播平台制定规则的人还是男性观众。所以满足男性观众的心理需求，实际上就成为了女主播们心照不宣的生存之道。这样，在继承现实社会的男权基因基础之上，网络直播平台上的人物关系中，男权要比现实社会体现的更为明显。

在男权制下，所有权威的位置都留给男性，男性的智力、体力得到认可，他们从事的工作也得到了尊敬，同时，女性就普遍无法获得认同，而且女性承担的工作也无法得到认可和尊敬。男性一方面要求女性去迎合他们的要求，另一方面，在女性迎合需求之后，依靠地位的优越性制定道德标准来评判女性。女主播们在直播时有的唱歌跳舞展示才艺，有的与观众聊天排解他们心中的不快，这被普遍认为是简单的、不需要什么实力的工作，在某种意义上等同于不劳而获，因此他们无法得到尊敬，更因为女主播们都在刻意保持自己美丽的面孔，有的女主播还要展示自己性感的身体魅力，女主播还被认为是依靠美貌、身体获得金钱的一种职业，而受到负面的评价。

网络直播将女性客体化，甚至物化。在直播平台上，观众的消费品实际上是表演中的女性。观众可以随意进出各个直播间，并选择喜欢的女主播送礼物，这就像浏览商品并为喜欢的商品买单。实际上，用户在送出礼物的时候，就是在为女主播付费，只是平台用虚拟礼物这种形式掩盖了这种直接的金钱关系。

"男人看女人．女人看着她们自己被看……这样她就成为了一个对象，一个视觉符号。"①

（二）消费潮流主宰：女性形象千篇一律

消费社会即是经济的发展需要消费来推动的社会，刺激消费是消费社会的一大特点，消费总是被通过某种被符号系统传媒化了的关系对这种自发关系的取代来规定的。在这种情况下，女人之所以进行自我消费是因为她与自己的关系是由符号表达和维持的，那些符号构成了女性范例，而这一女性范例构成了真正的消费物品②。女人在进行"个性化"时消费的就是它，也就是时尚。女孩们追求着这种范例，她们认为只有自己与范例模式保持一致，才是足够有魅力的。她们已经忘记了自身的自然美，去追求这种工业化的、统一的美丽，这种美丽还要用几个指标还衡量，色情、线条、服装、妆容等等。正是在女性最接近自己的理想参照时，她们最听话、最服从集体命令，也最与这样或那样强加的惯例相符合。因此追求时尚的女性，往往是相似的。

现在的时尚潮流要求女性要护理好自己的皮肤、出门就要化妆、保持身材的苗条，只有符合这些标准，才能被看作是美的。无疑，在这种时尚潮流中，女性身体是唯一被强调的对象，美丽之于女性变成了宗教式绝对命令。女性因此而购买各种护肤品、化妆品，去健身房或者去整形医院，女性追求时尚的心理在这里获得了其经济和意识形态意义。女性自以为在护理自己，追求美丽其实是在自我消费。

直播平台的用户，无论是主播还是观众，都在现实社会中浸淫已久，已经被现实的时尚潮流影响，普遍认同了某一种美丽模式。因此女主播们按照时尚模板选择自己的形象，穿着类似的衣服、脸上涂抹着类似的妆容，有的女主播还按照时尚模板去整容。而观众们也认为这种美丽是真正的美丽，既是一种模板，也是最接近模板的形象，不断会有观众夸赞女主播的美貌，还会有女性观众询问主播衣服或者某化妆品的品牌。偶有一个女主播脱妆出镜，即被认为是不美的，大量的观众在互动中直接说出了心中的不满。为了使自己符合观众口味，女主播要把自己装扮成时尚女郎，与此同时，她们的心理也认同这种模板，主动把自己打造成了模板。

图5 网络直播平台用户评论截图

---

① 陈卫星：《传播的观念》，人民出版社2008年版。

② ［法］鲍德里亚：《消费社会》，刘成富、全志刚译，南京大学出版社2000年版。

在网络直播平台中，女性还是处在一种男性主导的审美和消费潮流主导的审美中，既无法自己定义自己的美丽，也无法摆脱这两种集体无意识的束缚，甚至更加深陷其中。但是，我们也应该看到，正在有越来越多的女主播努力的展示自己的个人魅力和能力，摆脱旧的、依靠美貌和性暗示获取金钱的模式，这是女性为了争取地位的一种抗争。

【刘雅婷，中国传媒大学新闻学院新闻学专业硕士生】

符号学视角下旗袍的文化意蕴与时尚消费

——基于清末至现代旗袍审美文化进化史的历时性研究

【摘　要】 旗袍作为东方女性第一装，是近代服饰史的骄子。本文通过对清末至现代旗袍服式演化历程的回溯，试图理清其背后的符号象征意义和社会审美文化变迁，以期从细微处把握所处时代的风貌。

【关键词】 符号学　旗袍　审美文化　时尚消费

■　许迎晓

"仓廪实则知礼节，衣食足则知荣辱"。服饰作为人类审美文化最早的物态化形式之一，从最初的御寒、蔽体和装饰功用，发展为划分等级和身份的符号象征。早在夏商时期，冠服制度已初见雏形，至周朝得以完善，春秋战国之交被纳入礼治。《周礼》规定："典瑞掌玉瑞、玉器之藏，辨其名物，与其用事，设其服饰。"服饰制度已然成为礼乐社会的立政基础之一。中国服饰，在继承传统和融汇纳新的过程中形成了独具东方魅力的民族服饰文化。

罗兰·巴尔特认为任何物一旦被人类使用，就会符号化。[①] 他区分两种符号化方式：把物变成"社会文化符号"（sociocultural sign）；把物变成"经济符号"（economic sign）。作为社会文化符号的旗袍，以东方审美文化为底蕴，在华夏大地历经一二百余年而依然能在服装之苑中争奇斗艳，其生命力当不容小觑。日本画家梅原龙三郎指出："旗袍的设计很朴素，立领长身，在任何时代都不会丧失新鲜感。"而从当今中国第一夫人外交时的着装看，旗袍或旗袍元素的大量运用也彰显了旗袍文化对中国传统服

---

① 罗兰·巴尔特：《符号学原理》，见赵毅衡编：《符号学文学论文集》，百花文艺出版社，2004 年第 1 版，第 296 页。

饰的浸润之深厚，走出国门的旗袍亦代表了国人的对民族服饰文化的自信，"越是民族的，越是世界的"。

"旗袍"一词，最早见于 1918 年《雪宦绣谱》一书，"绷有三，大绷旧用以绣旗袍之边，故谓之边绷"。[①]《辞海》将旗袍描述为：原是清满洲旗人妇女所穿的一种服装，辛亥革命后，汉族妇女也普遍采用。经过不断改进，一般式样为直领，右开大襟，紧腰身，衣长至膝下，两侧开衩，并有长、短袖之分。[②] 包铭新在其著作《中国旗袍》一书中对旗袍定义作了专门的阐述：广义上可以说旗袍经历了三个时期的发展与演变，分别是清代旗女之袍到民国时期新旗袍再到当代时装旗袍，其中最典型的也最为重要非民国时期的新旗袍莫属。狭义的说，旗袍就是民国旗袍，当然也可以包括民国以后基本保持民国旗袍特征的旗袍。本文将从清末旗女之袍、民国旗袍和当代时装旗袍三个发展阶段进行历时性分析。

一、清末旗女之袍的文化意蕴和等级表征

尽管清军入关之初，满汉分界如鸿沟，其俗不相习，其性不相同，女装形式满汉各异。但时至晚清，满汉入关已二百年有余，风俗独特的满汉旗装对汉族传统服饰的影响，对汉族女装对满妇的浸染一样不可避免。特别是当历史步入近代以后，伴随着社会风俗的急剧变化和对传统文化的重新思考，汉族传统女性服饰

文化的深厚根基开始发生动摇。在"风同道一""旗装改汉装"的社会氛围中，清末民初的北京街头也出现了"鬓鬓钗朵满街香，辛亥而还尽弃藏。却怪汉人家妇女，旗袍各个斗新装"的现象。[③] 旗女之袍作为具有表达和言说功能的服饰符码，由色彩、材质、盘扣、纹样等符号要素构成。总体来说，旗女之袍风格拘谨，服式变化无几，官用和民用的式样基本相同，只在质料、色彩和工艺制作上显现出等级差别。地位显赫或富贵家族，旗袍多选用缎、绡、绸、纱等织物，用色明朗艳丽。

除用色之外，旗女之袍注重镶滚和绣饰。在领口、前襟、下摆、袖口等部位"宽镶密滚"，加饰以多为美，越多越考究，有的多达十八道，称之为"十八镶"。后期由于装饰太繁复，几乎看不清原来的面料质地，过度追求精致细腻，最终导致走向堆砌、繁缛、冗余的服制极端。

盘扣是古老中国结的一种，其历史源远流长。它是从"结"发展起来的，始于上古先民的结绳记事。据《易系辞下》载："上古结绳而治，后世圣人易之以书契。"东汉郑玄在《周易注》中道："结绳为约，事大，大结其绳；事小，小结其绳。"从结绳记事到旗袍上的配饰，盘扣作为旗袍上的点睛之笔，是传承中华文明的一抹亮色。盘扣的设计要与面料和纹样相协调。旗袍的纹样种类繁多且寓意深厚，如"五福捧寿"以梅、菊、松等图案彩绣镶边，象征着长寿康健。中国传统的刺绣纹样与诗词文章的精神载体有着异曲同工之妙。刘熙

① 赵超：《华夏衣冠五千年》，中华书局，1998 年第 1 版，第 24－26 页。
② 舒心城等：《辞海》，上海辞海出版社，1979 年第 1 版，第 1152 页。
③ 雷梦水：《北京风俗杂咏续编》，北京出版社，1987 年第 1 版，第 78、79、101 页。

载《艺概·词概》概括道:"山之精神写不出,以烟霞写之;春之精神写不出,以草木写之。故诗无气象,则精神无所寓矣。"在抽象的精神意义难以被进行通俗的解构时,而使用非常具体的意象代替。给人贺喜画上红蝙蝠,象征"洪福齐天";往新娘床下放红枣、花生、桂圆、栗子,喻"早生贵子"。《诗人玉屑》卷九"托物取况":"诗之取况,日月比君后,龙比君位,雨露比德泽,雷霆比刑威,山河比邦国,阴阳比君臣,金玉比忠烈,松竹比节义,鸾凤比君子,燕雀比小人。"旗女之袍的绣饰纹样皆借鉴了文人诗作的象征意义和民俗文化吉祥寓意,纹样的诸多变化不仅划定了君臣人伦等级,亦体现了中国服饰文化的共通性。

清末的旗女之袍,基本承袭了满族风格的袍服形式,后因风尚所趋,袍身和衣袖渐为窄瘦,但袍服整体线条平直等特点并未发生根本性变化,还停留在"衣穿人"而非"人穿衣"的阶段。虽然清末满汉女性在旗袍服式的着装分界上日趋淡化,但旗女之袍仍然没有在当时成为主流服式。不过正由于这一阶段汉族社会对旗女之袍的逐步认同和接受,才为民国以后女装旗袍的盛行奠定了社会基础。

二、近代改良旗袍的文化意蕴和时尚消费

"思想的变化和生活方式的变化使 20 世纪与以前的时代截然不同,看不清这一点,就搞不懂我们这个时代的艺术。"[1] 20 世纪初,中国长达两千多年的封建君主专制结束了,资产阶级共和制度建立,民主共和观念深入人心。辛亥革命后,举国上下剪辫、易服、除陋习,近代女子摆脱了繁琐的着装仪制。张爱玲在《更衣记》提到,"五族共和之后,全国妇女突然一致采用旗袍,倒不是为了效忠于满清,提倡复辟运动,而是因为女子蓄意要模仿男子。在中国,自古以来女人的代名词是'三绺梳头,两截穿衣',一截穿衣与两截穿衣是很细微的区别,似乎没有什么不公平之处,可是一九二零年的女人很容易地就多了心。她们初受西方文化的熏陶,醉心于男女平权之说。"从这里可以一窥部分女子在西风东渐后为追求平等而努力的心态,"一截穿衣"更大程度上被赋予了女权主义的符号色彩。

旗袍在 20 世纪 20 年代后真正流行开来,女子服饰在出现大变革的同时出现了时装新概念,并于 30 年代进入旗袍的全盛期。由于欧美服饰文化的传入和西方审美观念的熏陶,满族旗人之袍被逐渐改良,滚边缩小,衣身从凸显二维设计到讲究女性人体三维曲线美的立体服式方向发展。在其演化过程中,袍身长度渐短,腰身收紧,高领系扣,线条明著,成为极有东方女性端庄典雅、含蓄风范的改良旗袍。改良以后的旗袍形式简单、经济实用,而且适应多种面料,便于同其他女装服饰相搭配,从而适用于各阶层女性。1926 年"上海妇女无论老的少的幼的差不多十人中有七八人穿旗袍"[2]。"旗袍是近来南北一致所赞美的漂亮衣服"[3]。旗袍作为当时一种新奇事物,迅速被当时人们

---

① 唐纳德·雷诺兹、罗斯玛丽·兰伯特、苏珊·伍德福特《剑桥艺术史》,第三卷,中国青年出版社,1994 年第 1 版。
② 周瘦鹃:《妇女与装饰:我不反对旗袍》,《紫罗兰:旗袍特刊》,1926 年第 1 卷第 5 期。
③ 苏郎:《自然美论》,《语丝》,1927 年第 138 期。

采用、模仿和推广。

民国十八年（1929 年）4 月 16 日，国民政府颁布的《服制条例》中，旗袍被定为国家礼服。《服制条例》第二条（女子礼服）规定："一、衣：齐领，前襟右掩，长至膝与踝之中点，与裤下端齐，袖长过肘，与手脉之中点，质用丝麻棉毛织品，色蓝，纽扣六。"传统的衣冠制被铲除，至此，女子服饰进入流行时代。此时的旗袍虽脱胎于满族旗女之袍，但经过民国时代的改良，已全然不见"长布没履"的满族女袍痕迹。尽管如此，如果回溯旗袍自身演变的历程仍可以清晰地看出，民国以后大行其道的女装旗袍源头正是"无异丈夫"的旗女之袍，它在历经满汉交融、中西合璧的变革后，最终成长为中国女性代表性服式。

三、现代旗袍的符号消费和品牌塑造

我们可以发现艺术/仪式/文化领域的符号表意，能指并不需要明确指向所指，而是独立形成一种价值。在这种符号表意中，所指是否"真实"就很不重要，甚至反过来，能指能够制造真相的感觉。[①] 如专门研究禁忌的人类学家玛丽·道格拉斯指出，犹太人忌食海蜇，是因为犹太人为种族维系而长期禁止族外通婚，海蜇被视为"非鱼非肉"，犯了忌讳。[②] 在中国文化史上，《诗》可以兴、可以观、可以群、可以怨，小说可诲淫诲盗，都与能指制造的"现实幻觉"有关。文革时期，旗袍作为文化符号，

处于被冷落的状态，被解读为"落后尾巴"而束之高阁，色调上仅剩黑、灰、蓝色构成了全国服饰色彩的海洋，旗袍本身自然而然被人为赋予了时代交替和变革的印记。

八十年代后，旗袍开始重新进入大众视野并不断被改良，使之既能体现东方服饰魅力，又能切合世界时装流行趋势。一时间，低领、露背、高开衩等样式的旗袍层出不穷。近些年，中国时装业在经过长足的发展后，不少民族服饰品牌跻身国际市场，旗袍引领的"中国风"被赋予新的流行含义，众多设计师取材于中国传统旗袍元素，以现代设计手法重新包装，使旗袍的生命力穿越岁月考验愈发生机盎然。时尚来去匆匆，唯风格永存，如何在国际时尚消费的大潮中为中国旗袍觅得一方长久立足之境，找准品牌定位，是中国传统服饰发扬光大的关键所在。

给符号的实用意义估价，是当代消费文化的重要特征。如果不能给品牌标价，即给商品定下超越实际价值的价格，品牌就不成为品牌，商品的价值就沦为物的价值。[③] 20 世纪 60 年代，西方发达国家率先进入消费社会，以象征性为消费对象的符号化消费行为在消费者的生活与社会交往活动中扮演着重要的角色。消费者成为主宰市场的"上帝"，品牌成为决定其购买的关键性因素。因此，人们购买旗袍时，不仅仅是一件商品，而是一个符号、一个代码、一个具有象征意义的消费对象。旗袍品牌从制造商和产品的"牢笼"中逃脱出来，成为独立的叙事主体。

① 赵毅衡：《符号学》，南京大学出版社，2012 年第 1 版，第 93 页。

② Mary Douglas, *Purity and Danger*：*An Analysis of Concept of Pollution and Taboo*, London& New York：Routledge, 2002, p. 65.

③ 赵毅衡：《符号学》，南京大学出版社，2012 年第 1 版，第 41 页。

进入商品流通领域的旗袍，需要用一套严格的流程和方法来打造品牌的符号价值。品牌价值是生产者和消费者共同创造的，所以只有传受双方的符号保持一致，品牌符号才产生意义。

首先，要创建中国旗袍品牌推广符号，建立旗袍符号能指与所指的意指关系以及品牌符号与产品、服务的表征关系，完成传播的制码环节。强化旗袍本身所携带的东方文化属性，使得消费者不仅能看到作为商品的物化的旗袍，更能将其背后的文化符码深入到骨髓里。其次，要完成旗袍的品牌符号推广，使旗袍符号的能指与所指、符号与产品无理据关系成为一种社会契约，做好旗袍符号品牌推广讯息的制码和发码的过程。第三，要适时对旗袍品牌符号进行维护和提升，根据受众的反馈和市场竞争状况，对旗袍品牌符号编码过程进行调整，纠正传播过程中的编码偏差，并进一步深化和延伸品牌符号内涵义，使品牌符号内涵不断增长和提升，从而延长旗袍品牌传播的生命周期。最后，要加强与受众的沟通，扩大传者和受者双方的共通意义空间，缩小双方对旗袍品牌符号意义的解释偏差，使旗袍品牌符号更加深入人心。

经过对旗袍品牌的培育和推广，拉动对其新一轮时尚消费。旗袍的流行，不仅能体现个人的消费爱好，更彰显了主体的价值观念和审美心理。旗袍作为中国女性经典服饰，在凸显东方女性的神采和风韵上极具丰富的表现力，它的式样更迭，既是女性追求时尚潮流的心态写照，亦是时代风貌和社会文化的缩影。

【许迎晓，中国传媒大学新闻学院新闻学专业硕士生】

电视综艺节目的融媒体传播策略探析

【摘　要】本文从传播学视角出发，结合新媒体传播中的互联网思维、融合思维，从传播者树立受众主体意识、传播内容创新制胜、传播渠道多平台合作、传播的受众定位变化等四个方面，根据具体案例提出电视综艺节目的融媒体传播策略，分析电视综艺节目应如何应对挑战、以适应媒介融合时代的发展。

【关键词】电视综艺节目　融媒体　传播策略

■ 马　阳

曾几何时，电视综艺节目占据各大卫视周末黄金档，综艺节目的火爆带来了现象级综艺节目的频繁出现、名主持人的涌现和话题热度的记录刷新。但是随着融媒体时代到来，电视综艺节目在面对外来冲击和自身问题的"内外夹击"之下，逐渐流失关注度、话题度。融媒体时代带给我们的不仅仅是思考电视综艺节目"生存还是灭亡"的问题，恰恰相反，对电视综艺节目来说如何利用媒介融合的平台、新媒体传播的思维为电视节目制作、传播注入新的活力，如何实现电视综艺节目的网络化传播，才是广大媒体人最应该思考的问题。

一、电视综艺节目的基本概念与发展历程

电视综艺节目是指"一种综合的艺术形态，是在主题的引导和贯穿下，运用电视这一大众传播媒介对不同的艺术形态进行电视化的兼容。"具体来说，电视综艺节目就是立足于节目的主旨，运用电视的影像语言（如：舞美设计、动态镜头的切换、构图的精美等）和艺术化的技术创造（如：舞台的旋转、大屏幕的空间分割等），通过与观众的互动而形成的一种以娱乐性、消遣性、知识性和趣味性为特点的电视节

目形态①。

1990年中央电视台推出《综艺大观》，其文艺晚会形式的电视节目满足了当时中国观众对轻松娱乐的休闲娱乐节目的需求，此节目同时开启了中国综艺节目发展的大门。之后的二十年中，从《正大综艺》《综艺大观》引发"晚会形式"的电视综艺节目的开端、到1997年《快乐大本营》带来"游戏综艺"的新概念，2005年《超级女声》刷新综艺节目的内容与形式、掀起全民观看真人秀的高潮，再到2010年之后《奔跑吧兄弟》《爸爸去哪儿》《极限挑战》等以真人秀节目为主的电视综艺的遍地开花，电视综艺节目构建了一代又一代人关于电视"合家欢"的概念，带给人们独特的"荧屏记忆"。如今的综艺节目市场上，游戏竞技型节目、励志爱国型节目、辩论型节目、温情型节目等等各种类型的综艺节目层出不穷，同时，网络综艺的火爆也为综艺节目的发展注入新鲜的血液，综艺节目以更加适应现代融合媒介环境的方式快速发展着。

二、融媒体时代电视综艺节目传播面临的困境

（一）融媒体时代的定义

2014年8月，习近平总书记主持召开的中央全面深化改革领导小组第四次会议审议通过《关于推动传统媒体和新兴媒体融合发展的指导意见》，该文件提到，要进一步加快广播电视媒体与新兴媒体融合发展，同时，推动传统媒体和新兴媒体的融合发展要遵循新闻传播规律和新兴媒体传播规律。该文件标志着我国媒介融合时代的浪潮已经汹涌而来。

目前我国学界对"融媒体"的研究热度不减，多数学者将"融媒体"理解为传统媒体与新兴媒体的融合，甚至置换为"全媒体"或者"自媒体"等相关概念②。但是无论如何，"融媒体"所带有的媒介融合的特征是不可否认的。融媒体时代，媒体不单纯的是一种媒介形式，而是综合了报纸、广播、电视、网络媒介、新兴媒介的总和媒介形式，它有利于融媒体是充分利用媒介的各自特点，不同媒介的综合利用有利于补充媒介各自不足。

融媒体要求传统电视媒体在电视节目的制作、播出、宣传上面摆脱电视媒介传播的单一特点，而是综合利用不同媒介形式，实现资源整合和优势互补。

（二）融媒体时代电视综艺节目传播面临的困境

电视综艺节目面对网络播放平台的冲击和网络媒体对电视观众的分流，综艺节目正面临严峻的问题。

首先，从内容上来看，大量引入外来综艺节目的模式造成综艺节目内容同质化严重、缺乏创新性，综艺节目后续发展动力不足。我国电视综艺节目大多取材于日韩、欧美等国家和地区已有综艺节目，如《爸爸去哪儿》《我是歌手》《极限挑战》等火爆荧幕的现象级综艺节目都是国外成熟的电视综艺节目的直接变形。许多节目在内容和节目形式上面甚至直接套用国外其他节目的游戏形式。即使后面不断有本土化原创节目的出现，但是整个电视综艺节目

---

① 《中国综艺节目市场深度研究分析报告（2013）》。
② 柳竹：《国内关于"融媒体"的研究综述》，《传播与版权》2015年第4期。

创作的环境中创新力缺乏，许多综艺节目只有季度的延伸，却不能为用户带来新鲜的内容刺激，造成我国综艺节目发展缺乏持续动力。同时电视综艺节目数量集中爆发，造成节目同质化现象严重：电视综艺节目形式集中于相亲、游戏型真人秀、选秀等形式，一个节目的成功带动同类型的节目纷纷出现，造成观众审美疲劳的同时，也造成节目质量的参差不齐。

其次，电视综艺节目过度娱乐化，热衷于炒话题以吸引受众关注，但是内容低俗、缺乏深度。娱乐是综艺节目的内核，早期中国大众观看娱乐节目的需求是放松和休闲，但是过多的娱乐节目出现，必然导致整个社会的娱乐化倾向。正如尼尔·波兹曼在《娱乐至死》中所提到的："电视的一般表达方式是娱乐。一切公众话语都日渐以娱乐的方式出现，并成为一种文化精神。我们的政治、宗教、新闻、体育、教育和商业都心甘情愿的成为娱乐的附庸。"① 反观中国的电视市场亦然如此：现阶段电视综艺节目一味地邀请大牌明星出镜，热衷于炒话题，甚至炒 CP。从相亲类节目到文化节目甚至是亲子节目都抓住话题、甚至制造话题进行炒作，抓住"基、腐、黄"等低俗话题大书特书以博取更高关注度。

第三，电视综艺节目制作周期长、播出周期性强，造成观众观看的时间滞后性。一般电视综艺节目的拍摄都是在播出时间之前的一个月完成，甚至更久。与网络媒体传输的实时性相比，这样造成观众观看时间上的滞后性，观众难以从综艺节目中获取实时的现场满足感，导致大量观众分流至网络播出平台观看。同时，

观众滞后性带来的另一个问题就是观众的主观能动性难以发挥。受众被动观看节目而没有主动参与到播出甚至制作的过程，只能等待节目播出、安静的坐在电视机面前观看，这样的的场景已经不适合当下的掌握有多重移动终端的用户群体。他们必然会利用多种方式上网搜索其他同类节目观看，以获得当下的、实时性的娱乐满足。

第四，网络综艺节目与移动小屏幕分流了电视的用户群体。

网络综艺节目是指视频播放平台自制的综艺娱乐节目，从节目内容采集、节目制作、到节目营销、节目传播由网络视频播放平台或者外包公司完成。网络综艺节目最突出的特点就是在网络平台播出，固定时间上线后跨平台播出和宣传的节目形式。在 2016 年 9 月举行的"未来网络综艺模式的最优可能"论坛上，爱奇艺高级副总裁陈伟介绍，据统计，2016 年上半年纯网综艺的播放量累计已达 70 亿，其中诸如《奇葩说》系列超 17 亿、《偶滴歌神啊》系列超 15 亿、《我去上学啦》系列超 16 亿的纯网综艺作品不断涌现；纯网综艺年产量将超过90 档② 。如今各家视频播放平台均拥有 10 档以上的网络综艺节目，全网排名前 20 的网综播放量更是累计达到 73.49 亿③ 。网络综艺节目因为其话题的尺度性、播出的便捷性和内容的多样性大量分流电视受众，尤其是年轻的电视受众群体。

互联网的出现为电视媒体发展带来最大的挑战：新媒体传播具有多终端、极速性、交互

---

① ［美］尼尔·波兹曼著：《娱乐至死》，广西师范大学出版社 2009 年版。

② 参考《中国青年报》2016 年 9 月 29 日报道。

③ 数据来源：《2016 网综霸屏：网络综艺全面崛起迎来大时代》，光明网，2014 年 7 月 26 日。

性的特点，很好地弥补了电视媒体单向性、周期性传播的缺点。新媒体平台上面大量新鲜的、娱乐化内容改变了中国人传统的娱乐方式，家家围坐在电视机前看娱乐节目的场景已经不复存在，相反人们随时随地可以获取娱乐信息，利用手机、互联网、平板电脑等获取实时性的娱乐休闲体验。因此电视节目跨平台转移到网络视频网站播出，网络视频网站因为其随时随地播放的特性，导致大量"忠诚"观众分流至网络平台。

面对网络媒介的冲击，融媒体环境下的电视综艺节目的传播必定需要随着时代变化而变化，积极寻求与互联网的合作：借助多平台更新传播渠道、创新节目内容、重新定位受众。

三、融媒体环境下电视综艺节目的传播策略

新媒体与传统媒体并非水火不相容，与之相反，融媒体时代所带来的新媒体思维、互联网思维为传统电视媒体发展注入更多的活力。新媒体强调传播中注重受众的作用，强调传播内容实现社群化、分众化，但是其最主要的特点是发挥了用户的主动性、实现了传播的交互性，因而改变了传统电视单向传播的特点，变单向传播为双向传播。因此，建立传统媒体与新媒体融合发展的视角是电视综艺节目网络化传播的至关重要的一环，只有站在新媒体思维的角度对单一的电视传播进行改革，才能在全媒体传播的时代收获更多的用户和关注度。

如何将新媒体思维，网络传播思维注入电视综艺节目的制作、传播、与推广过程中，是现代电视综艺节目制作者需要思考的问题，结合上文对电视综艺节目面临的困境分析，本部分主要从拉斯韦尔的 5W 模式出发，结合实例分析电视综艺节目具体到每一个传播环节上应该如何结合新媒体传播的特点，实现自身发展和传播模式的创新。

（一）受众——维护电视受众，拉拢网络受众

在融媒体时代，因为移动终端的可接近性、和自由快捷方便的特点，越来越多的受众转移到移动媒体上进行节目观看。人们不需要恪守播出时间围聚在电视频幕前等待播出，而是根据自己的时间随时在手机上进行观看，这就造成了电视播出时段受众的大量流失，形成"客厅消失"的状况。同时前面提到越来越多的电视节目选择在网络跨平台活动播出，也就说明电视节目必须考虑到网络受众，增强该节目在"网络场"中争夺受众的优势。因此，这就要求电视节目制作者为电视节目注入互联网思维、融合媒体思维；重视受众的主体作用，围绕受众性、交互性、实时性的传播特点进行内容的创新。

首先，电视媒体最需要做的就是在融合媒体基础之上，抓住"融合用户群体"——即电视综艺节目的不仅要抓住电视受众，还要综把握网络受众。我国网络受众现阶段呈现"兼顾电视群体观看综艺节目的"合家欢"需求和网络受众低龄化，年轻化的特点，在保证原有节目观众不流失的情况之下，争取更多的网络受众。

其次，根据最新的互联网发展状况报告显示，截至 2016 年 6 月份，29 岁以下的观看网络视频的年轻用户占比高达 53% 以上，年轻用户正在成为网络市场的核心人群。从爱奇艺公开数据显示，年轻人已成网络主力军，《我去上

学啦》24 岁以下用户的占比是 61% 以上，《偶滴歌神啊》24 岁以下的用户占比 60% 以上。"《大学生来了》定位更加精准，直切大学生族群①。互联网受众的年轻化，就要求电视媒体在兼顾互联网受众时，充分考虑到网络受众年轻化的特点，提供的节目内容服务能够契合年轻化受众的观看旨趣、关注年轻受众聚焦的热门话题。

（二）传播者——树立"受众主体"意识

过去，传统电视综艺节目的制作是由专业的电视节目制作者操作：电视台内部的专业人员形成电视节目制作团队，完成电视节目策划、录制、拍摄、剪辑、播出的流程。可以说，传统电视综艺节目单方向传达着电视制作者想要传递给观众的主观意图，而电视观众无法参与节目制作和传播，只有被动的接受。如今，融媒体时代最重要的特点就是"受众主体地位的觉醒"。方便快捷、触手可及的新媒体赋予了每个个体随时随地自由发布信息的权利，这使受众能够更主动的参与到信息传播的过程中来。正如张成良在《新媒体素养论：理念，范畴和途径》中提到的："受众享有了前所未有的参与权：一方面，用户在新媒体上获取信息可以有自主权和选择权，另一方面，先进的新媒体技术使受众可以把自己的意见和建议及时反馈给信息的发布者，同时还可以和其他用户进行交流和沟通。"②

因此，融媒体时代的电视综艺节目中，传播者首先应该破除旧有观念，摆脱传统"灌输式"传播的旧思想，认识到受众是融媒体环境下节目建设的重要力量，积极发挥受众的主观能动性。其次，电视综艺节目可以借鉴网络综

艺节目制作的特点，大胆将受众纳入到节目制作、节目设计、传播中来，受众由单一的信息接受者转变为具有接受者和传播者双重身份的传播主体，进而将电视综艺节目单向传播转变为互动式传播。

2016 年大火的网络综艺节目《火星情报局》中，节目设定为居住在地球的火星人成为观察地球社会百态的火星特工，并成立火星情报局，火星情报局定期召集火星特工开会，提出议题讨论地球社会的现象并提出应对措施。节目组通过网络社交平台（贴吧、微博）发布招募令，招募火星特工参与节目。该节目改变了主持人主持节目、嘉宾参与节目、受众观看节目的传统方式、将节目的传播主体变为"主持人（情报局长）＋嘉宾主持（高级特工）＋观众群（初级特工）"的模式，使受众成为了节目传播者的一部分。一方面，受众主导节目议程：该节目提出的口号就是"间接为网友脑洞大开提供平台"，每期节目导演组会邀请部分观众作为"初级特工"为节目提供讨论话题和关注点。另一方面，受众创造内容，主持人抛出话题之后受众作为初级特工可以积极参与到话题的讨论中来，受众提供的解决方法作为节目内容信息更大范围的传播出去。

（三）传播内容——内容创新致胜

融媒体时代，无论传播媒介如何变化，始终是内容为王、内容致胜的时代；内容始终是获取关注、获得观看流量的核心。上文提到，我国电视综艺节目最重要的问题就是同质化严重、缺乏创新力、一味地依靠大牌明星和炒作话题博取眼球。一个成功的电视综艺节目出现

---

① 数据来源：《中国青年报》2016 年 9 月 29 日报道。
② 张成良著：《新媒体素养论》，人民出版社 2015 年版。

会导致大批同类型的电视综艺节目"蜂拥而至",最终造成观众的审美疲劳,丧失收看兴趣。

电视综艺节目若想要从容应对网络综艺节目与其他不同媒体形式娱乐节目的竞争与挤压,就必须实现内容创新致胜。

第一、结合"本土、传统"创新。摆脱电视综艺节目因过度引入外国模式、缺乏自主创新能力而导致同质化严重情况,结合本土实际情况和中国传统文化进行创新。

一方面,结合本土社会情况、社会关注热点进行节目创新。近期刚刚上线的《爸爸去哪儿》第四季中,在嘉宾的选取上大做文章:六个爸爸涵盖二胎、继父、外国父亲、90后父亲等多维形态,自身各具有不同的特点。这些爸爸的身份分别映射了当下中国社会生活中最典型的几类家庭构成:90后年轻态家庭、混血家庭、重组家庭、二胎家庭、老来得子家庭,嘉宾的活动和态度能够使观众从中找出一些共鸣。又如二胎政策落实之后推出的真人秀节目《二胎时代》,每个拥有独生子女的明星家庭加入一个素人儿童,体验拥有两个孩子的日常生活,此设计聚焦中国社会最热的"二胎放宽生与不生"的话题,观众能够从节目中表现出来的幸福瞬间或者摩擦时刻看到一个家庭生二胎利与弊,从而对自身现实生活的需求做出考量。

另一方面是结合本土的传统文化、深厚的历史积淀和文化底蕴进行富有中国特色的内容创新。以河北卫视《中华好诗词》为例,该节目为一档传统诗词记忆考验的闯关类节目,节目将最具中国特色的诗词歌赋与闯关的游戏形式结合,寓教于乐之中弘扬中国的传统诗词文

化。该节目不仅没有因为内容"沉重、枯燥"而"石沉海底",相反在2016年3月5日播出的《中国好诗词》第四季总决赛收视率为0.339,同时段收视排名第九位;节目在新浪微博#疯狂综艺季#和综艺榜微博最热话题中均获得排名第4、#中华好诗词#及相关子话题微博阅读量更是破3.6亿,讨论量达到123万①。可见,并非只有炒噱头、低俗化的综艺节目能够博取眼球、融媒体时代受众的综合素养和文化素质都有所提高、高品质的文化类节目、从中国传统文化出发推陈出新的节目同样拥有市场。

第二、结合"分众"创新。分众化是互联网传播的特征之一,融媒体传播中需要改变以往将受众作为一个整体而不考虑受众各自需求的传播状态,相反应该有针对性的针对特定群体进行节目设计,针对不同年龄、不同职业、不同性别、不同观看旨趣的受众进行内容精细划分、精准定位,打造切合某一受众群体需求的媒介产品,不去考虑电视观众收看习惯"众口难调",而是为特定群体""订制节目。2016年初习近平总书记在召开新闻舆论工作座谈会中同样提到:"(新闻工作应该)适应分众化、差异化的传播趋势。"因此,电视综艺节目在内容创作时首先基于用户数据对受众进行细分,抓准节目的受众定位,针对性的提供产品服务。网络综艺节目《奇葩说》为电视综艺节目的分众化创新提供思路:《奇葩说》的节目定位就是针对互联网中的年轻人群,探索其人生观和内心情感世界,在其矛盾和纠结的问题上大做文章。节目组基于爱奇艺后台对互联网社交平台中该类人群关注的热门话题进行搜集

---

① 数据来源:环球网,2016年3月9日新闻报道。

和分析，筛选出每期节目的辩论话题：如"这是不是一个看脸的社会"、"精神出轨和肉体出轨你更能接受哪个？""我不生孩子有错吗？""婚后遇见此生挚爱要不要离婚？"、"朋友圈要不要屏蔽父母？"，此类辩论话题聚焦于年轻人日常生活中最容易遇见的矛盾、问题展开激烈的讨论，加之嘉宾大胆出位的言行、引起全网高度关注。

第三、节目表现形式创新。除了对内容的创新与传承之外，内容呈现形式的创新也十分重要。传统的电视综艺节目从歌舞晚会转变益智类节目再过渡到为以游戏、竞技为核心的真人秀节目，其节目表现形式呈现单一化、类型化特点，似乎电视综艺节目的形式都有"套路"可寻。但是，融媒体时代对节目的表现形式提出更高要求，电视节目需要改变单一的游戏模式，追求整体内容布局上创新、一方面为节目设置游戏情境，力求节目故事化。如《奔跑吧兄弟》、《我们穿越吧》均在每期节目的开始设置虚拟情景，或涉及穿越，或涉及角色扮演，将一个完整故事融合在节目的编排之中，观众自觉跟随故事内容变化而融入节目剧情之中。另一方面是加入更多的表现形式，力求实现节目叙事悬疑化。2016 年 9 月 11 日推出的《蒙面歌王》第二季正式改名为《蒙面唱将猜猜猜》，该节目更加突出了"竞猜""悬疑"的特点，将音乐节目创新嫁接"面具"元素，观众竞猜歌手身份的同时能够享受音乐上的听觉盛宴。除此之外，观众能够主导歌手是否揭下面具，这同样确立的观众在节目中的参与权。这样的环节设计促使受众真实的参与到节目中来，紧密融入到游戏的竞猜环节之中。环环相扣，层层铺陈，

（四）传播渠道——多屏联合、跨平台

传播

电视综艺节目已经不单单是电视播出的专利，融媒体最突出的特点就是"媒介融合"，融媒体传播中多种媒介形态和传播形式的出现、播出平台的多样化为电视媒体的跨平台播出、多维传播空间打造提供了条件。电视综艺节目可以综合不同类型的媒体平台，实现台网联合、多屏互动，在电视、新媒体社交平台、网络视频平台中形成多维立体传播空间。同时新兴的传播方式如网络直播、弹幕等为电视综艺节目的互动化增添助力。

首先，台网联动，电视台播出与网路造势结合产生化学反应。电视综艺节目作为一个整体，可以在微博、微信注册公众账号，及时发布节目相关信息，并且与受众实时互动；可以在网络平台上将综艺节目打造为虚拟人物，赋予节目人格化特征，与受众在新媒体平台进行互动。电视节目中的一些伏笔，线索可以在社交平台发布，将节目的营销与节目的传播结合起来。如《蒙面歌王》在微博发起"蒙面歌王歌姬""谁将登鼎歌王宝座"等话题，号召全网观众积极参加到歌手真实身份与节目下一步走向的竞猜之中；火星情报局在贴吧，微博上发布"招募火星特工""寻找你的火星亲戚"等"招募令"，吸引受众报名参加节目录制、贡献话题；《奔跑吧兄弟》则将节目中的惩罚和奖励环节设置为发微博，在节目播出之前设置足够悬念。这样的都是电视平台与社交平台交互使用、创造热点的方式。

其次，多屏联合、播出平台多样化，电视播放与视频门户网站联合播放节目。节目除正片之外的花絮、幕后故事、人物宣传、相关新闻报道都可以放在门户网站播出，针对不同媒体特点制作不同的节目播出内容。电视媒体和

网络媒体合作寻求各自传播特点的互补以此实现跨平台的链条式传播。另外，春晚结合手机摇红包的形式也为电视媒体的多屏联合提供思考。

再次，发掘新网络传播形式如网络直播、弹幕的价值，与电视节目配合使用。网络直播最初使用于大型电视晚会的现场同步直播，观众在网络平台收看。但是早期的直播受众的意见反馈无法到达现场，无法形成现场行动和受众意见的双向互动。而网络直播平台兴起，弹幕出现之后，双向直播互动为电视综艺节目的平台创新提供新思路。网友通过发弹幕表达意见的方式介入节目的播出过程。网络综艺中如《十三亿分贝》早已将"直播互动"的概念融入其中，观众时事发送想看的内容，主持人和嘉宾则根据现场条件进行表演。又如 2016 年 8月 26 日东南卫视播出的《鲁豫有约大咖一日行》中。节目以全程直播的方式现场再现王健林生活和工作的台前幕后，主持人带领观众现场体验王健林一天的生活。节目带来的现场感使观众进一步了解了网友盛赞"与时俱进的访谈节目，利用真人秀的突破点太棒了，原汁原味的展现了明星大咖背后的生活状态，可是还没看够呢，期待下一集。"[1]。《奇葩说》也早已开始使用弹幕互动，实时推送网友的评论意见，影响节目进程，

电视综艺节目的传播渠道更新，归根到底是建立在网络传播特性之上对新老媒介传播特点的融合，电视媒体只有开拓思维、大胆尝试才能在融媒体时代开启新的生命源泉。

当网络电视综艺的大潮来临，电视综艺节目如何能在互联网传播的环境下求得立足之点，是电视节目制作者和媒体人都需要考虑的问题。融媒体时代为我们带来的不仅仅只有挑战，更多的是发展的机遇和新的发展思维。融媒体传播中强调的受众本位意识、媒介融合与跨平台联合、分众化传播与内容为王的理念，都值得电视综艺节目借鉴和应用。电视媒体不应该故步自封，而是积极投入融媒体发展的浪潮，不断超越自我、砥砺前行。

【马阳，中国传媒大学新闻学院新闻学专业硕士生】

---

① 来源：网易娱乐 2016 年 8 月 29 日报道。

以浙商智慧讲好中国经济故事

——浅析《浙商有话说》的新闻叙事特色

【摘　要】本文认为《浙商有话说》通过利用个体化的叙事视角、类型化的叙事模式和对浙商精神的成功塑造三个方面来讲述中国经济故事。此种方法使得广播媒介性质和谈话类节目特点得到最大程度的强化，为广播讲好中国经济故事提供了借鉴。

【关键词】浙商有话说　叙事模式　形象建构

■　萧娅嬛

　　2016 年，G20 杭州峰会以"构建创新（Innovative）、活力（Invigorated）、联动（Inter-connected）、包容（Inclusive）的世界经济"[1]作为峰会主题，并设置了"创新增长方式""更高效的全球经济金融治理""强劲的国际贸易和投资""包容和联动式发展"四大议题。当前世界经济复苏乏力、世界金融危机阴影依存、国际贸易和投资持续低迷、地区发展极度不平衡、国际恐怖主义抬头以及伴生的难民危机等多重风险和挑战。虽各个国家积极推行短期的政策调整，却未见良效。境外舆论表示，当此世界未来的十字路口，唯有中国贡献和大国认可的"杭州共识"和西湖框架才能力挽全球化逆转之狂澜。[2]的确，中国作为世界第二大经济体、第一大贸易国和第一大外汇储备国，近年来中国对全球经济增长的贡献率每年都在25% 以上。在毋庸置疑的经济实力下，中国方案似乎更具有可信度，更值得期待。因此，G20 杭州峰会备受国内外瞩目的特别之处就在

---

　　[1] 人民网：《解读：2016 年杭州 G20 峰会主题"4 个 I"各有深意》，http：//www. taiwan. cn/xwzx/PoliticsNews/201608/t20160801_ 11524714. htm。

　　[2] 人民网：《改革开放不是"一时之举""中国进程"为世界"遮风挡雨"》，http：//yn. people. com. cn/news/domestic/n2/2016/1005/c228494－29097233－2. html。

于在未来全球治理体系中，中国将更多担负起"变革领航员"的角色。从"三位一体"到"四位一体"，这既体现大国责任，也符合世界期盼。提出中国方案，为改革和优化全球治理注入强大的中国力量。[①] 在国家走向世界舞台的关键时刻，如何讲好中国方案，传播好中国理念成为我们亟需思考的问题。学者徐占忱认为中西与外部世界话语体系存在差异，我国囿于"自说自话"的传播体系，在对外传播过程中没有给出具有深刻思想性和强大说服力的解释原因。"外部世界基于其自己的认知框架，以片面的、零散的甚至是失真的信息来'构造'中国故事，其结果往往是'谬以千里'。"[②] 因此，如何避免"自说自话"的尴尬境地，笔者认为，学者刘立华、毛浩然以《纽约时报》为例对西方媒体如何报道中国故事的研究颇值得借鉴。研究发现，西方媒体在呈现中国故事时往往强化细节、突出个体、建构二元对立以及使用"伪平衡"策略。[③] 知己知彼，方能百战不殆。因此，学者姚晓东提出："国际传播必须做到'三贴近'，即贴近中国发展的实际、贴近国外受众对中国信息的需求、贴近国外受众的思维习惯，这样才能以国际通用的方式与外界沟通，使中国故事具有亲和力、吸引力、感染力。"[④]

笔者以为，在研究对外传播时虽传播语境有所不同，但其谋求听众认同的传播目的是一致的。国内外听众虽思维方式有所差异，但谋求小康生活的心态是一致的。师西方媒体之长

技不仅要解决对外传播问题，也可对提升我国媒体的业务能力有所助益。本文在前人的研究成果上，以中央人民广播电台经济之声频道推出的 G20 杭州峰会特别策划《浙商有话说》为例，分析该节目的新闻叙事特色。该节目以人物专访的形式采访到 10 位于不同行业打拼却都是出身于浙江的商业精英。在国家宏大叙事的背景下，《浙商有话说》如何在讲述浙商故事和扣住 G20 的大命题之间平衡协调，是本文的研究重点。在分析《浙商有话说》的同时，也将关照如何讲好中国经济故事的命题。

一、浙商眼中的 G20

（一）个人视角演绎宏大叙事

由前人的研究和个体的经验总结中可发现，西方文化是以个人主义为取向的文化，因此媒体似乎更愿意聚焦宏大叙事下个体的生命历程。"西方媒体在讲述中国故事时，往往去关注那些不被重视的个体，或是希冀用个体的经历或是故事反映中国的社会现实。"[⑤] 从个体视角出发，一方面贴近读者，令人感到亲切；另一方面，把关人的意识形态可以通过个体视角悄无声息地渗透给读者，达到认知建构，控制情绪的效果。我们的媒体在讲述国家故事时，为避免宏大叙事的"阳春白雪"让人难以亲近，可以借鉴这种视角取向以期获得更有效的传播。《浙商有话说》中以 10 位浙商为聚焦个体，讲

---

① 新华社：《让全球治理体系楔入更多中国印记》，http://weibo.com/p/23041865a42fb40102xn4f。
② 徐占忱：《讲好中国故事的现实困难与破解之策》，《社会主义研究》2014 年第 3 期。
③ 刘立华、毛浩然：《话语分析视域下西方媒体中的当代中国故事》，《新闻与传播研究》2011 年第 5 期。
④ 姚晓东：《如何向世界讲述中国故事——美国媒体国际传播的经验及启示》，《江海学刊》2010 年第 6 期。
⑤ 刘立华、毛浩然：《话语分析视域下西方媒体中的当代中国故事》，《新闻与传播研究》2011 年第 5 期。

述他们对 G20 的期盼，对国家经济的愿景，实则传达国家对于 G20 的期待，对于未来经济发展的路线规划。G20 杭州峰会把"构建创新（Innovative）、活力（Invigorated）、联动（Interconnected）、包容（Inclusive）的世界经济"①作为峰会主题，并设置了"创新增长方式""更高效的全球经济金融治理""强劲的国际贸易和投资""包容和联动式发展"四大议题板块。《浙商有话说》在进行内容设置时采用一明一暗的两条线来实现个体视角的宏大叙事。明线是指主持人在采访嘉宾时设置固定问题，即以上四个议题中哪个最为嘉宾所期待和关注。

通过设立这样的规定套路，主持人对嘉宾的谈话内容作了硬性要求，使得嘉宾必须在四个议题中做出选择。嘉宾在对关切的领域进行畅谈时，会关照自己的个体化需求，谈自己对议题的背景，内容等的理解，同时又是为国家叙事做个体化的解读，解决了主题抽象概括难以理解的尴尬。暗线则通过嘉宾对于自身企业发展历程的解读慢慢申发出 G20 杭州峰会主题。以关键词"创新"为例，检索十位企业家的访谈内容，"创新"比比皆是（见图 1）。由此可见，以关键词为"创新"的议程设置较好地贯彻于嘉宾的谈话中。

表 1　"创新"在不同访谈嘉宾口中的出现频次

访谈嘉宾	频数统计
陈宗年	14
宗庆后	3
屠红燕	9
丁列明	48
王水福	0
徐冠巨	0
张天任	6
茅忠群	8
南存辉	3
李书福	1
合计	92

（二）个人经历推出中国方案

仅仅是频繁出现关键词，依然不能够说明 G20 议题对访谈内容的议程设置，关键还需要合理的解释框架，将创新的概念融入其中。作为话语的新闻，话语是一种权力，它决定新闻如何定义读者的解释框架。就《浙商有话说》

而言，如何通过定义浙商的个人经历和企业发展来为受众描绘国家的发展路线，是研究分析的关键。西子联合控股集团从做电梯、做锅炉，再到做盾构机、工程机械，直到如今成为航空飞机的配件企业，其董事长在回顾从传统制造业进军高端制造业的几次转折中认为核心技术

① 人民网：《解读：2016 年杭州 G20 峰会主题"4 个 I"各有深意》，http://www.taiwan.cn/xwzx/PoliticsNews/201608/t20160801_11524714.htm。

的国产化是关键。杭州海康威视数字技术股份有限公司董事长陈宗年认为和国外的企业相比，我们的企业特别没优势的地方在于缺乏核心技术。"核心技术问题是我们这些高科技企业在发展过程当中一定要做的事情。我经过这么多年的体会（是），如果我们掌握了核心技术，你今天超不过国外，你明天也能超；你明天超不过，后天一定能超过。"① 浙江天能集团董事长张天任在接受经济之声专访时指出浙商同国际

先进的企业和国际顶尖企业家作比较的话，浙商对于企业的发展与转型、创新的认识度还不够。万事利集团有限公司董事长屠红燕在接受采访时也指出自己的企业在转型升级的过程中也是依靠技术创新、文化创新、思路创新才走出了一条奢侈品品牌路线。贝达药业的丁列明认为只有加强自主研发创新药，才能改变国内制药企业大部分生产仿制药的困局。吉利汽车的李书福对于企业成功的信心来自于创新。

表2　不同访谈嘉宾对"创新"的解释框架

访谈嘉宾	解释框架
陈宗年	企业的短板在于核心技术
宗庆后	饮料行业的突破口——"还是要创新，要开发新产品。"
屠红燕	"我们万事利在行业里面比其他的企业走得快一点，我们已经在十年前就开始进行转型升级了——从产品制造往文化创造发展。所以确实这十年来，我们经历很多终于走出一条属于自己的创新道路。"
丁列明	"贝达的发展，源泉是创新"
王水福	走向高端制造业的过程，需要技术创新
徐冠巨	"我们发现时代在发展变化，世界发展非常快，对于新事物、新技术的发展，我们的敏感度也要加快"
张天任	浙商同国际先进的企业和国际顶尖企业家作比较的话，浙商对于企业的发展与转型、创新的认识度还不够。
茅忠群	通过互联网＋把智能技术应用到厨电领域，智能产品将为厨电行业带来新转机
南存辉	立足自身的行业不断创新探索
李书福	"信心来自于我们的创新能力，来自于我们技术进步的能力，以及我们最近推出的新产品的表现，还有我们对今后的产品规划、技术路线。"

① 《浙商有话说》陈宗年专访对话内容。

这些企业家将自己企业的成功都归因于通过创新进行转型升级。一个普遍的归因逻辑如图所示。

企业面临发展瓶颈（产业低端、附加值低等）➡️ 1、技术创新（掌握核心技术）2、文化创新（提升产品附加值）➡️ 企业转型升级成功

图1 企业成功的归因逻辑图

由此，企业的成功需要通过创新进行转型升级的解释框架得以确立。这种解释框架可以为G20峰会上的中国方案提供实例证明，使得中国方案的优势落到实处，有助于听众对"创新增长方式"的直观理解，正面推动对"中国方案"的认同感。

二、混合叙事模式：道路是曲折的，前途是光明的

"新闻的文本意义有一种结构稳定性，新闻即是'有目的地讲故事'，能够有效地呈现一个'特定的符号世界'，一个稳定的、可以被认识的新闻世界，具有重复的模式和主题。"[1]特定的叙事模式传达出特定的意识形态。叙事模式解决的就是故事怎么讲的问题。《浙商有话说》中的类型化叙事模式可以概括为"道路曲折"＋"未来光明"的叙事模式。

（一）主持人提问方式暗藏玄机

首先从主持人的采访提纲来看，主持人徐强的访问提纲分为三段结构：

1. 访谈嘉宾对G20的展望。

2. 访谈嘉宾对过去发展历程的回顾。

3. 访谈嘉宾对未来的展望。

采访逻辑可简单概括为立足当下，回首过去，展望未来。在回首过去的阶段重点关注企业面临的几次重大机遇和挑战，有意识地采用"道路曲折"的叙事模式。例如，在采访贝达药业董事长丁列明时，经济之声主持人这样问："从贝达自己的产品来看，做到现在一年八九个亿，也是经过了非常艰苦的过程。从你们的产品来看，这些年当中遇到哪些最突出的问题呢？"[2] 在提问中，主持人有意识地将过去的发展描述为"非常艰苦的过程"，引导访谈嘉宾对这"非常艰苦的过程"中的"攻坚克难"环节进行回顾。正如其所愿，访谈嘉宾丁列明认为"实际上在操作过程中，有很多的瓶颈。"例如：招标流程耗费人力和物力；审批程序时长延误药品上市；创新药物进入医保程序困难等。

进入到访谈嘉宾对未来的展望环节后，"前途光明"的叙事模式开启。主持人这样问："将来贝达还有一些什么新的计划或者发展方向呢？"提到"新的计划"和"发展方向"，其潜在的逻辑是克服现有障碍，向更高的目标迈进，即未来贝达将如何应对现状并进一步做大做强企业。丁列明说："肺癌这个领域里面，从目前来看还有很大的拓展空间，每年新发的肺癌病人70来万，死亡30多万……我们的在研产品十多个，四个已经上临床了，也非常巧，我们刚刚收到我们国家药管局批准的两个1.1类新药临床批文，而且都是在肿瘤领域里面非常有潜力的产品，很快进入临床，其中有一个产品在美国已经上临床了，已经做到三期了。"到此，专访的叙事基调充满了访谈嘉宾的自豪，

---

① 李艳红：《一个"差异人群"的群体素描与社会身份建构：当代城市报纸对"农民工"新闻报道的叙事分析》，《新闻与传播研究》2006年第13期。

② 《浙商有话说》第七期丁列明专访对话内容。

走向"前途光明"的叙事模式。另一个非常典型的提问方式出现在第一期李书福的专访中。经济之声主持人这样问:"您觉得什么时候吉利能够成为自主品牌的老大呢?"① 这样的提问方式同样是惯性思维地认为吉利还能够继续创造辉煌,引导访谈嘉宾展望未来的美好前景。李书福也给予肯定的回应:"我们对此是有信心的。"②

主持人的词语选择和话语表达对访谈气氛、嘉宾的回答内容都起到潜移默化的影响,从而把握整个节目的叙事走向。

(二)播音员声音编辑增强叙事模式

同主持人隐性引导方式相比,画外播音员的声音编辑更加直接地将访谈内容做出段落切割,使得访谈成结构、成系统。播音员在开篇设置悬念,介绍嘉宾;访谈间隙,承上启下,交代故事背景。以第九期宗庆后专访为例,画外音独白内容分为三段:

"他,42岁白手起家,创业四年,企业产值突破亿元大关;他领导的企业,在食品饮料行业不断创新,又在智能制造领域风生水起;如今,企业管理已进入交接棒的关键时期,他又会做出怎样的抉择?《浙商有话说》本期专访——娃哈哈集团董事长兼总经理宗庆后。"

"随着经济进入新常态,饮料行业也告别了过去高速增长的阶段。从汇源、康师傅等行业巨头,到数以万计的中小企业,去年的销售额同比都有不同程度的衰退。宗庆后坦言,娃哈哈也感受到了这样的压力。"

"多年来,娃哈哈不仅在主营业务食品饮料方面做大做强,同时也在探索多元化的经营战略。去年,娃哈哈食品饮料生产智能工厂入选了工信部2015智能制造试点示范项目。此外,

---

在上海举办的第17届中国国际工业博览会上,宗庆后还为娃哈哈生产的机器人站台。"

第一段置于开头,引出当日的访谈嘉宾。第二段则开始进入"道路曲折"的叙事模式,交代饮料行业面临的增长乏力问题,指出宗庆后所领导的娃哈哈也面临着不小的压力。第三段则开启"未来光明"的叙事模式,直接以事实交代给听众,虽然娃哈哈行业面临着挑战,但是娃哈哈不仅在主营业务上做大做强,同时也在探索多元化的经营战略。

这种"道路曲折"+"未来光明"的混合叙事模式一方面符合事物发展的一般规律,展现微观行业和宏观经济一步一步克服各种困难走向完善的过程。这种类似苦难叙事的叙事模式可以极大地调动受众的情绪,将受众的情绪纳入国家发展的宏大叙事中,增加集体的认同感,使得个体成为集体中的一员,喜集体之喜,悲集体之悲。另一方面,这种混合叙事模式,也能够使得听众增强对中国方案的信心。因为通过嘉宾的访谈,我们可以得知,有些困难国家正在想办法解决,只不过碍于事物发展的客观条件限制,导致现状不得不如此。但是,因为中国正在努力地寻求解决方案,并且在不断地尝试过程中也取得了一些骄人的成绩。所以,要相信未来还将有大发展,中国方案的可信度随之提升。

三、浙商形象建构:脚踏实地、敢于拼搏,创新精神

---

① 《浙商有话说》第一期李书福专访对话内容。
② 《浙商有话说》第一期李书福专访对话内容。

表3　不同访谈嘉宾的形象建构

访谈嘉宾	形象建构
陈宗年	安防大佬，创新大佬，跨界大佬
宗庆后	白手起家
屠红燕	女性，商二代，独具匠心，志存高远
丁列明	朴实勤奋，农家子弟，医学博士，心怀梦想，一心报国，开拓者，经营者
王水福	从农机小厂到最大的制造业集团之一；坚守制造业
徐冠巨	
张天任	出身农民家庭，中国绿色动力能源的领航者之一
茅忠群	同龄浙商中取得硕士学位的企业家，崇尚儒学
南存辉	出身小鞋匠，中国新兴企业代言人
李书福	白手起家，自主研发，世界梦想的汽车狂人

首先，从行业领域看，十位嘉宾所处行业分散多元。陈宗年代表的智能技术领域，宗庆后代表的传统食品行业，屠红燕代表的中国新兴的奢侈品行业，丁列明代表的医药行业，王水福代表的制造业，徐冠巨代表的物流行业，张天任代表的绿色能源行业，茅忠群代表的传统家电行业，南存辉代表的工业电器和新能源领域，李书福代表的中国汽车制造领域。以上这些领域代表了我国及世界面临困难的经济难点也是中国方案重点讨论的行业领域。就如何拯救传统制造业发展后劲不足的问题，宗庆后、王水福和茅忠群成为中国方案的代言人；如何利用创新为企业增加附加值，进行产业转型升级，屠红燕、丁列明等人成为中国方案的代言人。

第二，十位浙商履历传奇，多白手起家，依靠勤奋踏实，敢于拼搏，创新争先的浙商精神成就传奇。

"他，出身小鞋匠，靠实业成长为现代企业家。"

"他，从电梯起家，将一家仅万元资产的农机小厂，发展成为我国制造业最大的集团之一。"

"他，白手起家，创办中国第一家生产轿车的民营企业。"

在节目开篇的介绍语中，编辑采用对比修辞，将企业家事业的起点和成就进行前后对比放置，从而达到戏剧化的处理效果，使得传奇的商业精英形象跃然眼前。人们一旦接受这种认知框架，一方面会产生如听传奇故事一般的心理认知，从而对后面的访谈内容更加感兴趣；另一方面听众会带着寻找答案的心理找寻成功背后的原因，这也就更加使得中国方案的"代言人"给出的答案更加具有可信度。

纵观节目对十位嘉宾的介绍，可以总给出一些关键词：艰苦奋斗，敢于拼搏，勇于创新。

以《浙商有话说》的第九期宗庆后专访为例，主持人和嘉宾就浙商精神做了一番讨论。经济之声主持人这样问："应该说从改革开放以来，浙商成为一个非常传奇的团队，所以很多人也在谈浙商的精神。您怎么理解浙商的精神？您认为浙江能够有这么多民营企业家走向成功，靠的是什么呢？"① 主持人的这段提问中将"浙商"这个团体概念明确提出来，并且提及了社会宏观大背景，即改革开放。这个问题可以说是画龙点睛的一笔，切中《浙商有话说》的初衷，即讲述改革开放背景下走出来的传奇代表——浙商的故事。宗庆后认为"改革开放以后，给老百姓一个创造财富的机会的时候"②浙江人通过自己的诚信经营，艰苦奋斗，敢闯敢干，创出了一番天地。同样的问题，其他企业家也有类似的回答。

四、结语：经济故事其实是人的故事

谈话类节目因其私密的声音传播方式和口语传播内容具有天然的亲近性。如何利用好这一点优势打造一档优秀的经济类节目。《浙商有话说》带来的启示是让个体讲述自己的故事。

首先，经济是难以被认知的复杂规律，具有较高的准入门槛。这就决定着经济类节目专业性较强，需要接收者投入更多的精力来解码信息。然而广播的特性却又恰恰是伴随性的，

准入门槛低，依靠声音入耳即可瞬间完成信息传递。如果信息解码过程复杂，接收者甚至还没解码完成就被下一个信息干扰，那么这档节目的传播效果也可想而知。因此，为了平衡经济内容的高准入门槛和广播媒介的解码低耗属性，讲述个人的经济活动不失为一种折衷策略。进一步讲，宏观经济是由个人的经济活动所组成的，个人的经济活动直接反映着经济发展规律、经济发展现状和国家经济政策。经济类谈话节目选择个人故事作为着眼点使得节目内容贴近听众的普通生活，降低了理解难度，将看不见摸不着的经济规律落在实处。

此外，讲人的故事时又需要注意塑造人物形象。特定的人物形象和特定的经济故事相结合往往能产生 1+1＞2 的传播效果，使节目更具有吸引力。《浙商有话说》在国家发展历史大背景下聚焦浙商这个团体的发展历史。浙商是改革开放时代背景下的产物，因此，以时代背景下的特定人群来讲述中国经济故事，我们可以从这些人中窥见时代留下的烙印。以浙商精神浓缩时代精神，以浙商形象代表中国经济。这样的形象建构可以在某种程度上弥补广播有声无画的缺陷。

【萧娅嫚，中国传媒大学新闻学院新闻学专业硕士生】

---

① 《浙商有话说》第九期宗庆后专访内容。
② 《浙商有话说》第九期宗庆后专访内容。

从春晚舆情微博中透视春晚的价值观异化

【摘　要】本文以一条春晚期间的微博为引子，对春晚的功能、发展现状进行梳理，并结合笔者自身的实习经验，对春晚价值观异化的具体表现进行分析，在此基础上提出关于鸡年春晚的改进建议。

【关键词】春晚　产业化　价值观异化

■ 孙小咪

春晚，对于国人来说是一个非常熟悉的存在，连续30余年雷打不动地在除夕夜与广大观众见面，观看春晚几乎也成了大多数人除夕夜的习惯性动作。中国文联副主席、著名作家冯骥才更愿意称春晚为一种"新民俗"："春节晚会由于顺应了年俗特点，又应急地满足了人们的年心理，挽回了人们在文化上的失落感，便很快被人们接受了，成为当代中国人必不可少的过年节目，甚至是当今过年最重头的节目。"[①] 春晚对于人们的意义可见一斑。

经过30多年的发展，春晚越发"高大上"，多彩多样的节目设计、美轮美奂的舞台灯光、变幻莫测的后期技术以及实时便捷的跨屏互动，春晚的画面效果越来越精致，给人的印象也越来越生动。然而，当一切外在条件都在朝着完美的方向发展时，随之而来的问题也逐渐浮出水面。笔者在春晚期间收集舆情的过程中，发现了如下这条微博，虽然转发量只有2条，评论也只有2条，但其内容却字字戳人内心。这可能是万千舆情中很不起眼的一条，却很强势地令人觉察到春晚在某些方面的"变质"。下文中笔者将对春晚的功能、发展现状进行梳理，并结合笔者自身的实习经验，对春晚价值观异化的具体表现进行分析，进而对于春晚在近些年来的存在意义做出批判性思考。

① 《冯骥才：春节晚会是"新民俗"》，《成都日报》2008年2月6日。

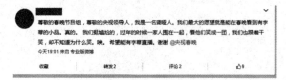

图1 春晚期间微博截图

一、春晚的功能概述

春晚作为一种电视产品，因为春节的存在而被视为一种重大的节日仪式。2014 年，央视春晚的规格更从"台长工程"上升为"国家项目"。因而，与其它电视节目相比，春晚的社会功能就更加凝重和多样化。作为文化、政治、经济这三元结构的组合体，春晚的功能自然不再局限于最初较为单纯的文化（民间叙事）功能，而是进而具备了政治（宏大叙事）功能和经济（商业叙事）功能。①

春晚的文化功能主要体现在对民族文化的宣传和推广上。对内，通过把各地、各民族不同的才艺和文化搬到舞台上，可以塑造"百花齐放"的文化形态，能使国人对整个的中华民族文化有一个全面的了解和认识，同时也有助于民族文化的传承和发扬。例如，猴年春晚将云南彝族的"跳菜舞"和"海菜腔"融进歌曲《吉祥吉祥》当中，就让观众见识到了少数民族独有的民俗特点，感受到了别样的地域风情；还有《华阴老腔一声喊》，超凡脱俗的唱腔令人

眼前一亮，充分展示出了陕北文化高亢、热烈的特点。"海菜腔"和"华阴老腔"皆为国家认定的地方性非物质文化遗产，通过春晚舞台的宣传，可以引导更多人对它们产生关注。对外，春晚的国际知名度很高，推动中华文化走向世界也是春晚文化功能的彰显方式之一。近年来，西方文化对我国的民族文化造成了前所未有的冲击。为抵御这种冲击，春晚作为一种电视仪式，可以通过图像输出的方式，把中华文化推向世界舞台，让更多的人了解和认识中华民族文化。

春晚政治功能的实现是架构在整个国家意识形态基础之上的。在 30 多年的发展过程中，春晚从 90 年代开始已经不再是简简单单的一台晚会，已经从最初的"联欢"，演变成一种集权威与庄严于一体的国家仪式。② 众所周知，央视春晚的受众范围极广，是在除夕夜面向全国，而不是某一特定范围或地域的观众播出的节目，其导向必须准确无误。这一点从历年春晚的主题设定上便可窥见一二，主题一般围绕爱国、团结、奉献等主旋律关键词展开。春晚的政治功能也分对内和对外：对内，一方面，春晚作为一年一度的民族盛会，为联络各民族、各地域同胞感情并进行良好沟通交流提供了机会，通过推进文化互动与融合，加强民族团结；另一方面，就春晚本身而言，其制作理念始终坚持以人民为中心，把晚会主题化繁为简，化大

① 李朝阳：《"春晚"的身份定位与功能前瞻》，《电视研究》2010 年第 5 期，第 33 页。
② 张国涛、苟博、李艳：《中国故事的跨文化表达与国际传播——解析纪录片〈透视春晚：中国最大的庆典〉》，《现代传播》2013 年第 3 期，第 101 页。

为小，落实到每个家庭和个人，将运用到节目设计当中的浪漫主义情怀照进现实生活，凸显个人的情感和价值。从而通过无形中的节目表达，将社会主义核心价值观潜移默化地传递给每一位观众。对外，基于政治上的考虑，春晚也是国家综合国力的有力诠释者，承担着展示国家形象的职责，借助一些宣传上的手段向世界传递政治信号。

春晚的经济功能源于其自身是一项文化产业，并不断在进行产业化转型，经济功能的实现过程其实就是将文化内容"变现"的过程。基于春晚本身的"符号"特征，除夕夜观看春晚已经成为中国人的行为定势。在信息化时代当中，观众注意力的集中无疑会带来巨大的商业价值，特别是对于广告主而言，一台春晚可能间接造就出了一整条产业链。在这条产业链的顶端，企业借助春晚的高知名度和雄厚的观众基础，可以进一步打开企业知名度，以使后期获得可观利润；央视虽然处于链条的中间地带，但也收获颇丰，一方面能把制作费用抵消，另一方面又完成了国家交给的任务，获得了观众的信任。除此之外，一些周边产业也会因这次的文艺狂欢而有所得。以往，观众是被摒弃在这条产业链之外的，自从羊年春晚联合互联网公司推出"红包"策略以来，观众就不单单是旁观者的角色了，即使处于链条最底端，其利益诉求也会适当获得满足。这样的循环利好模式，使得观众被迫"不离不弃"地加入到春晚的产业化过程之中，最终使春晚的经济功能得以实现。

二、《卫报》春晚的发展现状

自1983年开始，春晚已连续举办了34届。

随着社会不断发展进步，经济水平不断提高，春晚也跟随着时代的脚步不断进行改革，目前已经成为一种近乎成熟的节目模式。回顾30余年的发展历程，能够清晰地发现春晚的变化和创新，下面简单从"硬件"和"软件"两个方面梳理一下春晚的发展现状。

（一）硬件配置越来越"硬"

1985年中央电视台在《新闻联播》中就春晚的失败向观众公开道歉的教训告诉我们，硬件配置的好坏程度是确保一台晚会能否获得成功的前提条件。如今春晚的硬件越来越"硬"主要体现在场馆的变更和舞美的设计上。

1983年春晚采用的是"茶座式"联欢的形式，观众围坐在一起，可以在看节目的时候互相交流，吃吃零食，就像是家人朋友聚在一起一样。这种布景虽然简单，但却使得现场的观众与观众之间关系能更加亲密，演员和观众互动有余，更容易营造节日喜乐欢快的氛围，而1985年春晚的失败也恰好验证了这一点。北京工人体育馆整体空旷，"场中央的舞台距离四周观众席甚远，导致现场观众看不清舞台上演员的表演，有的还要拿望远镜进行观看；有些节目的演员由于声音较小，在座的观众有时会听不清，演员们即使对着话筒，也要大声喊话，完全失去了表演的美感，观众和演员的距离被人为拉大了。"[1] 演员和观众之间无法进行有效和高频的互动，再加上各种技术设备跟不上，使得整台晚会效果差强人意，未能实现初衷。1998年，中央电视台易址，春晚的舞台被搬进4700平方米的1号演播大厅，直至今年仍在使用。目前的1号演播大厅内部安排了阶梯座椅

---

① 宫承波、张君昌、王甫主编：《春晚三十年》，泰山出版社2012年版，第40页。

供大多数观众就座，靠近舞台的区域通常安排圆桌供嘉宾就座，整体的观众区域围绕舞台呈半环状。在此基础上，各种花样技术比如维亚、鹰眼、帘幕等搭配舞台的使用，使得演员在舞台之上"上天入地，无所不能"。观众与演员之间的距离变得更加紧密，现场的冲击力和张力比在电视上观看要大得多。

除了场馆的变更外，舞美设计也发生了翻天覆地的变化。最初的春晚舞台和观众区几乎是连在一起的，所谓的舞台，只是比观众区略高一些。现如今，1 号演播大厅的舞台是由 135 块升降地屏组成的，钢结构包裹 LED 灯，每块地屏的 5 个平面都能显示画面，几乎 90% 的节目都要使用升降的地屏。另外，每年春晚整个舞台的立体背景也会有所改变，羊年是中国结，猴年是红灯笼，这些极具中国形象的设计作为一种符号，象征着春节的团圆兴旺，渲染了节日的喜庆气氛。春晚的灯光布置经历了从简单到复杂，又回归简单的过程，这也与国家提倡节俭办春晚的理念不谋而合。著名的灯光设计大师沙晓岚十分提倡简约的灯光设计，"简约"并非指简单的堆砌和随意的摆放，而是在设计上更强调功能、强调结构和形式的完整。[①] 这样的灯光设计能够带给观众更舒心的观赏体验。

（二）"软件"弹性和范围越来越大

"软件"是指组成春晚的各种无形要素，包括节目形式、内容、演员等多个方面。由于涉及面太广，笔者在这里要说的仅仅关于春晚节目体裁的发展和互动模式的变革。

近些年来，春晚的节目体裁不断丰富，内容和形式不断推陈出新。特别值得一提的是，

在弥合地域文化差异的问题上，春晚在不断进步。一直以来，由于南北方文化的差异，不少人认为春晚只是"北方人的春晚"，南方观众往往无法对某些节目产生认同，比如无法理解北方小品的笑点和包袱。这些年，春晚在解决这个问题上做了不小的努力。就拿今年来说，歌曲《山水中国美》中表演了著名的苏州评弹，款款小调，展现了江南地区的音乐文化；《吉祥吉祥》的舞蹈取自云南彝族的"海菜腔"和"跳菜舞"，极具少数民族特色。另外，"央视春晚"微博粉丝的地域分布情况也能很好地说明这一点。粉丝数量排名前 14 位的地区当中，有 9 个属南方地区，广东更是排在第 1 位，可见南方网友对春晚的关注度正在不断增长。

排序	地区	粉丝数	占粉丝总数%
1.	广东	842535	10.8%
2.	北京	482135	6.2%
3.	江苏	356247	4.6%
4.	山东	337593	4.3%
5.	浙江	321932	4.1%
6.	河南	261070	3.3%
7.	上海	241859	3.1%
8.	四川	219706	2.8%
9.	河北	211619	2.7%
10.	福建	193096	2.5%
11.	湖北	188379	2.4%
12.	辽宁	186603	2.4%
13.	安徽	152638	2.0%
14.	湖南	151450	1.9%

图2　"央视春晚"微博粉丝地域分布

互动模式的变革也是春晚"软件"弹性增强的一大表现。从春晚创办之初，就设计了与场外观众互动的环节，包括拨打热线电话、点播节目等形式。1992 年，春晚又设立了"观众最喜爱的春节联欢晚会节目评选"；2002 年开通短信留言；2007 年开通官方网站[②]，以此来

---

① 陈震宇、陈临春：《光与影的神话——论沙晓岚和他的 2015 年春晚灯光设计》，《电影评介》2015 年第 17 期，第 102 页。

② 邓秀军、汤思敏：《电视仪式的对话与狂欢——央视春晚微信使用的技术语境分析》，《现代传播》2016 年第 1 期，第 139 页。

增强与观众之间的互动，提升观众对节目的兴趣。然而，近年来，随着信息技术的快速发展，细心的观众可能发现"观众最喜爱的春节联欢晚会节目评选"已经从春晚直播中消失了。不过，这并非意味着春晚与观众之间互动关系的解体，只是换了一种方式而已。一方面，"央视春晚"微博的出现，成为春晚节目组与观众交流的窗口，而且这种交流更为直接和全面，跨越时空限制。节目组若想了解观众对节目的满意度情况，可直接在微博上搜索，节目能否登上热搜榜逐渐成为评价一个节目好坏的隐形标准。另一方面，与互联网公司进行合作，在春晚直播期间向观众派发"红包"也是新兴的互动形式之一。羊年是微信，猴年是支付宝，观众在观看春晚时根据主持人的口播提示，参与"摇一摇"或"咻一咻"即可获得红包，红包形式有现金和各种优惠卡等。无论微博还是红包，互动形式的改变给春晚带来了不同以往的新生机。

从春晚的发展现状来看，无论"硬件"还是"软件"，春晚都在努力朝着完美的方向发展。宏观格局上，春晚似乎一直坚持"以人民为中心"的创作理念，旨在向大众提供最好的观赏体验，传递最温暖的人文情感，展现最包容的民族姿态。然而，在整合春晚各个渠道所发布的宣传内容的过程中，不难发现春晚实则已经向产业化的道路靠近，并逐渐走向深入。从最初带有"朴素阶级感情"的"人民"内部的电视联欢活动逐步变身为维护国家意识形态的超级节目，从非商业性逐渐发展为高度的商业化。①

三、春晚价值观异化背后的利益博弈

春晚的产业化背景由来已久，深深根植于起初的各种收费策略。春晚凭借自身的品牌化优势，早在 1992 年，报时费、冠名费、座椅费、露脸费等多种名头的费用就层出不穷。进入 21 世纪，广告费的数额逐渐上升，令人嗔目。与不断上涨的广告费相应的，广告在春晚中出现的次数和频率也持续走高，形式从单一走向多样，在很多的语言类节目中都不难看到广告植入。然而过多的、不恰当的植入却伤害了作品原本的专业性和艺术性。小品《捐款》中，受捐者拿着"国窖1573"这种级别的酒去向捐助者道谢，显然这是有悖故事逻辑的。对于这种生硬的植入，笔者表示无言以对，只能认为春晚太不"走心"，完全将作品的艺术性抛在了利益的后面。2012 年春晚前夕，央视曾宣告彻底消灭一切广告信息和植入广告，然而"羊毛出在羊身上"，除夕当天，央视所有为春晚预热的节目都浸泡在广告当中，这并不奇怪，晚会的制作费用，总有人要买单。春晚商业化已经是不可逆转的趋势。广大观众对此颇有微词，由此导致的春晚收视率下滑也已成为不争的事实。

面对网络上如潮的吐槽和不满，央视春晚也在不断摸索一条逆袭的道路。互联网经济向春晚抛出了橄榄枝。近两年来，"互联网＋"思维及其利好前景使其不再满足于自身纵向的

---

① 郭镇之：《从服务人民到召唤大众——透视春晚30年》，《现代传播》2012 年第10 期，第8 页。

发展，而开始致力于打破横向的行业壁垒，将业务逐渐渗透到社会各个行业之中，春晚就是互联网经济的试验品之一。事实证明，试验效果不错，无论是对企业，还是对春晚本身来说。

央视广告经营管理中心主任任学安在"第六届中国家电发展高峰论坛"上，发布了猴年春晚的收视数据：当晚直播的多屏收视率高达31%，全国网收视份额超过71%，这一场晚会直播，汇聚了超过10亿人的目光，其中国内的电视观众接近7亿，网络观众为1.38亿。与春晚开播前夕网络上井喷似的吐槽相比，春晚创造的超高收视率似乎在诉说着广大网民的"虚伪"，"明明那么不看好春晚的节目，而且还没有六小龄童，那除夕晚上又何必要来贡献收视率呢？"这是大多数看过春晚收视率后的人们的内心独白。然而，这并不是网民的"虚伪"，只是除夕夜有其他因素拉动着人们"不得不"观看春晚，那就是红包。

春晚抢红包的"传统"开始于2015年，当时是腾讯初次试水春晚，凭借雄厚的微信用户基础，在除夕当晚成功吸引了千万人的眼球。羊年春晚直播中，央视特别安排四次口播，号召观众参与到抢红包活动中来。根据微信官方提供的数据显示，除夕当日，有1.2亿人参与到"微信摇一摇"中来，微信红包收发总量达到10.1亿次，在20点到今天凌晨零点48分的时间里，春晚微信摇一摇互动总量达到110亿次，互动峰值出现在22点34分，达到8.1亿次/分钟。春晚过后，微信新增了2000万支付用户。这个数据对于在2013年刚刚启动支付功能的微信来说，是一次快速的用户积累，成功

地在支付宝独霸一方的支付格局中撕开了一个口子。

无独有偶，鉴于微信获得的巨大成功，猴年春晚自然也就"很有油水"。然而，微信这次风光不再。腾讯CEO马化腾在2015年乌镇的世界互联网大会上当众演讲时说过一句话："央视有个投标，我们没拿到。对方非常拼。"他说的对方正是支付宝，马云付出了比微信高5倍的代价，拿下了支付宝对猴年春晚的标的。从最终的营销效果来看，这次的高投入取得了令人满意的回报。

	微信	支付宝
参与人数	1.2亿	1.63亿
互动次数	110亿次	3245亿次(去年的29.5倍)
互动峰值	8.1亿次/分钟	210亿次/分钟
调动资金	5亿元	8亿元
营销效果	+支付用户2千万	+11亿对好友关系

图3 微信 & 支付宝在春晚直播期间的互动数据比较①

然而，在这场全民狂欢中，真正受益的绝不是观众，而是三大利益群体：互联网公司、央视和通信商。央视是国内影响力最大、实力最强的电视媒体；春晚是国内最受关注、影响最持久的电视节目；微信是当下用户数量最多、活性最强的社交媒体；支付宝是整个在线支付格局的龙头老大。央视春晚与微信和支付宝组合，其实是优质电视内容与强势传播媒介的无缝链接。② 经过猴年春晚这场"文明交易"，支付宝扩展了社交链，拿下了11亿对好友关系；央视收获了大众对春晚的关注以及天价的广告费；即使是看起来与这场狂欢关系不太大的通信商，都少不了在流量费上面赚得盆满钵满。

① "央视创意"微信公众号：《任学安：央视的新年新故事》，2016年3月10日。

② 邓秀军、汤思敏：《电视仪式的对话与狂欢——央视春晚微信使用的技术语境分析》，《现代传播》2016年第1期，第139页。

相反,在这场狂欢中表现的非常活跃的大众却是最小的获益者,甚至是得不偿失。仅举一例,猴年春晚,支付宝发起了"集福卡,赢红包"活动,只要集满"敬业福""爱国福""友善福""富强福""和谐福"五张福卡,就能在除夕当晚平分2.15亿现金红包。"敬业福"在春晚前夕非常难以收集,即使春晚当晚,能够"咻"得该福卡的人也是少之又少,支付宝内部的员工似乎也没有捷径可走,只能加入"咻一咻"的大军。然而,这个世界上还有一个叫做"淘宝"的万能神器,咻不到"敬业福"的人转道在"淘宝"上花高价买入。理想很丰满,现实却很"骨感",拿到敬业福的用户,最终仅分得了271.66元,与想象差距很大。如此一来一往,无论是支付宝端,还是淘宝端,坐收渔翁之利的都是马云。除此之外,得不偿失的例子还有很多,有两位网友是这样算的:

● 跑流量的话,抢一分钱的红包要倒贴两分钱

有网友算过一笔账,抢一个红包大约要消耗300KB的流量,按10元买100M流量算,每抢一个红包成本至少要花3分钱。所以有网友在朋友圈里专门发群里每人一分钱"签到红包"的人各种怨念:一分钱的红包还是不要发了,如果你的小伙伴没有Wifi又抢了你的红包,他还得倒贴两分钱呢!

● 开外挂能秒抢一切红包? 小心被偷流量反破财

为了避免"手慢无",一些手机应用和手机厂商专门推出了各类抢红包功能,还有自称"红包神器"的软件在网络上热销。这种提醒功能只是提醒并不代抢。业内专家表示,设置红包提醒可以有,开外挂还是免了。部分红包外挂软件植入了恶意代码,一旦用户授予其隐私信息就容易被不法分子获取。这些软件还会嵌入广告,甚至在后台自动下载推广应用,耗费手机流量。

图4 网友评论截图

总的来看,观众在这场8亿的红包大战中获得的实际利益与他们所投入的关注度是不成正比的。互联网和央视合谋运用高超的经济手腕,"观音点水"般地广施恩惠,其实是把观众架空在整个的利益格局当中。这样的运作方式对于互联网企业来说可谓是"百利而无一害",但对央视来说,却无异于玩火。归根结底,春晚的本质是一场文艺演出,评判的标准只能是节目内容的好坏,其他外在的因素即使能在某一阶段影响收视率,最终也都会走向没落。逆向思考的话,春晚利用红包策略来吸引收视率的行为是否是对其节目本身的不自信呢?

有学者认为,"咻一咻"充满了时尚感与趣味性,生动而且参与性极强,吸引了许多年轻观众参与到春晚的实时互动中来……深度挖掘关系链的二度传播价值,直观地提高了春晚的传播效果。① 笔者对此不以为然。在某种程度上,春晚作为一个节日符号是人尽皆知的,真正意义上的"传播率"或者"知晓率"其实应该是针对春晚节目而言的。很显然,"咻一咻"只是使人们与春晚的互动关系更近了一步,但并没有提升观众对于春晚节目的关注度。所以"提高了春晚的传播效果"实际上是个伪命题,也是对春晚传播效果的浅层认知。

四、春晚应重新审视其价值取向

春晚的身份属性,使其并不适用"综艺节目"或"娱乐节目"这一类标签,只能冠以"文艺节目"。所谓"文艺节目",必须保证文化与艺术并存。节目应以传递文化,满足观众的精神文化诉求为出发点,虽然不强求有寓教于乐的功能属性,但起码应是一种知识或文化的输出;而表现形式上,节目则需要体现出一定的艺术性,无论是歌舞或者语言,都要彰显艺术美感。综上,笔者认为春晚可以从"匠心"和"用心"个方面同时发力,予以改进。

(一)贴近人民,贴近生活,做"文化工匠"

近些年来,随着观众的欣赏水平不断提升,

---

① 林静:《从央视春晚"咻一咻"浅谈"延展型电视"的发展路径》,《新闻研究导刊》2016年第4期,第268页。

对节目的要求也越来越高，众口难调因此也成为春晚面临的最大难题。历史经验和现实告诉我们，这个问题几乎是无解的，只能通过双方的相互理解和妥协来使问题最小化。而促使观众理解和妥协的办法只有一个，那就是需要央视拿出更大的诚意，重新审视春晚的价值意义。认真坚持"以人民为中心"的创作理念，用一颗"匠心"制作真正贴近人民、贴近生活的接地气的好作品。在当今社会浮躁的娱乐气息烘托下，对于真正有文化、有内涵的东西，观众是看在眼里并且认可的，这也是如今文化类节目几乎零差评的原因。另外，关于节目编排的问题，一台春晚近 40 个节目，专注于唱"赞歌"的节目占据了将近四分之一，为什么不能匀一个给网友们喜闻乐见的呢？春晚应该和网民少打一点"游击战"，多听听网友的呼吁和建议。

（二）细节决定成败，多一点"用心"

春晚在保留"匠心"的同时，不妨再多花上一点"用心"，正如笔者在开篇提到的微博，小品作为语言类节目，是最能够吸引观众注意力的春晚节目，是收视率的重要保障，恰恰也正是需要节目组展现"用心"的地方。微博中所反映的问题，根源在于只能"独乐乐"而不能"众乐乐"。聋哑人是我国的一个庞大群体，春晚应从人性的角度出发，贴心地为语言类节目加上字幕，没有必要为了追求一字不差的完美效果而放弃在这个问题上作出努力。

无论春晚未来还要经历多少变革与创新，要想赢得人民的拥护，就必须保证初心不变，温度不变，这是确保春晚回温的一剂良方解药，也是唯一的救命稻草。

【孙小咪，中国传媒大学新闻学院新闻学专业硕士生】

媒介融合时代广播新闻有效传播的方略

【摘 要】作为传统媒体中唯一依靠声音介质传播的广播新闻，音响、细节与修辞建构的声音"蒙太奇"是其吸引受众的独特风景。

【关键词】媒介融合 广播新闻 有效传播 声音蒙太奇

■ 武 斌

在媒介融合环境下，技术创新变革已经全面而深刻地影响了受众获取内容的渠道、方式和终端，新媒体、自媒体一骑绝尘，传统媒体显赫的主流媒体地位已成昨日黄花。媒介环境急剧变化的格局使悲观者发出了"广播无用论"的哀叹。在传统媒体纷纷以互联网技术为依托走向媒介融合之路的当下，广播媒体有效传播的方略是什么？本文认为，立足自身的传播优势才能在竞争激烈的融媒体时代扬长避短，保持广播媒介的影响力。换言之，广播媒体以声音的魅力捕获听众心灵仍旧能续写广播不老的传奇。

众所周知，"蒙太奇"是电影技术，即通过剪辑组合不同的镜头来刻画人物、烘托情节、报道事实。广播传播的介质是声音，"广播的镜头就是声音的选取，你选择什么样的声音，就是在讲述什么样的镜头。"① 换言之，广播可以通过对声音的剪辑和组合，诉诸于受众听觉，唤起人们对声音元素的想象和联想，建构听觉空间的人物感情、环境气氛和故事脉络，实现具有画面感的"声音蒙太奇"。

一、用音响构建声音蒙太奇

维纳说过："信息在传递过程中，在达到最后的有效阶段之前，可能要经过好几个依次相连的传输阶段，而在每两个阶段之间都要进行转述，这样就会使信息有所衰减，信息损耗也会很大。而实况音响是事实自身的一部分，是

---

① 蒋蔓菁：《回到声音的原点做广播——公益广告〈人生搀扶〉创作谈》，《中国广播》2015 年第 4 期。

直接信息，是准确的、高质量的信息。"① 作为依靠声音介质传播的广播，其语言和信息传播的载体要借助多姿多彩的音响来表现，因此，建构声音蒙太奇画面的广播记者应想法设法捕捉生活中最具审美价值的声音。

声音具有传真性。广播现场报道的音响有利于构建"看得见"的画面感。在现场丰富的声音符号刺激下，听众通过共同经验范围展开联想，唤醒主体审美的自觉，在心灵感应中完成对视觉图像的替代与补偿，在视觉的幻象中进行自我与他者的互动，在想象空间中完成从间接到直接的"图像"符号建构，一种内在的视力会让听众感觉现场的图像就在眼前。"人们可以根据自己的生活经验，把听觉意象转换为视觉形象，见之于不见，从音响中'听'出画境来。"②

"声音蒙太奇"的实现需要受众再创造，于是每个想象建构的镜头都要近于凝视的轴心，不断被强调，在头脑内部来回互换，在视觉实践中实现穿越现实与想象的时空，重构场景，体验神秘的参与的愉悦，体验对现场的沉浸感。音响建构的画面让听众在自我经验的基础上获得对"图像"的控制权，比现实画面更纯粹、更震撼。

"广播没有画面，听众看不见，却可以自由想象，借由通感，从声音'看'到形象，这也是广播的魅力所在，因此，寻找可以激发人想象力的声音元素，非常重要。"③

纯粹的视觉感知帮助听众建构视觉空间，为报道注入能量，通过感官交互作用，瞬间推

倒文化他者的围墙，将听众带入现场，营造在场感。通过联想，广播作品的"画面感"像子弹一样击中听众，"让其觉得事情发生在自己身上，因此具有触感的特质（瓦尔特·本雅明）"。

广播现场的环境音响有助于建构立体的"声音蒙太奇"效果。"环境音可以明显地标识地域、场景等信息，给人想象的空间。如果让人物在某一特定环境中讲述，对节目会有完全不同的效果。"④ 笔者采制的录音通讯《守望家园》说的是 1965 年从天津到新疆农垦团场支边的董烯斌守护胡杨林的故事。一开头就用环境背景音响、记者与主人公现场对话的音响呈现了报道的"画面"，使听众"亲临现场"：

"（出现场音响，数秒后压混）2 月 27 号上午，农五师 90 团 4 连职工董烯斌踏着积雪，走进了他退休前守护了 23 年的一片胡杨林。这片胡杨林维系着艾比湖湿地的生态平衡。抚摩着一棵粗壮、笔直的胡杨树，董烯斌十分感慨地说：（出录音）你看现在大部分都十几公分、二十公分，都起来了，一棵一棵。过去就不同。过去一簇，十几棵，那东西你不把它修掉，长不起来。/现在你又走到这个地方来，看到这些树是不是感到很亲切？/就是。这是肯定了。你看，现在，这不都成材了？/过去的小树现在变成大树了，你自己也变老了？/对（笑）"

这个开头包含四种音响：记者与主人公在胡杨林中踏雪行走的脚步声、喘息声；主持人的解说声；记者现场提问的声音；主人公带天

---

① 张俊波：《广播音响运用的心理效应》，《记者摇篮》2009 年第 11 期。
② 陈育德：《画形于无象 造响于无声——论音乐与绘画之通感》，《安徽师范大学学报（人文社会科学版）》2004 年第 3 期。
③ 蒋蔓菁：《回到声音的原点做广播——公益广告〈人生搀扶〉创作谈》，《中国广播》2015 年第 4 期。
④ 蒋蔓菁：《回到声音的原点做广播——公益广告〈人生搀扶〉创作谈》，《中国广播》2015 年第 4 期。

津口音的普通话。如同叠闪的图像，连接现实，直达内心，让受众背对现场而又置于现场之前，把"自己和自己分离（海德格尔）"，锁定注意力，引发共振效应。

"多种声音符号的有机组合可以取得彼此之间相辅相成的艺术效果，使节目所塑造的形象更鲜明、更生动、更富有立体感，使作者所要表达的思想情感更直接、更强烈，以更好地帮助听众去感受节目的内涵。"[①] 典型的环境音响非但不会消弱传播的效果，反而会与主体音响一道，完成真实性与可听性的融合，激活听者的视觉实践，打通"不在场"与"看不见"的盘根错节般的理解路径，使之在冥想的空间完成从无图到有图的互换。

央广记者汪永晨的广播特写《走向正在消逝的冰川》获得了 1999 年亚广联信息节目奖，她在长江源区漂流探险的 40 天中录下了 20 个小时的音响素材。在报道中，汪永晨用独特的背景音响为作品建构了海拔四千多米高原上的"声音蒙太奇"：女探险队员、骏马和山羊的喘息声；牧民驱赶牦牛的吆喝声；冰川融化破裂的声音……这些多姿多彩、神奇珍贵的音响，丰富了听众的耳朵，激荡着听众的心灵，令人倾心，让人难忘。

广播记者要凸显广播声音蒙太奇的传播优势，就要特别注重在采访中深入生活、深入现场，利用高科技设备捕获那些能够拨动听众心弦的声音，用清晰、准确、多元、丰富的音响建构立体的听觉意象，去冲击听众的耳朵，去打动听众的心灵，去激活听众的想象空间，使听众仿佛能够触摸到现实世界中栩栩如生的新闻人物、正在发展中的新闻事件。"广播新闻传播的最终目的是，使听众在对声音符号的解码过程中，藉由声音传播达成的'在场'，实现与广播新闻传播者的对话、分享、交流。"[②]

二、用细节构建声音蒙太奇

刘勰在《文心雕龙》中提出，写文章要能"瞻言而见貌"，意为读者看了文章中的细节描写就像见到了事物的形貌一样。广播新闻报道受制于声音这一单介质符号传播信息，其劣势是一听而过，容易使人分心走神。因此，广播新闻报道的解说和采访对象的叙述应力避空洞无物，着力描述有质感的细节，使受众通过具体、形象的事实联想到画面，使"声音"变成"影像"。让现场的场景在听众的脑海中鲜活起来，仿佛历历在目。

广播新闻的话语建构要立足于开掘广播声音传播的感性优势，让能够感知的声音声声"入耳"，打动受众，才能做到"入脑"，最后获得有效传播，达到"入心"的境界。"要通过一个个具体可感、生动易感的细节，消除听众的收听疲劳，吸引听众、打动听众，使听众对新闻报道内容始终保持相对的新鲜感。"[③]

在现场报道中，记者要善于将观察到的细节用镜头语言描述出来。笔者采制的广播新闻《草原斑猫将回归大自然》中有这样一段语言："他们每天自费买来半公斤新鲜的牛羊肉喂食这只曾经被捕猎者当作'新疆虎'的草原斑猫，

---

① 李慧：《魅力，源自独特——中央台获国际奖广播节目解析》，《中国广播》2005 年第 4 期。

② 李静：《在稳步推进中勇于创新——2007 年度中国广播新闻发展报告》，《中国广播电视学刊》2008 年第 1 期。

③ 李静：《当下广播新闻传播的话语建构逻辑及策略》，《西南民族大学学报（人文社科版）》2009 年第 3 期。

只是这只草原斑猫并不领情，每当工作人员给它送肉送水的时候，它就怒目圆睁，呲牙咧嘴，一边在笼子里向前猛扑，一边抖动着胡须、发出低沉而凶狠的吼叫声。"这个细节来源于采访中通过对当事人的追问还原并重建了现场。

认真倾听、及时追问也是记者挖掘细节的要旨。在录音采访中，广播记者要善于通过精确、具体的小问题获得细节，同时，还要擅长从聆听中发现新鲜的信息并及时追问，抽丝剥茧，层层深入，直到获得情节化的、清晰的、完整的细节。挪威 NRK 电台制作的广播特写《再见，玛莉安》（见《中国广播》2013 年第 10 期）荣获 2006 年欧洲奖，它讲述的是玛莉安与里昂纳德 45 年前刻骨铭心的爱情故事。该报道中女主人公叙述她与里昂纳德邂逅的细节如同叠闪的、流畅的画面：

"玛莉安：我在一家店里把买好的奶和瓶装水装进篮子里。他站在店门口，挡住了阳光。我看不见他的脸，只看见他身体的轮廓。听见他说：'你愿意跟我们一起到外面坐坐吗？'我谢了他，提着篮子走到外面，在已经有三四个人坐着的桌边坐下了。我所不知道的是，在这次见面前，他对我的一切已了如指掌。这次邂逅，他对我和孩子产生了强烈的怜悯之情。

采访者：还记得当时他的样子吗？

玛莉安：他穿着卡其布的长裤，浅绿色的。脚上穿着他心爱的运动鞋。他总是在穿衬衣的时候把袖子挽上去。另外，他还戴着一顶漂亮的棒球帽。我还记得我和他四目相遇时，我感到一股暖流穿过了我的全身。你知道那种感觉的。（敲手指）……"

玛莉安对初遇里昂纳德的回忆温馨依旧，当她描述了场景之后，记者立即追问更多的细节，于是，她想起了男主人公的着装、目光，娓娓道来。正是这种对情节的细节化表述，多维度、全方位地表现出浓烈的爱意激发了听众的共鸣，使人联想到了一幕幕温馨的画面。

美国专栏作家普尔弗谈及细节对于报道的价值时，把细节比喻成吸引受众的"糖块"，他说："时不时地埋下一些糖块，吸引读者步步深入地读下去。"[1] 广播新闻报道同样需要这样的"糖块"来滋润听众的心灵。因为细节描写，可以展现人物独特的性格和现场的情景，让显性的信息与隐性的信息变得清晰起来，让人们在乎并展开联想。"通过细节，可以以小见大，看到实务本质，即'见木，方能见林。'细节是作品的指纹，它区别了你所写的人、故事和其他人写的人、故事。"[2]

有表现力的细节能够增加受众"黏性"。锦州广播电视台的新闻特写《五星村改水记》，用现场描写的手法和富有表现力的广播语言再现了村民用上自来水、结束十年来买桶装饮用水后的生活画面："在古塔新区五星村村民霍云峰家里，霍大哥拧开自来水龙头，自来水哗哗地流到水壶里。填上一锹煤，不一会儿，旺旺的炉火上水已经烧得滚开，热水壶里呼呼地喷出了白汽。"这段极富镜头感的语言提示我们：广播记者在报道新闻时，要按照广播声音传播介质的特点，以朗朗上口、抑扬顿挫、富有节奏感的语言表述细节：用口语、用短句、用动词的主动语态、用准确清晰具体的词汇，不堆砌形容词副词，忌空话套话假话大话，力求每

① 苏载特·马丁内兹·斯坦德灵：《专栏写作的艺术》，熊锡源译，南方日报出版社 2014 年版，第 31 页。

② 李希光，孙静惟，王晶：《新闻采访写作教程》，清华大学出版社 2011 年版，第 241 页。

一句话都包含信息含量，展现汉语言的音节音韵之美。

三、用修辞构建声音蒙太奇

修辞手法是提供语言表现力的倍增器。广播语言是有声语言的传受过程，其修辞活动是在表达者和接受者之间互动的声音审美过程。传播主体的有声语言编码与接受主体对有声语言的解码沟通、互动、分享，让人在听觉的强效果刺激作用下被感染，这是声音美学的至高境界。

晋代文艺理论家陆机在《文赋》中称："收视反听，耽思傍讯，精骛八极，心游万仞。"它描述了语言在调动人的感官想像力方面的作用。以情动人是优化新闻传播效果的重要途径，声声传情，入耳入心的广播新闻才能构建"声音蒙太奇"。广播凭借声音传播，其介质决定了它的优点和缺憾：传播迅捷但声音一飘而过，不如眼睛接受信息那样容易集中精力。因此，作为融媒体时代的广播人，如果不善于使用符合广播传播优势的修辞手法，绘声绘色地通过声音语言唤醒听众的耳朵，打动听众的情感，让人们介意，让人们在乎，就难以有效传播信息和故事。只有自己感动并迫切渴望有人倾听的声音才能够感动听众，苍白无力、枯燥乏味的讲述连自己都不喜欢，何以让别人感动？这是一个浅显易懂的道理。

记者的解说、采访对象的叙述鲜活生动是以情动人的媒介，而修辞手法是实现这一目的的手段。广播新闻中常用的修辞手法有，便于引起听众思考的设问，让信息清晰化的换算，让新闻更具感染力的引用，让新闻更具说服力的对比。此外，比喻、摹状、拟人等手法也是

增加广播新闻画面感，构建声音蒙太奇的常用修辞。哈尔滨经济广播电台 2010 年新闻《军人世家的风采》采访了一位年届八旬的老人，他在叙述中使用了比喻、摹状等修辞描述了朝鲜战场的残酷场景："那阵那任务紧呀，那飞机一来就是一大帮，一个挨着一个像老鸹似的，这个上来那个下去，飞机就像火车头似的，下来就在下边'哇哇'的，就那么扫，我就拿着枪就往上上，那阵也不知道害怕啦，在战场上你害啥怕，人山人海，那死人都绊脚。"

摹状修辞可分为三类：摹形、摹声、摹色，目的是绘声绘色地表现新闻事实。摹状修辞能激发受众通过心理联想，从一种感官的感知联想到另一种感官的感知，使语言的传播效率增强，它通过声音介质推翻了看不见的事实与受众能够准确感知之间的隔膜和疏离之墙，将受众带入场景，眼前浮现"声音蒙太奇"的画面。

修辞手法的综合应用能够触发听众获得跨感官体验，产生别致的认知体验和情感共鸣，即所谓的通感效应。认知语言学认为通感是人体感觉经验与外在客观世界综合作用的结果。就声音传播而言，只有同时取悦于人的外在感觉器官耳朵和内在感觉器官心灵，才能形成通感效应。贾岛的诗"促织声尖尖如针"巧妙地利用促织尖利的鸣叫和锋利的针尖两个表象的相似之处使审美主体产生通感，即由听觉表象联想尖针这一视觉表象。广播修辞正是要善于抓住事物之间的相似之处，用形象、生动、感性的语言打通人们共同经验范围内对声、形、味、光、色等视觉、触觉、听觉、嗅觉、味觉的潜在记忆，激发受众的心灵感应，彼此转换，形成通感审美冲击。

在《列子·黄帝第二》篇中，道家对黄帝

的感知能力做了这样的描述："眼如耳，耳如鼻，鼻如口，无不同也。心凝形释，骨肉皆融"。这些都是悟道者从平时生活的观察和思考中得出的经验性结论，它说明听觉与视觉是可以相互转化的。条件反射理论的建构者科学家伊凡·彼德罗维奇·巴甫洛夫通过对高级神经活动的研究发现的大脑皮层机能的活动规律也证实了这一点。著名科学家钱学森也曾对此进行过研究，对"通感"说提出了科学的解释。

笔者采制的广播录音通讯《总理为我办户口》报道了时任国务院总理温家宝帮助因政治迫害流浪新疆 40 年的河南掖县农民马永业一家办理乌鲁木齐户口的故事。报道的结尾引用的细节音响体现了当事人获得户口后的喜悦之情："我在房子一个人独处，寂寞的时候嘛，拿上乘车卡，走！上车，那个智能卡一靠，'得'一响，嘿嘿，想坐到哪就坐到哪！有时候跟疯了一样，这是共产党对我的温暖嘛，我享受享受。叫你们你们就体会不来。咦，这太幸福了！好象农村的娃娃给了个糖一样。哎呀，这个糖是普天下最好吃的东西了。赶上这个时代和谐号的专列，能乘上这个专列的话，我老马真是幸运呐！我已经知足了。怎能说和谐社会不好呀?！是我梦寐以求 68 年的夙愿。"当事人形象的比喻、绘声绘色的摹状、流畅鲜活的口语、炽热浓烈的情感、节奏起伏的乡音……种种丰富的潜在信息融合交汇刺激听众的耳朵，言之有物，言之有情，使人们展开联想，完成由声觉到视觉的转换，让看不见画面的受众通过心灵的想象获得了深刻的审美体验。

综上所述，人类对听觉的需求是永恒的，在当下媒介融合背景下，广播为听众提供高质量的声音，制造特有的声音风景是其生存和发展的优势所在。广播借助于复合手段建构的"声音蒙太奇"赋予广播媒体"画形于无象，造响于无声"的魅力，为受众营造出一种独特的多维度的立体空间效应，让广播魅力永恒。

【武斌，浙江越秀外国语学院网络传播学院副教授】

少数民族语言广播的"四化"传播平台探析①

【摘 要】本文结合少数民族语言广播发展实际，提出了打造少数民族语言广播"四化"传播平台的设想——基于民族广播协作网的特色化传播平台，基于社交媒体的社交化传播平台，基于移动客户端的定制化传播平台和基于专业频率的类型化传播平台。

【关键词】广播4.0时代　少数民族语言广播　"四化"传播平台

■ 王玉凤　宫承波

面对广播4.0时代的到来，少数民族语言广播只有顺应潮流，积极变革，才能发挥在少数民族地区的主流舆论引导功能，发挥提供信息和传承文化的功能。本文结合少数民族语言广播的互联网发展实践，系统梳理勾勒了广播4.0时代少数民族语言广播传播平台创新路径，以期为少数民族语言广播的发展实践提供理论借鉴。

一、打造基于民族广播网的特色化传播平台

在长期的历史发展中，少数民族社会形成了自己的特色，反映这一特色是民族语言广播发展的根基。特色化传播要求广播媒体采集少数民族受众身边的事件、人物，反映当地的民情民意，说他们的故事，道他们的心声，成为他们生活的一部分。但是，对于采编力量薄弱的少数民族语言广播来说，没有充足的信息量特色化传播就无从谈起。民族广播网是广播4.0时代的产物，它能够实现少数民族新闻的共享，进行全媒体资源整合，为特色化传播提供了可能。

"网台一体，以台带网"是传统媒体实现网络转型的关键一步，是借助网络全方位、大范围的传播优势，跳出传统广播电台本位意识和传播依赖路径的综合传播途径，这对于克服传统广播特色化内容不足、实现更大范围的信

① 【基金项目】本文系2015年度国家新闻出版广电总局部级社科研究项目（项目号：GD1532）阶段性成果。

息共享有重要意义。2014 年 7 月 1 日，新疆巴音郭楞人民广播电台率先开办楼兰新闻网，受到社会各界的广泛关注。该发展思路最终目标是要打造一个全媒体传播机构，实现民族广播信息生产的流程再造和资源优化配置，在新闻生产流程中，要求培养全能型记者编辑人才，通过新媒体技能培训，努力使每个民族新闻工作者除了具备传统的新闻采编专业技能之外，还能够适应网络新闻传播规律，掌握网络新闻传播技能，从"单项运动员"变为"全能运动员"。在新闻的发布环节，努力实现台网之间业务融通、资源整合、传播互动、技术融合，共同打造节目从选题策划到制作播出，到宣传推广，再到广告营销等链条的共融共通，以此扩大传播覆盖范围。目前，巴州人民广播电台已经有包括《全州新闻联播》、《巴音新闻秀场》等在内的 8 套优秀节目实现了网上点播。

建立广播协作网是少数民族语言广播实现特色化传播的好办法。对于中央电台来说，其不缺乏宏观政策调度性的传播内容，但是却恰恰缺少少数民族地区广播电台丰富鲜活的实际案例，建立广播协作网对于中央电台和地方电台实现资源互补、协调发展具有重要作用。而对于同级的不同民族地方电台，由于同属于少数民族，生产实践中有更多的共性，很多的传播方法和实践可以互相借鉴、互相学习，共同呈现各自的民族特色。少数民族语言广播节目《论坛》是 2004 年开办的由五种少数民族语言共同播出的新闻专题栏目，该栏目的主旨就是向少数民族受众深入解读各种政策发布、解析重大新闻事件，同时还紧密结合各地方电台提供的各民族的个性特点。目前，其凭借自身的权威性、深度性和贴近性已经成为民族广播中的明星栏目。

二、打造基于社交媒体的社交化传播平台

社交化传播是在社交媒体上进行的信息传递和思想交流活动。它有三大优势：第一，他可以进行"无缝"传播，将信息以近乎百分百的精确度传递给受众；第二，它可以依靠受众进行传播，相对于传统的一次传播，社交传播能够使得信息传之广远的同时也传之久远；第三，它改变了传统的传播编码，受众在接收信息的同时可以生产信息。目前，在各类社交平台中，微信以其独特的内容拓展和用户粘合方式成为各家媒体试水新闻传播新模式的试验场。

微信区别于其他社交平台成为最成功的社交媒体，与它的附加功能——微信公众平台有非常大的关系，这个平台为媒体提供了与特定群体进行无缝沟通的渠道，使得媒体可以将生产的新闻信息直接推送到用户的手机上，这种精确的用户到达率使得信息的传送更具针对性和高效性，可以取得更好的传播效果。同时，对于新闻媒体来说，微信的"功劳"并不仅仅局限于实现信息的精准推送，受众在微信上除了可以通过关键词自动回复功能直接获取最新的最具贴近性的新闻资讯之外，还可以将相关的信息通过链接的方式在微信好友中分享或者在微信朋友圈中展示，这样的传播模式对于媒体拓展传播范围大有裨益。

对于少数民族语言广播来说，利用微信等社交平台将自身的优质资源传播给自己的忠实受众，再由他们实现信息的"二次传播"，在这个过程中，可以依托社交平台强大的交互功能开展广播节目互动，依托强关系的互动性优势获得更多受众粘性，实现内容的拓展传播。

以内蒙古人民广播电台 2013 年推出的微信公众账号"爱播"为例，它的内容依靠对该电台口碑节目《纵横 118》的播放稿件，改写、编辑成为符合社交平台传播的文章推送，内容除本地新闻之外，还涵盖了吃喝玩乐购等生活的方方面面，一经推出就受到了广泛关注。[①] 对于传统的广播来说，封闭性是它的致命弱点，在社交平台上该缺陷得到了良好的弥补。"爱播"微信公众账号为吸引更多受众关注，除了凭借有针对性的内容获得受众分享之外，还开展了一系列互动活动，每周在社交平台上推出一次有奖竞猜，奖项设置灵活多变，竞猜题目有趣有料，取得了很好的推广效果。

网络时代的传播具有双向性的特点，这导致网路平台上的信息内容除了传统的专业生产内容（PGC）之外，还有大量的用户生产内容（UGC）。资料显示，喜马拉雅、荔枝等手机广播客户端上的内容，有三分之二以上是用户生产的。同时，用户的网络浏览数据也具有极大价值。据了解，内蒙古人民广播电台"爱播"微信平台的"爱播·时尚"栏目推送的新鲜时尚资讯指南，大部分来自于对网友评论数据的整理和挖掘，针对性强的传播模式获得了良好的受众反馈，该栏目获得了越来越多少数民族年轻受众的喜爱和关注。

三、打造基于移动客户端的定制化传播平台

广播 4.0 时代的一大鲜明特点就是传播介质的移动化和便携化，这使得以智能手机为代表的移动终端成为重要的获取新闻的新"阵地"，手机客户端也成为广播媒体转型的不二选择。手机客户端的传播呈现出定制化特色，定制化传播是指按照受众自身要求，为其提供适合其需求的信息。少数民族地区的年轻受众频繁通过移动终端接触网络，定制化传播可以通过对他们上网行为的数据分析，有针对性地为他们提供其所需要的广播节目，从而可以一改过去民族广播老年受众居多的现状，拓展新的受众群体。

如今基于移动终端的信息传播可以获取订户的意愿信息。以广播手机客户端为例，它具备强大的用户分组功能，既可以按照地域、性别、兴趣、爱好等不同个性指标进行用户分类，又可以根据互联网传播的开放聚合带来的多元选择语境，建构诸如节目表、精品推荐、最受欢迎节目等简洁高效的分类选择，还可以根据"随时随地"场景建构诸如吃早餐、跑步、带孩子等等的场景设计分类。精准的分组功能是实现定制化传播的前提，而且，移动客户端对受众的阅读行为有清晰的记录，广播客户端通过对这些浏览行为的分析可以更加准确地判断受众，更好地了解其个性化需求，从而实现信息的分众投放。对于少数民族语言广播来说，将消息精确投放给"目标受众"的行为可以实现更加高效的传播，将信息资源发挥最大价值。在信息海量的今天，互联网带来的过载的信息选择使得受众常常无所适从，对于少数民族受众来说，定向投放信息能够有效减少信息过载现状，许多无用信息带来的流量、时间、精力

---

① 赵瑾、乔艳：《传统媒体微信公众平台发展现状透视——以内蒙古人民广播电台"爱播"微信公众平台为例》，《新闻论坛》2013 年第 6 期。

的浪费均可以规避，获得更好的用户体验。

少数民族语言广播在实际的传播中有其独特性，所以需要注意以下两点：第一，除了对受众进行精准分组定位，更重要的就是实现视音频结合基础上的信息传播量最大化，这是由少数民族受众群体数量相对较少、更为分散的特点决定的。因此，少数民族语言广播的移动终端传播应该将此前所述的广播网、社交平台（如微博微信）和各个不同的频率整合为一体，这样带来的结果是能够将不同需求的受众一网打尽。第二，少数民族语言广播的定制化传播不可忽略的一个问题就是通过品牌效应来集聚听众，名牌广播节目带动的线下品牌活动与名记者、名主持人带动的粉丝群体可以扩大民族广播影响力，同时，其更为长远的意义在于可以争取年轻一代对于少数民族语言广播的关注和使用惯性，纵向地扩大民族广播的覆盖面。

四、打造基于专业频率的类型化传播平台

类型化广播的概念来源于美国，原意是格式化的广播（FORMAT），即频道不再分拆时段的去打造不同栏目，而是全频率地去打造一种概念、传播一种文化、经营一类人群。换句话说，任何时候，听众打开这一频率，听到的内容都是基本相同的，不再需要固定时间锁定自己喜欢的内容，这就极大地拓宽了受众对整个频率的接受程度。在民族地区发展类型化广播主要是因为类型化广播的伴随性符合少数民族受众的收听需要，可以私人化地贴身收听，可以想听就听，具有"贴身媒介"的功能。少数民族语言广播发挥伴随性的优势非常重要，对

于游牧民族来说，移动收听和贴身收听可以增强广播传播的亲密感和归属感，在不耽误日常生活、生产的情况下获得所需的信息。

类型化的实质就是广播节目内容一定程度上的专业化和运作上的格式化。广播4.0时代改变了传统广播传播的路径，但是对于优质专业内容的要求从未改变，因此，类型化广播频率的成功还离不开"专业"二字。对于少数民族语言广播来说，专业频率的价值坐标就在于业内权威＋"专家化"主持人的黄金搭档。民族地区特殊的政治文化环境使得其传播生态更为复杂，依赖权威民族问题专家可以保持节目高度，他们娴熟得当的传播策略和技巧使节目对受众具有独特的吸引力，这对于增强一档民族广播节目的传播效果必不可少。但是在广播节目中，主持人的地位不容忽视，主持人提高专业素养可以有效地改善业内权威所带来的节目形式的单一化，两者强强联合、相互借力可以使节目水准迈上新的台阶。中央人民广播电台维吾尔语广播的名牌节目《全国新闻联播》，以"24小时"为标志打造新闻最强音，节目结合权威专家解读，致力于"让主打新闻更主流"的目标，为受众传递从零点到第二天零点发生的本民族新闻、国内新闻和国际新闻，超大容量的新闻频率在丰富新闻内容、扩大报道面等方面发挥优势，更好地贴近、适应了少数民族受众的实际需求。

类型化广播的另一精髓就是格式化，对于少数民族语言广播来说，"线上节目＋线下落地系列化活动"的"格式"是其促进发展的新引擎。通过开展一系列线下活动来延伸节目触角，从而更好地满足听众需求是增加用户粘性的好办法。辽宁阜新蒙古语电台的"连心桥"文艺频率即取得了"线上＋线下"模式传播的成

功。这个频率根据自身的角色定位，致力于民族语言的学习和传承，制定了一系列相关的线下活动吸引受众参与，通过电台搭建平台，受众可以使用蒙古语进行民歌展示，并通过比赛的形式吸引受众持续关注。节目在满足受众精神需求的同时，对于很多快要失传的民歌进行了抢救和整理，同时激发了蒙古族受众学习、使用母语的热情。这样的活动有人气、接地气，辐射效应持续增长，参加的人数也不断增加，取得了良好的社会反响。实践证明，线上节目与线下活动双管齐下是少数民族语言广播扩大影响的破茧之路。

【王玉凤，中国传媒大学新闻学院新闻学专业硕士生；宫承波，中国传媒大学新闻学院教授】

网络直播：音乐传播发展的新路径

【摘 要】视频直播业务中，音乐传播作为"借助东风"的类型化传播，实现了"互联网＋音乐"的嫁接尝试，重构了音乐传播的要素、过程、效果等传播路径，为未来的音乐传播发展可能性提供了更多的想象空间。

【关键词】音乐传播　网络直播　互联网＋音乐

■ 张一媚

随着网络直播平台行业的规模不断扩大，资金的追捧热度不断升温，"直播"已经成为当今传媒市场的热点所在，众多用户和投融资公司的趋之若鹜，使其所带来的传播效应和效益不言而喻。在各大网络直播平台上，有一类传播内容指向的要素十分普遍——无论是以明星音乐演出为主体的在线直播，还是以网红主播演唱为主体的伴随性直播，音乐都成为直播中必不可少的传播要素。因此，直播成为"互联网＋音乐"的思路指导下最"浑然天成"和最吸引人的形式之一，给当下的音乐传播带来了新的生命力。

一、基于网络传播的先天优势

要谈直播，首先不能忽略的就是它基于互联网数字传播的属性所在，正是因为直播具有的互联网传播特性，使音乐传播获得了传播速度快、传播范围广、互动快捷等先天优势。

"直播"这一名称即体现了传播速度快这一特点，它的传播速度可以约等于"即时传播"，用户第一时间获取现场发生的信息，满足好奇心与猎奇欲，同时会产生新媒体环境下的"约会意识"。不仅如此，"直播"的"快"并非稍纵即逝，用户并不一定必须按照接收顺序来获取内容，这也是网络直播与广播、电视等传统媒体直播的最大不同点——它所直播的内容不仅限于事件发生时观看或收听。明星的演唱会、主播的直播可以通过视频的方式保存下来，用户可以随时选择点播、重播等网络服务，方便根据喜好和安排选取适合自己的时间段进行观看。

直播的传播范围广这一特点，更是弥补了之前音乐传播中的弊端。很多演唱会曾经因为一票难求、票价高昂或是路途遥远等问题让众多音乐粉丝望而却步。但从2014年8月乐视网将汪峰演唱会搬上网络舞台之后，在线直播演唱会席卷了中国音乐市场，各大视频网站看到这一市场空缺，纷纷获取演唱会的网络直播权，意图在演唱会的在线直播市场分一杯羹。在线直播使用户可以通过电脑、手机或平板电脑等终端设备观看演唱会的直播，打破了传统传播方式的时空限制，受到广大乐迷的极力追捧。

网易市场部总经理袁佛玉曾说："互动才是在线直播的本质核心。"① 可见，直播的互动性也是其成功的显著特点。很多直播视频网站运用"弹幕""投票""送礼物"等方式让用户有了更多的参与感，且用户还可以参与到选择演唱曲目、演唱者的表演方式中，充分体现了"用户至上"的决定权。例如在张惠妹在演唱会直播过程中，她的团队就曾经根据实时在线的粉丝要求，临场改变了演唱的曲目，使在线粉丝充分体验到参与感，满足了粉丝们拥有一定曲目决定权的要求。与此同时，音乐传播的直播方式，带给粉丝的绝不仅仅是音乐本身，在一定程度上也满足了粉丝对音乐信息"交互"的要求，为音乐传播带来了传统唱片的营销模式所不具备的社交化和灵活化。例如很多视频直播网站在演唱会直播时，尝试让用户自主切换观看的镜头，全方位展示演唱会的音乐魅力，实现了音乐信息与用户间的交互；还有一些前沿的直播平台，依托VR技术的更新，为用户提供3D视觉体验的尝试，进一步增强了用户的参与体验感，实现了音乐信息与现代科技的全新结合。

二、开启音乐传播的新经济增长点

对于当下的音乐产业而言，唱片销售市场的萎靡不振已难以逆转；现场演唱会的传统盈利模式遭遇瓶颈；数字音乐市场在各大巨头纷纷为版权买单后，还并没有找到能够获取利润的良好方式。因此，在产业停滞期横空出世的"直播"，仿佛一剂强心针，给音乐传播的市场运作打开了新的视野，带来了新的希望。

传统演唱会的商业模式主要以线下票房、周边产品以及广告作为主要的收入来源，而线下演出＋在线付费直播的方式，在一定程度上提升了现场表演的价值，挖掘了演出盈利的附加可能，延长了现场演出的生命力。同样的，主播的在线表演方式也与在线直播演唱会所形成的商业模式相似，即在音乐表演、网络传播平台和粉丝用户间形成回路。因此对于音乐表演、网络传播平台和用户之间的关系而言，网络直播在诸多方面都是互惠互利的共赢模式。视频直播网站可以借助优秀的音乐表演来打造自身的品牌价值，填补市场的空缺，同时也可以培养固定的用户群、增加自己的网站流量。音乐表演与视频直播网站进行合作后，表演者可以扩大演出的影响力、提升自身的知名度以吸引更多的粉丝，达到在更加广阔的平台上实现宣传效果的目的。

风起云涌的在线演唱会直播市场已充分体现出在线网络门票也逐步成为盈利的创新收入。

① 张绪旺：《互联网为何恋上音乐会直播》，《北京商报》2015年8月17日，第C04版。

2014 年 8 月 2 日汪峰在国家体育场的"峰暴来临"演唱会，成功的使用了在网络上进行收费的直播模式。演唱会现场共计有 6 万歌迷购票入场，现场的票价为 280 至 1680 元不等。而"峰暴来临"演唱会与"乐视网"合作的网络直播观看门票价格为每张 30 元，"乐视网"的副总编尹亮透露：汪峰这次的收费直播共有 7.5 万人次付费进行观看，仅凭在线直播观看就获得 225 万的收益。[①] 在这一收费观看演唱会在线直播的首创之后，各种明星演唱会、音乐节、明星见面会纷纷开启了直播的形式，在不过一年的时间里，演唱会在线直播产业迅速发展，无论是在明星影响力还是在在线观看人数上，都呈现出几何式增长。李宇春在成都举办的"WhyMe"十年演唱会，更是吸引了超过 500 万用户同时在线观看，就连小众歌手李志的演唱会，也仍有超过 1.8 万人次付费观看。虽然当初汪峰"峰暴来临"演唱会 225 万的线上票房收益与 2500 万的线下票房收益来讲还相差甚殊，但这并不能否认其开启了音乐演出行业的新盈利模式，并且这一模式将会成为改变音乐市场的资源富矿，为音乐传播未来的发展提供新的风口。

对于主播演唱市场而言，在当今的在线音乐市场中，也只有在线演艺部分已经形成清晰的盈利模式，而在线主播演唱则是在线演艺的最重要组成部分。用户通过购买"鲜花""跑车"等虚拟物品来表达对主播的喜爱和支持，这一形式正成为主播直播演唱领域的主要商业模式。在市场盈利的大好形势下，各大创业公司纷纷聚焦音乐直播领域，使得该领域的资本

注入如火如荼，如 KK 唱响、么么秀场等直播平台先后得到数千万美元的融资，斗鱼 TV 获得超过 1 亿美金的融资，六间房视频直播平台被宋城演艺以 26 亿元收购等。[②] 资本的支持无疑将带来未来新一轮在线主播演艺的活跃局面，为直播在音乐传播上的可能尝试提供了实践场域和发展空间。

无论是在线演唱会市场还是主播直播演唱市场，都是在将粉丝经济的贡献值最大化。粉丝经济作为文化消费增长的一个有力支柱，这样既可以借机养成粉丝的付费习惯，弥补之前网络音乐"无偿"使用的亏空，又可以摆脱音乐表演只能寻找广告商买账的弊端，真正实现用户为音乐信息"买单"的良好循环，使音乐传播市场得以更好运转。

三、阻碍音乐传播的"直播"瓶颈

虽然直播有着其他音乐传播方式所不能比拟的优势所在，但是就其发展现状而言，仍存在不少棘手问题。

首先是其对于网络传播技术的严苛要求。要进行直播，就要保证一定的网络带宽，这不仅是对直播者的要求，也是对于参与用户的要求。音乐传播有着其对时间连贯性的要求，只有保证一定的带宽量才能流畅地进行直播和观看，否则直播的画质或者连贯性就会受到影响，从而影响用户的观看效果和观看体验。

其次是对于直播的监管要求。直播作为市

① 冯翔：《我该如何存在？汪峰从鲍家街 43 号到鸟巢》，《环球市场信息导报》，2014 年第 34 期。
② 彭琳：《在线直播迎来黄金时代》，《南方日报》2015 年 8 月 24 日，第 A15 版。

场经济"新热点",不少网站、软件公司纷纷涉足其中,其中也有一部分公司和个人为了博取受众关注而进行涉及低俗内容的直播,这对于国家相关部门的监管力度提出了更高要求。为了适应市场需求,文化部于2016年7月发布了《关于加强网络表演管理工作的通知》,在一定程度上整顿了网络表演的部分"擦边球"现象。但对于直播市场的广泛传播范围而言,"抽查"这一监管形式并不能及时将违法违规现象进行杜绝,这在一定程度上也要求网络用户应进一步加强自身思想道德的建设,提高媒介使用素养,规范自身媒介使用行为。

最后,不可不提的是直播的音乐版权问题。视频直播平台可以通过获取演唱会的网络直播权,在网络上对演唱会进行合法的直播,也可以协助演唱会承办方分担部分版权费用,这是合法的版权使用行为。但是在主播直播间往往存在着音乐版权认定的问题:主播在直播中,会在直播房间里播放各种歌曲,同时他们也会跟着伴奏现场演唱,这一部分的词曲或者音乐录音的音乐版权问题一直没有得到明确的界定。还有很多网站、软件等企业主体也存在随意使用音乐导致音乐版权归属侵权的商业行为。让人欣慰的是,中国音乐著作权协会自2015年已经开始与YY、51VV、陌陌等音乐直播直播网站开始合作,尝试推动音乐直播这一部分的版权逐步走向正版化,这也预示着音乐直播更好的未来。

也许对于"互联网+音乐"这一概念而言,直播只是其中的一小部分,但不可否认的是,其现有市场表现的亮眼成绩已不容业界和学界的忽视。相较于其他音乐传播渠道而言,这一新路径契合了新媒体时代的传播环境和传播特点,是未来极具发展前途和创新空间的前沿领域,孕育着音乐传播更有效的传播模式和盈利手段。因此,密切关注直播领域音乐传播的新动态,不断总结其传播新样态的经验和规律,解决好"直播"瓶颈的诸多问题,是确保"互联网+音乐"在今后持续良好发展的重要砝码。

【张一媚,中国传媒大学艺术学部音乐学专业硕士生】

政治信息网络传播的受众困境与出路

【摘 要】 在政治信息通过网络传播实现社会化过程中，政治信息存在各种陷阱，新媒介文化的侵扰以及跨文化传播中的障碍都会构成受众对政治文化的接收困境，这也日益凸显出提升网络媒介素养在媒介时代的重要性。

【关键词】 政治信息 网络传播 政治社会化 媒介素养

■ 杨 晶

网络传播过程中，媒介为受众与信息之间建立起接触点，但这并不意味着受众对于信息的接受就完全顺畅，效果的实现就是顺理成章的。实质上，在网络传播政治社会化进程中，受众困境与出路是效果实现的主体向度。

一、网络政治信息的传播危机

网络传播带来的信息危机最直接的表现为信息的海量性，"信息爆炸"这个名词是对此最生动的描述和概括。海量的信息让网络受众如鱼得水，也让受众无所适从。海量的信息扩大加上受众的选择权，使受众可以打消"偏听则暗"的顾虑，但未必就深得"兼听则明"的益处。信息的极端丰富带来了丰富性的同时，也带来了信息过载的问题。

政治信息的超载也是一个趋势。在传统媒体时代，采编人员和范围的有限性决定了新闻编辑注重以政治影响的重要性作为标准，而且国内通讯社是最主要的新闻来源和采编力量。在网络时代，政治信息的来源不断增多、甚至跨越国界，记者的力量也得到充实，国际政治新闻的报道数量增加，同时国内地方政府新闻的报道也在急剧增加。

网络的政治信息超载伴随着国家间的媒体报道的广泛传播。在传统媒体时代，《纽约时报》《泰晤士报》《人民日报》等媒体关于同一政治现象的不同政治报道和评价仅仅是少数公务人员和研究人员所能涉及的，大部分受众没有获得境外报纸的机会，仅仅只能阅读《人民日报》等国内媒体。由于政治信息源的单一化，因此政治社会化是可控和可预期的。

随着网络的技术的快速发展，受众可以轻而易举地通过境外纸媒的中文网站或网页翻译插件等方式获得其他的政治信息。中西方政治报道中的话语差异问题直观地呈现在网络受众面前，产生了较大的信息危机。

（一）政治文本陷阱

符号学认为，文本天生是存在"偏见"（bias）的。即是说，任何文本都是符号，都是无法百分之百准确无误地传播信息的，任何信息在文本化的过程中都会发生扭曲的。从语言学和叙事学的角度来看，亦是如此。信息的报道者可以通过叙事视角的设定和转移，引导受众的视角，进而潜移默化地改变受众的态度，将受众的立场与传者同化。例如，2004 年美国的《时代》周刊对台湾"选举"进行连续性报道，这一年也恰好是美国选举年。因此，《时代》将台湾的所谓"选举"像美国的总统选举一样进行报道，这在视角上误导受众像看待美国这样一个独立的政治实体的选举一样去看待台湾的"选举"活动，完全置台湾是中国领土不可分割的一部分这一基本的历史常识于不顾，这与美国新闻界所崇尚的所谓新闻专业主义完全相左。

（二）政治信息诱导

政治报道的作者往往可以对信息做移花接木、本末倒置的处理，这种信息诱导往往利用政治立场的对等性，使受众无法判断其中的真伪。例如，美国 CNN 就西藏"3·14"事件的报道中，把民族分裂者说成是"精神领袖"，把维护稳定说成是"武力镇压"，把犯罪暴力事件说成是"和平示威"。这些政治报道利用蒙太奇的镜头剪辑手法，将事件按照特定的政治倾向性进行重新拼贴，逻辑上具有相对周全

性，使得受众无法验证其真实性。此类的媒体"罗生门"事件在政治报道中的影响极为恶劣。

（三）政治意见焦虑

受众接受信息的能力毕竟是有限的，受众的理性和判断能力也是有限的，因此面对众多的信息，受众会形成信息焦虑，因而选择直接参考权威意见。但是，信息爆炸的时代接踵而至的是权威意见的多元林立，意见焦虑也由此产生。政治报道的立场取决于政治利益，国际社会的利益多元决定了意见多元。所谓意见焦虑的问题实质是受众没有从意识形态中理解阶级分析的科学性，因而无法理解主流和多元的辩证关系。

（四）政治媒体霸权

媒介在现代社会中有强大的号召力，从而具有"无冕之王"的称谓。与此同时，媒介的权力滥用也成为一个社会问题。新闻虚假与新闻寻租之间有着必然联系，媒介为了谋取不正当的政治经济利益制造虚假新闻。伊拉克战争期间，美国战地记者通过虚假新闻来制造政治舆论，他们企图依靠信息强制来干涉战争进程。实际上，炮制虚假战果、唱衰对手、乌龙报道萨达姆死亡等手段一旦被揭露，美国媒介的公正形象马上受到各方质疑和奚落。

网络政治信息的危机带来了政治社会化的不可控性。面对繁芜的政治信息，网络受众可以在单一化的官方政治报道之外听到来自各方不同的声音，这在最大程度地实现了网络受众的知情权，满足了网络受众的新鲜感和好奇心。解决政治信息危机的方法完全依靠信息屏蔽是无法治本的，正确的策略应该是改变信息报道形式的呆板印象，扩大必要的信息量，以权威、准确和可靠的信源来封堵错误的、歪曲的外来信源，以质代量、先发制人的信息攻势压垮缺

乏科学方法的政治偏见。

二、新媒介文化对政治文化的侵袭

随着现代传媒的迅猛发展，媒介文化逐渐占据当代文化的主流地位，成为当代文化的新景观。媒介是大众文化生产和传播的基础，在大众媒介时代，文化借助大众媒介实现了量的扩张，使文化真正地实现面向大众。由此，媒介在改变受众的教育程度和知识水平方面发挥了举足轻重的历史性作用。

与其他文化样式一样，媒介文化具有自身的特性，这些特性构成了媒介文化对于受众的影响。

（一）媒介文化是一种流行文化

作为流行文化，媒介文化强调休闲性和社会性。媒介文化是具有亲和力的文化，它将过去私有者阶级对具有娱乐和休闲功能的文化垄断进行了解放，以大众媒介的发展力量不断解放着文化和思想。报纸、广播、电视和网络的发展大大降低了人们追求文化和享受休闲的门槛，媒介文化如洪水猛兽一般涌入人们的日常生活，构成了它的流行特性。因此，这种流行文化一开始就蕴含着对精英文化和主流文化的颠覆与解构。

在媒介的传播下，足球文化、服装文化、影视文化等等文化形式成为大众休闲的消费内容。流行文化之所以能够"流行"，在于它是以迎合受众的自发特性和低层次需求作为突破口，以商业利益和经济利益作为发展的基础和动力。曲高和寡的精英文化需要耗费大量的社会成本、培养受众才能广泛传播，而媒介无力承担培养受众所需要的社会成本，同时它的教育功能并不是它的主流功能，它无力担负起公益性教育事业所能承受的高昂的社会成本和艰巨的社会责任。

流行文化在大大降低文化成本的同时，也减缓了文化发展的上升速度、缩小了文化跃迁的进步空间。媒介文化抓住人的低层次的感性形式实现了文化的低门槛和流行化。阅读时代的纸质文本，造就了思考的习惯和理性的文化，自电子媒介崛起后，瞬息万变的电子和数字改变了文化形态，它使受众忘却了停驻的脚步，习惯以流淌的方式对待"反思"活动。电子时代以图像的感性形式吸引受众的注意力，以视听的形式作为思想记忆的捷径，以娱乐激发生活的全部激情。身体的快感和心理的愉悦替代了人们对于人文关怀和审美品味的终极追求。

（二）媒介文化是一种消费文化

媒介在传播信息的同时，也制造出大量的象征性符号，它们以广告、服装、表演等形式影响着人们的日常生活与消费观念。广告的形成起源于图像对语言的全面取代。电子媒介尤其是电视、电影的产生，使人们的社会文化向视觉化转向。图像的霸权取代了文字符号，激发了人们对于现实世界的直观感受和情感共鸣。透过图像，人们可以最直接地感受商品属性，快速唤醒自己的利益欲求，媒介文化被全面地转化为消费文化。各种商品根据不同阶层受众的身份和属性，贴上"青春""气质""典雅""尊贵"等标签，就能够与相应的消费主体匹配成功。

当受众在媒介的景观中将消费文化转变为消费主义时，受众消费的重心不再是商品本身的使用价值，而是其所承担的符号意义。例如，人们对于汽车的消费，不再考虑其代步工具的属性、油耗的经济性、配置的性价比等基本内容，而是关注其品牌以及流行元素对身份彰显的功能。当部分消费者无力承担奢侈品的价格而选择仿制的山寨货时，其自我营造的所谓自信心其实是对商品使用价值最彻底的背离。

以网络为平台而形成的新媒介传播成为当代传播的新格局。网络媒介的去中心化的特点，使新媒介文化比起媒介文化具有虚拟性、个体化、互动性和民主性等新特性。新媒介文化在将流行文化和消费文化虚拟化和个体化的过程中，集成和拓展了其原本的内在困境。例如，网络购物作为一种新媒介的消费文化，它利用网络媒介的特性催生了更加多元化的消费需求，改变了受众的消费习惯和消费行为。传统媒介文化下孕育的消费需求可能会因为个人的媒介使用习惯而被错过，或因为自身的时间和精力等制约因素而被遏制，然而这些制约因素在网络时代全部被打消了，人们的消费欲望被进一步激发。

网络时代的社会化购物成为新的消费文化和模式。所谓社会化购物就是通过借社交网站、SNS、微博、社交媒介、网络媒介的传播途径，利用社交互动、用户自生内容等手段来辅助商品的购买和销售行为，它以更密集地形式铺设人们的需求网络。

媒介文化深刻地改造着政治文化，并影响着政治社会化的进程。媒介文化和政治文化之间存在交集，当媒介为政治文化提供传播服务时，它发挥着政治社会化的功能。但是当媒介文化中的大众文化与政治文化形成对峙时，它就发挥了阻挠政治社会化的作用。事实也是如此。在流行文化和消费文化的影响下，主流政治文化中的个人主义、自由主义和民粹主义的意识成分不断在增长，严重侵扰了政治社会化的进程。

网络的个体化特征在新媒介文化的发展中不断得到强化，就会蜕变成为个人主义。当这种个人主义凝聚成为与主流文化形成对抗性、而非补充性的多元文化时，个人主义就会蜕变成为民粹主义。这种蜕变的缘由在于何处？在于媒介文化的政治属性。媒介本身是中性，只有与社会和阶级相结合才能构成别样的文化景观。现代媒介的发展，打破了私有者阶级的文化垄断霸权，但是并没彻底挣脱私有者阶级的文化霸权。媒介在阶级社会中运行必然要被其统治阶级所同化。在私有者阶级社会中，媒介打破了精英文化的垄断，实现了文化的世俗化。然而，私有者阶级之所以能够容忍媒介的所为，就在于他们发现了媒介这枚硬币的另一面与私有者阶级的统治形式存在共谋性。否则，媒介必然不会被私有者阶级所容忍，私有者阶级完全有能力利用暴力机关的暴力手段摧毁之。媒介文化的兴盛是技术的成就，但主要得益于阶级利益的成就，只有服从阶级利益的技术才具有发展的社会性。

在新媒介文化下，政治的娱乐化与奇观化发展趋势绝对不是人类实现自我解放的通途大道，但肯定是私有者阶级统治的福音。政治的娱乐化与奇观化发展下的政治受众，是以肤浅化的、情绪化的、平面化的政治观念去理解政治生活，他们或者陶醉在自我的民主中进行着政治参与，或者对于政治民主完全持着冷漠的态度。总之，他们生活在图像化的政治，关于现实的政治生活发展，他们看不到实质，任由凌驾于人民群众的利益集团的打扮和渲染。

三、跨文化传播的政治文化交流

资本的扩张必然使东西方文明的交流不断深化，资本的融合必然使东西方文化的融合开始出现可能。20 世界 60 年代，麦克卢汉提出了"地球村"的概念，当时并没有引起人们多大的兴趣，半个世纪以后，全球化的发展验证了他的预言。全球化是一个多维的过程，它涉及经济、政治、文化以及社会等各个领域，但最基本的而又最为直接的表现还是经济和文化的全球化。

人和人之间的交流是建立在文化的基础上的，同一的文化背景是人们之间能够达成共识、形成共鸣的前提。而拥有不同文化背景的人之间，想要加深彼此了解，就需要不断通过学习和教育去熟悉对方的文化背景。翻译是最基础的跨文化传播形式，它通过打破语言的障碍，实现不同文化间的交流，但是译者若缺乏对相应文化的了解，那么其翻译也就难以很好地完成跨文化传播任务。

媒介的跨文化传播是全方位的文化传播，它不仅以打破语言障碍为传播基础，而且还通过图像、声音和多媒体的形式为文化的融合提供尝试。在这一方面电影、电视和网络发挥了最大的功能。然而，跨文化传播还无法实现真正的平等。经济和政治上的强大往往对应着文化的强势。在野蛮时代，武力征服是文化传播方式，但是征服者一方的文化并不一定就是强势文化，即使文化野蛮的一方用武力征服了文明的一方，最后也会在文化上被文明的一方所融合。信息技术时代，强势文化可以利用新兴科技提高自身文化传播的深度和广度，这已经成为全球化时代国际关系的关注点。作为主权国家，即便自身文化处在弱势地位，也有意识地保留传统优秀文化，因此，这些国家都在对强势文化进行吸收和借鉴的同时，保持意识形态安全方面的警惕。

网络时代深化了跨文化的传播与交流。其中，政治文化的交流是一个复杂而敏感的话题。当前"一球两制"的国际政治格局下，两种基本的政治制度是无法轻易融合的，因而其政治文化也存在某些对立和冲突。突出地表现为价值观的冲突。各个国家的媒体网站，尤其是受到政府扶持的主流网络媒体，其相关报道和讯息的内容和立场大多会在立足本国、本地受众，必然会与海外的受众的价值观形成对立。

在论坛和社交网站等以人际传播、群体传播为主体的网络空间里，不同国家或民族的网络受众之间同样会存在价值观的差异。Twitter 作为一家微博客服务的网站，同时也是全球互联网上访问量最大的十个网站之一。2009 年 7 月，伊朗国内围绕伊朗总统大选结果争议爆发了 Twitter 革命。这场社会运动使传统的街头政治与先进的网络媒体结合在一起，形成"网络—街头政治"。有学者认为，Twitter 革命中揭示了伊朗政治结构中的问题，它有助于重新建构政治结构。但是，问题的实质是这种批评声中充斥着大量普世主义的臆断，它忽视了伊朗人四海一家的传统观念。网络社交平台越过了国家的网络控制，利用信息技术传播强势文化，这对于政治意识不成熟的国家而言是一个极大的威胁和不稳定因素。

无独有偶，2010 年底至 2011 年初，非洲国家突尼斯发生了要求总统本－阿里下台的持续抗议活动，并演变为持续骚乱，总统本·阿里的政权因民众抗议而倒台。Twitter、Facebook 等网络社交媒体在这场革命里扮演了重要角色。其虽然背后都有西方媒体传播政治文化的影子，但是，突尼斯革命更大程度上是民众的选择，他们利用互联网发泄出对于政府的不满。虽然阿拉伯社会的容忍度比较高，在政治文化方面的特点是个人意识服从集体意识。阿拉伯世界领导人也会常常指责美式民主的渗透，但是，民众对于强人政治的容忍程度还是有限度的，在这场革命中，美式民主和 Twitter、Facebook 等网络社交媒体一样不是根本性原因，而是人民意愿爆发的导火索。美式民主不一定是突尼斯民众真正想要的，但它扮演的是寄托希望的角色，网络社交媒体不是这场政治变革的根本推手，但它扮演了民主意识表达的媒介角色。跨文化传播所传播的强势文化不一定都是霸权文化，其中也有现代意义上的启蒙文化，这些文化看上去可能是普世的，但是普世之中也蕴含着人类的基本权利，后者是传统文化必须被革命的一面。问题是，网络的跨文化传播做好了传播现代文明的准备，但是关于现实政治的纷争却还是要留给现实的人们去解决，网络传播最终对于现实中的幸福与和平问题还是束手无策的。网络就像哲学家一样，善于提出问题，但是不善于解决问题。因为，它侧重于传播功能，弱于物质实践功能。

网络为跨文化传播提出了新的课题，也为政治社会化提出了新的思考。东西方在价值观方面存在巨大的差异，例如个人主义和集体主义的对立。个人主义和集体主义都是对于文化极端的称谓，适当的集体意识和温和的个性意识是人性健全的表现，东西方文化的不足指出就在于极端化的"主义"倾向。跨文化传播不应该被仅仅看作是威胁和消极的，它的积极之处在于融合。文化的融合就是消解掉各自文化中极端和偏执的部分，以全面和谐的文化体现健全的人格特征，这是跨文化传播的应然之意。政治文化的对立表现为人们阶级观念、民族观念、宗教观念中的偏执和冲突。因此，在全球化诸多领域中，最复杂也最难实现的就是政治全球化。

四、媒介素养与政治社会化：网络受众的自我提升

政治社会化的目的是提高人们的政治素养，但是网络传播政治社会化在实现政治素养培育的目标中，还需要补充媒介素养培育的目标。媒介素养和政治素养都是现代社会公民素养的组成部分。在媒介时代，媒介素养的地位日益凸显。缺乏媒介素养，政治文化和政治信息就无法通过大众媒介，准确无误地达到人们的头脑中，就无法内化为人的政治素养。因此，在媒介时代，媒介素养几乎成为其他公民素养的前提。有学者就指出，我国的受众，由于性别、文化、民族、职业等差异，媒介素养的程度不一，低下者居多，他们上网的唯一目的就是娱乐、游戏，使得网络呈现出一种泛娱乐化倾向。这更加坐实了网络政治社会化的问题根源。

1992 年美国媒体素养研究中心对媒介素养做了如下定义：媒介素养是指在人们面对不同媒体中各种信息时所表现出的信息的选择能力、质疑能力、理解能力、评估能力、创造和生产能力以及思辨的反应能力。媒介素养的目的就是要求受众面对信息，不仅仅是自发地、被动地进行选择，而应该正确理解分析媒介信息，提出批判意见，提高对负面信息的免疫能力。

在过去的几十年间，媒介素养历经四次范式转移的变化。1930 年代的第一代范式，从保护主义的立场指认全盘否定媒介、将之妖魔化，媒介素养的目的在于帮助受众肃清媒介信息的有害性。1960 年代兴起的第二代范式比之第一代范式的进步之处在于辩证地意识到大众媒介

是把双刃剑，媒介素养的目的在于帮助受众在接触媒介时取其精华、去其糟粕。1980年代的第三代范式重点在于训练受众的批判精神，区分媒介真实和现实世界，并能意识到媒介文本暗含的主流意识形态具有麻痹性。1990年代以来兴起的第四代范式指出媒介素养的目的不是培养消费者而是培养公民，受众应该具有运用媒介工具来提升自主权利。

因此，媒介素养中更重要的一点就是提高受众的政治认知。公众的媒介素养中应该包含这样的政治认知：媒介传播的内容无论是涉及娱乐的、社会的还是商业的，都存在某种为政治意识形态和阶级利益服务的默契。列宁指出过，现代出版业要理解出版是政治组织的中心。这实际上已经指明了媒介传播的内容是无法摆脱人的阶级属性和阶级感情的，因此必然是带有政治属性和意识形态的。

脱开西方媒介素养的政治意图来看，媒介素养对政治意识形态的警觉、质疑甚至批判，并不是挑战主流意识形态或去意识形态化，而是提倡一种理解意识形态与真理、道德、审美之间关系的能力。凡是坚持真理、维护道德和无损审美的意识形态都是应该被尊重和接受的。由此，媒介素养和政治社会化之间具有共契性，他们都是指向公民意识的养成。例如，媒介素养在网络政治中对于提高网民舆论监督水平的提高等，同时就是网络传播政治社会化的目标之一。

从教育的角度来看，媒介素养教育的目的是实现从"灌输"到"赋权"的转变与发展。在公民教育的早期，意识的从无到有需要灌输的强制性作用，随着意识的健全和外部环境的完善化，意识的教育需要逐渐赋权。所谓的"赋权"，在媒介素养教育中就是要建立人的批判自主权。被教育者要在媒介素养教育中获得批判地运用存在于他们经验之外的知识和方法，深化对自身、社会乃至世界的理解，并转变为人们对自己生活方式的理解。

网络的技术特性将受众造就成为潜在的非职业把关人。网络传播环境本身就削弱了传统职业把关人的能力，广大受众的非职业把关人的作用得以凸显，这也是网络时代的必然趋势。广大受众的网络素养提升是从事非职业把关的前提，实现每一个受众的"自我把关"就能够有效地补充职业把关人的盲点，实现网络生态的绿色健康发展。

由于网络媒介比之传统大众媒介，其传播的信息特征发生了重大改变，这实际上意味着对于媒介素养要求的提高。在网络时代，大众传播模式、观念和规范发生了重大变化，普通公众网民在生存方式上逐渐虚拟化和数字化，在传播模式上由被动接受信息转化为主动参与信息的生产和传播。因此，网络媒介素养更加注重人格主体的重塑。

美国心理学家弗洛伊德提出人格分为本我、自我和超我三种结构，其中本我是一种缺乏组织性、极具自发性的动态能量，它需要通过释放或转移才能获得动态的平衡。网络技术最容易影响的就是本我层面，它大大满足了本我人格的需求，同时在以假象为依托的景观下造就的人格又是不健全的。人的本能驱使人是从本我需求出发理解世界的，就如同人的童年对于图画和动画等媒介具有最原始的接受欲望，随着人的成长这种欲望始终是存在的。人的教育帮助人建立理性逻辑来理解世界，但是始终无法摆脱图像所能提供的感性形式和生动性体验。媒介素养教育的目的不是要求人们彻底放弃对于图像的需要，而是要平衡感性体验和理性逻辑之间的关系，并且善于用这种平衡是理解世界的真实性。网络时代的受众要透彻理解网络媒介的特性，树立正确的消费观念，在图像景观中保持清醒的主体意识，防止自我的迷失。因此，分析问题和批判思维是网络时代媒介素养的核心能力。

【杨晶，浙江越秀外国语学院网络传播学院副教授】

新媒体视域下公共危机传播的复杂性

【摘 要】新媒体用户的结构和规模出现巨大变化，新媒体传播的快速性和复杂性，在传播公共危机过程中发挥出推波助澜的作用。近几年，我国出现多起通过新媒体平台扩大公共危机的恶性事件，对其进行分析能够为政府监控与解决公共危机提供新策略与新思路。

【关键词】新媒体　公共危机传播　复杂性

■ 张世涛

公共危机就是全社会面临的共有性、公共性危机。其内容包括人为破坏社会秩序、公共安全受到威胁、社会机制出现重大转变、自然灾害等。公共危机体现出威胁性、紧迫性、公开性、不确定性、突发性等特点。一旦出现公共危机，会产生巨大影响，严重威胁到人民的财产安全与人身安全，影响公共组织与国家政府的形象。近几年，移动互联网等新媒体快速发展，为信息传播提供便利，打破传统媒体的传播界限，每个人都能成为信息发布者和互动者，提升传播复杂性。只有全面分析与解释新媒体视域下公共传播的复杂性，才能为监测与化解公共危机提供新方法、新策略。

一、新媒体对信息传播的作用

新媒体是由美国哥伦比亚商品开发计划首次提出的，其理念是所有人对所有人的传播，是以数字为核心、以网络为平台进行信息传播的媒介。新媒体有别于传统媒体，包括图文电视、手机网络、数据通信系统、计算机网络、光纤网、电视网、多媒体互动平台等。新媒体体现出时代性和延伸性。新媒体是数字信息新技术，可以同时为大众提供可线性、可单性的形式及个性化内容。其能够有效的将媒介、受众及传播者联合起来，建立起聚合信息、快速传递、及时反馈的复杂体系。

首先新媒体的传播宽度特别巨大且传播速度特别快。新媒体能够实现上传和下载信息，其可以根据点对点的传播方式，实现点对面的交流，并形成网络通信结构。在此结构中，上传者与收信人能实现互换。新媒体的交互性与及时性，增加危机传播时的管理难度。其次难以把关新媒体传播的内容。新媒体出现后，公众能更自由的选择媒体，大众可以根据自己的兴趣与需要选择信息。此个性化沟通让大众获得新观点与新主题，提升管理危机传播的影响力。最后，新媒体能够预警。公共危机具有突发性和预测性，威胁到人民群众财产与生命安全，因此公众要在最短时间内接受信息，了解、认识并掌握危机的动态，知道应选择什么样的措施规避风险。和传统媒体相比较，新媒体能够借助其覆盖范围广、传播速度快的特点，及时、有效地引导公众面对和应付危机，帮助公众与政府防控公共危机。

二、新媒体传播的复杂性

复杂体系理论是钱学森提出的，就是巨大、复杂、开放的体统。按照复杂水平可以发为社会系统、复杂系统、复杂巨系统、简单系统、简单巨系统等类型。复杂性会因条件与环境的转变而转换能力与形式来完成动态应对。所以，研究新媒体复杂性应该具体分析复杂系统的涌现性、层次性、巨量性、开放性以及复杂性。

第一，复杂性。新媒体的复杂性主要表现在受众、信息、传播媒介、数字技术等方面的复杂性。不同传播媒介包括各自的子系统，各个子系统间要建立互换系统，如社交媒体网和互联网间实现信息交换，会出现很多难以预料的新问题、新状况。

第二，开放性。新媒体开放性的理念是开放的新媒体信息交流平台，各个方面都可以运用技术方式得到所需信息。借助人际关系网、无线通信网、有线网、互联网传递的信息不受空间与时间的限制，比报纸、电视、广播等传统媒体更能促进信息的传播。

第三，巨量性。新媒体在交互信息过程中体现出巨量性特点。如通过互联网能够传播不计其数的信息，通过官网和非官网传播与发布大量信息，从源信息数量方面展现出巨量性，而其分散出的传递信息显示出分支多、范围广的特点。信息还会在子系统内出现变化，进一步增加信息数量。

第四，层次性。新媒体系统内部具有一定层次，信息源为上层，无线网、有线网、互联网等为中层，广大受众为下层，信息在各个层次与等级间实现交互，构建起庞大、系统、多层次的传播体系。

第五，涌现性。新媒体的涌现性是建立在积累信息和交互信息的前提下，在面对复杂非线性系统时产生的宏观质变事件，是导致公共危机的重要原因以及危机的主要形式。涌现性有从小到大的特点，是从繁琐与简单的积累性运作，随着时间变化，会显示出变质特性并提升变质几率。此涌现性具有较大的危机爆发概率、模糊程度、控制难度，并具有难以预见的特点。

三、新媒体视域下公共危机传播案例

（一）2011年"抢盐"事件

2011年3月，日本发生强烈地震，导致福岛第一核电站出现核泄露，进而爆发核危机。3月15日，杭州市一家数码市场的工作人员通过

QQ 群向外界发布"由于日本核电站爆炸,引发核污染,导致山东海域被严重污染,请转告朋友家人尽量储备干海带、食用盐,一年内不要继续食用海产品"。在较短时间内,此消息出现大范围扩散,16 日浙江地区出现抢购食盐的现象,17 日全国大多数地区出现抢盐和核辐射恐慌事件。

该事件是典型的公共危机事件,既影响正常的市场秩序,也造成市民恐慌并对政府产生怀疑,进而造成更加严重的公共危机。研究与讨论谣言的产生、传播以及出现公共危机的具体情况,新媒体传播的涌动性质起到推波助澜的作用。一条 QQ 信息,在网友的转发下,以惊人的速度漫及各地,进而在全国多个省市引发"盐荒"现象,此为谣言传播以及获得信息者主动呼应、积极互动并达到某种水平后而出现的涌动现象。

(二) 2012 年"切糕"事件

2012 年 12 月湖南省及其他部分地区,新媒体终端客户收到一篇博客,其原文为"村民凌某在购买新疆人出售的核桃果仁时,由于语言不通而出现误会,双方口角后出现肢体冲突,进而衍化成群殴事件。此事件导致损坏价值 16 万的核桃果仁,二人受轻伤。直接、间接损失为 20 万元。现在凌某已当地派出所刑事拘留,赔偿 16 名新疆人财物并将其遣返回乡。"经过新媒体的传播,带有"昂贵、20 万、切糕"字样的变质信息急剧扩大并短时间传遍全国。

出现此次公共危机事件的原因在于操作方面的失误,导致网友错误的领会成切糕的价格过高。这既彰显出人们面对巨大收入差异而产生的情绪化心理,也代表着面对民族文化差异而出现的情绪定义。所以,"切糕"事件是非本源性质的公共危机事件。出现强烈变化的逻辑是曝光事件、信息交互、群众参与、渲染情绪、掺杂想象、快速发酵、相同认知、认识现实、采取行动。权威部门重视并澄清此事后,公共事件的热度逐步消退,让网络得到净化。

四、新媒体视域下政府应对公共危机传播的策略

(一) 转变管理理念

公共危机传播进行管理的核心是竞争话语权。传统计划时期,政府拥有绝对话语权,是危机信息的传播者与掌控者。而新媒体时代,群众求是意识与自我意识在逐步提升,所有人都是信息的发布者与接收者,政府丧失绝对话语权,其既要面对话语权的掌握,也要监管受众信息的发布。另外,政府和媒体之间关系也彰显出较大变化,政府管理、控制媒体的力量不断减少。所以,政府职能部门要转变落后的传播思想,既要让信息具有明显的时效性,也要转变只关注传统媒体而忽视新媒体的做法。要有效利用图文电视、手机网络、计算机网络、电视网、多媒体互动平台等新媒体,及时有效、客观全面的向大众发布信息,努力获得主动权。要经常与公众进行沟通,确保其知情权。要正确认识与处理政府与媒体关系,形成相互平行、彼此信任的新关系。

(二) 重视信息传递

传统危机特别重视传统媒体,其传播方向属于单向度,其传播方式比较单一,只能发布与传递信息而无法开展交流。新媒体环境下,人们可以用智能手机、移动电脑上传信息,则能够在任何时间、地点成为信息发布者与传播者,运用各种方式发表事件的相关情况,其传

播方式多样性、传播主体多元化。在谣言与危机传播时，政府既要对传统媒体进行管理与控制，也要重视手机短信、微博微信、网络论坛等媒介对传播产生的作用。在应对危机时，因为没有借助新媒体开展有效、及时的交流，各方面竞争话语权的问题上政府是比较被动的，进而产生谣言，严重削弱政府在公众面前的公信力。现阶段，各省、市、乡、镇政府都积极构建官方网站、微信公众号，制定网络新闻发言人机制，与各界群众进行交流，并建立起多层次、全方位的沟通模式。

（三）建立全新的管理表达途径

政府不仅要积极获得话语权，也要特别关注口头表达。当一种公共危机爆发后，政府的每一个不当言行都会导致严重的群体事件。如果政府相关部门使用不准确的语言则会对政府形象造成损害。目前，政府部门在话语方式上表现出的问题集中在：发言人缺少较高的综合素质、交流水平与表达能力较差；政府发布信息不严谨，出现措辞随意的现象；政府和公众没有积极互动，政府难以有效运用新媒体引导舆论、澄清事实，进而错过良机。久而久之，社会上就会产生两种不同的声音，即官方言论与非官方声音。新媒体环境下，政府部门与群众会不断争取各自的话语权，政府方面要使用新方法、新观念，进而有效提升说话技巧与交流能力，要运用恰当的语言体现出对公民知情权的认可与尊重，并达到有效交流的目的。

五、结　语

总而言之，在信息技术快速发展的同时，智能手机、移动电脑等新媒体是信息传播的最重要媒介。新媒体在强化公共危机管理时体现出较强的时效性与影响力。另外，新媒体具有的涌现性、层次性、巨量性、开放性以及复杂性特征，也让危机传播管理面临着严峻的挑战。政府在挑战面前要积极更新行政理念、完善传播方法，借助新媒体信息传播方面的优势，构建起完整、系统的危机传播管理机制，为有效化解公共危机、维护公众权益提供保障。

【张世涛，浙江越秀外国语学院网络传播学院讲师】

试析新媒体时代我国统一战线传播现状及发展[①]
——以中央、北京、上海、广东统战部网站为例

【摘　要】近年来，传播技术领域正发生着巨大的变革，新兴媒体形式多样、层出不穷，传播环境以其日益崭新的姿态呈现在大众面前。作为政治传播领域的统一战线传播，自然要借势传播。我国各级统战部门为适应传播新形势作出了积极的尝试，认识新媒体、利用新媒体是这种尝试的最好体现。然而，渠道的丰富并不意味着传播效果的增强，如何一方面借着传媒技术的迅猛发展，促进传受双方的良好互动，打破受众对统一战线传播的刻板印象；另一方面，打造优质内容品牌，赢得受众口碑，掌握更为主动的话语权是统一战线传播需要解决的问题。

【关键词】新媒体　统一战线　传播

■　李飞雪　卞康兰

　　互联网是一把双刃剑，它既拓宽了统一战线传播的平台，在很多重要方面降低了政治传播的成本[②]；又使得传播的触角越来越广，增加了传播的复杂性。通过对新媒体环境下我国统一战线传播的现状分析，我们可以理清现今中国统一战线传播的发展脉络，找出优势和不足，

---

　　① 本文为李飞雪负责主持的北京统战理论研究基地项目"媒介融合语境下统战宣传与舆论引导研究"（项目编号：BJSY1610）阶段性成果。

　　② ［美］W. 兰斯·班尼特著：《新闻：政治的幻想》，杨晓红、王家全译，当代中国出版社2005年版，第11页。

从而更有针对性地利用新媒体进行传播，以达到最优的传播效果。

一、新媒体为统一战线传播带来的优势

（一）传播的即时性

新媒体依托网络和数字技术，使信息在第一时间抵达受众，弥补了传统媒体信息传播的延时性、滞后性的缺陷。受众通过各种移动终端可以随时随地获取信息，传播效率大大提高，传播逐渐开始摆脱了时空的限制。由于信息传播门槛的降低，人们可以同时接收多种信息，因而又催生出了碎片化的阅读形式，传播渗透到生活的方方面面，无时无刻不在影响着大众的生活。

（二）渠道的多样化

在传统的传播环境下，传统媒体根据自身的定位和功能，对内容进行严格把关，受众的选择范围有限，只能被动接受，传播更多表现为灌输式、强制式的。新媒体环境下，传播的渠道越来越丰富，受众不再局限于在报纸、广播、电视等传统媒体中进行选择。网络将各个信息端口连接起来，内容可以在多个平台进行放送，呈现出交叉式传播的特点，PC 端、移动端等接收方式已经广泛应用到大众的生活中。移动端因其即时性、可携带性等特点，越来越受到受众的青睐。这些渠道的出现大大降低了我们对于传统媒体的依赖感，受众开始掌握选择的主动权。例如，各种各样的应用软件出现在手机移动端，原来只能在电视等传统媒体上传播的内容，通过各种应用软件就可以直接在

手机上观看，信息的获取更加便捷。

（三）形式的多元化

传统媒体可能只是专注于某种内容表现形式，例如电视大量利用视频和声音，人们通过视觉和听觉感官获得信息，新媒体大大改变了人们的感官感受。一则新闻报道可能结合了视频、声音、图片等多种表现形式，人们不仅需要运用视听感官，有时也需运用触觉进行互动，不仅增添了传播内容的吸引力，而且增强了用户的体验感。例如，今年两会期间很多人的微信朋友圈被《总理给你送"快递"》《傅莹邀您加入群聊》等 H5 新闻刷屏，这些新闻报道融合了多种表现元素，利用更直观的视听等表现形式将传播做到优质化和高效化，大大增强了信息传播的趣味性和互动性。

（四）传播的个性化

互联网具有去中心化和去权利化特征，传播平台为了吸引更多忠实用户，更加明确自身的传播定位，内容向精确垂直方向发展，不断增强个性化传播。受众也更加重视自身的兴趣取向和内容需求，分众化传播势在必行。以豆瓣、知乎为代表的网络群组和以网络直播等为代表的窄播形式被更多的人认识和应用，分众化传播依据"长尾理论"产生了难以估量的规模效应。

二、统一战线传播须借力新媒体

统一战线传播必须依赖于大众媒体。"大众传媒的变革带来了新视角，新媒介和新技术也正改变传统政治"。① 因此，脱离当下的传播环

---

① 刘华蓉著：《大众传媒与政治》，北京大学出版社 2001 年版，第 225－226 页。

境而只关注统一战线传播是非常不合时宜的，统一战线传播必须关注大众传媒发展动态，与时俱进，认识新媒体，利用新媒体，顺应新媒体。

（一）拓宽传播渠道

很多人对统战传播感到陌生，有很大一部分原因是缺少了解渠道。统战传播可借助新媒体搭建多元平台，拓宽传播渠道，让更多人认识到统战传播，减少大众的陌生感，赢取更多的关注。统战部门通过建立网站、开通微博和微信等方式，增加了与大众接触的机会；同时，利用网络扩散性的特点，扩大传播的覆盖面，增强传播效果。另外，这些平台并不是孤立的存在，在保持各自传播特色的同时，可以通过建立链接、统一进行话题设置、整合内容资源等形式进行联动传播。

（二）丰富传播内容

统一战线传播应该打破单一的内容构成模式，把内容搭建在文艺、科技、历史等多元化的主题上，改变说教、灌输的口吻，不断地增进内容的丰富性和可看性，引起受众的阅读兴趣。新媒体为统一战线传播提供了多样的内容传输平台，统战传播部门可以根据不同平台的传播特性作出相应的内容布局，保证传播的质和量，形成内容管理的常态化和长效化，结合网络碎片化阅读的特性，及时更新、推送，方便用户阅读。

（三）增进传受互动

新媒体时代，传播者更加注重用户的体验，更愿意倾听受众的声音。政治传播要放下身段，关注民生。[①] 统战传播部门应建立反馈机制，与受众形成良好的互动关系，从群众中来，到群众中去，了解群众的所思所想，避免传播的盲目性。通过真诚的交流，统战传播部门可以逐渐摆脱刻板印象，树立更加亲民的形象，受众对统战传播的信赖感也会逐步提升。

（四）增强舆论引导

大众传媒提供了政治表达途径[②]，在新媒体时代，各种观点通过网络迅速发酵，形成强大的舆论影响力。弥尔顿提出了"观点的公开市场"理论，网络为"观点的公开市场"的形成提供了更加便利的条件，一方面，网络的隐匿性特征，让更多的人愿意发出声音；另一方面，网络的低门槛特征，让更多的人可以发出声音。面对复杂的信息和多元的观点，受众的注意力可能会被消解，因而，媒体的议程设置功能就显得非常重要。统一战线传播可以借助新媒体进行议程设置，引导大众对于某一公共事务的关注和讨论，增强舆论引导，扩大传播影响力。

三、我国新媒体统一战线传播现状

目前，我国中央及多个省市建立了"网站＋微信"的统战传播模式，例如中央统战部网站和"统战新语"公众号、北京统战部网站和"北京统战"公众号、上海统战部网站和"浦江同舟"公众号、广东统战部同心网和"粤海同心"公众号。这些丰富的传播形式体现了统战传播手段的进步，也体现了统战部门乐意拥抱新媒体、融入新媒体的开放姿态。下面，我

① 荆学民、冯涛：《探索品牌传播与政治传播良性互动的新境界》，《新闻大学》，2016 年第 1 期。
② 刘华蓉著：《大众传媒与政治》，北京大学出版社 2001 年版，第 91 页。

们从政治、经济、地理典型性的角度出发，以中央、北京、上海、广东统战部门的网站为重点分析对象，同时适当地将网站与微信公众号、人民网进行比较，对新媒体统战传播进行分析。

（一）栏目设置全面

中央及北京、上海、广东三地统战部网站在栏目设置方面大同小异，如表1所示，都包含了多党合作、少数民族、宗教事务、港澳台海外、非公经济、党外知识分子等栏目，栏目设置涵盖了统战传播工作的方方面面。

同时，各个网站的栏目设置也有特别之处。中央统战部网站在最后设有"移动客户端"一栏，点击即可获取该网站移动客户端的下载方式，将 pc 端和移动端作了很好的链接。广东统战部网站在栏目名称的构思上别出心裁，例如，"非公天地"对应"非公经济"，"宗教采撷"对应"宗教事务"，"民族之窗"对应"少数民族"。

表1　四大网站首页栏目设置情况

		栏　目										
中央	首页	多党合作	少数民族	宗教事务	港澳台海外	非公经济	党外知识分子	涉藏工作	各地统战工作	理论园地	网说统战	专题	移动客户端
北京	首页	要闻点击	特别关注	工作动态	多党合作	民族宗教	港澳台海外	党外干部	非公有制经济	党外知识分子	新的社会阶层	监督举报	
上海	首页	多党合作和政治协商	民族和宗教	非公有制经济	党外知识分子	港澳台侨海外	区县之窗	同舟论坛	文史天地	理论政策	机构介绍		
广东	首页	本部介绍	同舟共进	知识才俊	非公天地	民族之窗	宗教采撷	海联之声	院校统战	廉政之窗	法宝揽胜		

另外，各个网站首页的中间位置对阶段性的重点工作和要点传播思想等栏目作了醒目的视觉处理。图1-3分别截取了中央、北京、上海统战部网站在 2016 年 10 月 21 日的重点宣传栏目，每个网站的宣传各有侧重点，也有相同的主题，如北京和上海都将"学习中央统战工作会议精神"作为重要的传播内容。

图1　中央统战部网站 2016 年 10 月 21 日重点宣传栏目

图2　北京统战部网站 2016 年 10 月 21 日重点宣传栏目

图3　上海统战部网站 2016 年 10 月 21 日重点宣传栏目

（二）版面设计大气

首先，版面的主色是整个版面气质最直观的体现。中央统战部网站以红、蓝、黄为主色调，给人稳重、大方、简洁之感；北京、上海统战部网站以红、黄为主色调，更为强调的是庄重、严肃的直观感受；广东统战部"同心网"的颜色构成则更为的丰富，有红、黄、蓝、绿等等，显得亲切、活泼。

其次，版面构成元素多元，更有利于吸引受众的注意力。"观看先于语言。儿童先观看，后辨认，再说话。"① 视觉感受先于文字内容抵达受众，图片在这四个网站的版面中占有很大的比例；北京统战部网站在首页中下方设置了"视频点击"一栏，上海统战部网站在首页右下角设置了"视频点播"栏目；广东统战部网站还运用了滚动标题，这些表现元素的加入让版面更加活泼、生动、有趣，受众可以更直观、更轻松、更快捷地接收信息。

最后，在整个版面布局上，中央统战部网站首页以横竖栏相结合的方式呈现，版面内容最多；北京、上海以横栏为主，内容量适中；广东则以竖栏为主，内容量相对前三者较少。

（三）内容题材较广

四大网站的内容量大而且体裁多样，如表2，以四大网站中"多党合作"栏目为例，除北京统战部网站外，其余三个网站又在"多党合作"栏目下细分了四到六个版块，包含了新闻报道、通讯、经验总结、观点言论、历史典故、知识科普等多个方面，为受众提供了各类资讯。中央统战部"多党合作"栏目下设新闻、参政议政、社会服务、会员风采、理论研究、史海钩沉六个版块，"新闻"这一块涉及到各党派的座谈会、调研、教育培训等主题活动的报道，主要提供各民主党派动态信息；"参政议政"版块主要选取各地有关多党合作工作的优秀案例，进行经验推广和理论总结；"社会服务"版块主要介绍了各民主党派的公益活动、文明建设情况；"会员风采"以各民主党派中的先进人物为例，介绍了他们的先进事迹，展现各党派成员的风采；"理论研究"版块则从理论学术角度，总结经验，探讨多党合作的发展和对策；"史海钩沉"版块主要以伟人事迹、历史典故等讲述统战工作的苦与乐，以史启迪现代人。

上海统战部网站的"多党合作和政治协商"栏目与广东统战部"同舟共进"栏目在版块设置方面有相似之处，如"人物风采"版块一致，上海的"基本知识"版块和广东的"民主党派"版块所涉及的内容也很相似，都是有关中国各个民主党派的介绍。

另外，北京统战部网站并未对"多党合作"栏目进行细分，但是栏目下所包涵的内容不仅仅局限于新闻报道、通讯等，也有关于先进人物、典型事迹、历史人物、名人观点等方面的内容。

表2　四大网站有关"多党合作"栏目的版块设置

	板块设置					
中央"多党合作"栏目	新闻	参政议政	社会服务	会员风采	理论研究	史海钩沉
北京"多党合作"栏目	未细分版块					
上海"多党合作和政治协商"栏目	同舟共济	党派建设	基本知识	人物风采		
广东"同舟共进"栏目	多党合作	民主党派	人物风采	建言谋策	民主监督	

① ［英］约翰·伯格著：《观看之道》，戴行钺译，广西师范大学出版社 2005 年版，第 1 页。

（四）反馈得到重视

四大网站均引入了反馈机制，注重吸纳受众反馈。中央统战部网站首页设有"建言献策"一栏，点击"我要建言"即可弹出邮件发送页面，受众可以通过发送邮件提出意见、建议，网站每月也会择优在"建言献策"栏目进行更新。北京统战部网站也设有"建言献策"一栏，但更新频次较少，截至 2016 年 10 月 25 日，2016 年更新 5 篇，2015 年更新 17 篇。上海统战部网站设有"建言堂"一栏，可以通过发送邮件的方式表达观点，不定期更新，内容涉及到城市建设、工商、教育等多个方面。广东统战部网站也设有"欢迎投稿"一栏，点击栏目即弹出投稿页面。

（五）平台间互动增强

中央统战部和上海统战部网站均在首页设置了各自微信平台的链接。中央统战部网站首页有"移动客户端"和"统战微信"栏目，分别与该网站的移动客户端和微信公众号作了联系；点击"移动客户端"即可获取中央统战部门户网站的 APP 下载地址，"统战微信"则是更新了中央统战部微信公众号"统战新语"上的内容。上海统战部网站首页设有上海统战官方微信二维码，扫一扫即可进入微信公众号；还设有"统战微信"一栏，该栏目内容来自中央统战部微信公众号"统战新语"和上海统战部微信公众号"浦江同舟"。

同时，四个网站都在首页最下方设置了其它网站的友情链接。例如，中央统战部网站设置了中纪委等中央部门门户网站和人民网等新闻网站的链接；北京统战部网站设置了中央单位、北京市单位、北京市统战系统各单位、各省市统战部门、北京各区县统战部门网站的链接；上海统战部网站设置了中央机关、各省市统战部、上海市统战系统各单位、上海市各区县委统战部网站的链接；广东统战部网站设置了中央统战部等部门网站和南方网等新闻网站的链接。

另外，北京统战部微信公众号"北京统战"和上海统战部微信公众号"浦江同舟"设置了各自门户网站的链接。"北京统战"公众号页面有"链接联动"一栏，涵盖了北京统战部门户网站和其他部门微信公众号的链接。"浦江同舟"在其页面"统一战线"栏目中设置了上海统战部门户网站的链接。

通过链接的设置，网站与其它平台的互动增强了，也为受众提供了便利，有利于搭建统战传播的大框架，增强传播的整体效果。

四、新媒体统一战线传播的不足

（一）灵活性不够

对于信息的解读，霍尔提出了三种解码方式，其中"对抗式解读"指出虽然受众能看出"制码"，但是得出的解读意义与编码者的愿望格格不入。四大网站的内容很多集中在领导讲话、会议报道、工作视察等方面，同质化现象严重，难以受到大众的欢迎。"英国学者麦克奈尔提出，所有的政治传播手段都是为了一个目的：说服。"[①] 单一沉闷的内容容易导致受众做出"对抗式解读"，传播效果差强人意，自然不能达到说服的目的。

四个网站的内容量虽然大，但灵活性远远

---

① ［英］布莱恩·麦克奈尔著：《政治传播学引论》，殷祺译，新华出版社 2005 年版，第 10 页。

不够。人民网在巧建形式、灵活运用内容方面做得比较出色，值得借鉴，例如，2016 年 10 月 9 日在"台湾"一栏中更新了《重阳节：港澳回乡祭祖 台湾赠金敬老》一文，既弘扬了中华传统节日，又能巧妙地与统战传播主题联系起来。人民网中有很多这样的案例，通过和文化、科技等元素的结合，巧妙地将其它多元活动与宣传连接起来。

（二）互动性不强

四个网站都有"建言"的渠道，但是网站对收集的意见并未进行梳理分析，未对受众做出积极的反馈，仅仅是将来稿刊登在网页的一个板块，而统战部门对整个网站的改进和反思则不能体现出来。另外，四个网站的文章均未设置"分享"和"评论"功能，受众不能直接在阅读后分享、表达自己的观点。

人民网和四个微信公众号在与受众的互动方面都做的比较出色。人民网在其文章标题的右下方设置了"分享"和"评论"功能，受众可以在阅读后将内容分享至微博、微信、QQ 等平台，也可以对文章进行评论。四大微信公众号的文章下均可以写留言，另外微信公众号还通过栏目的设置增强与受众的互动，我们以"统战新语"为例，其在页面中设置了"互动专区"，受众可以提意见、投稿。

互动性不强，统战部门就无法捕捉受众阅读后的即时感受，统战部门与受众、受众与受众之间就无法形成顺畅的意见交流，不利于统战传播部门俯下身子、放下权威，不利于营造了传播双方相对平等、亲近的关系。因此，四大网站在与受众的互动方面还需要增强。

（三）原创内容较少

作为四个不同层级、不同地域的统战部门网站，其各自特色未能充分地展现出来，缺乏优质的原创内容，缺少个性化服务。中央统战部作为更高一级的统战部门，拥有更加丰富的内容资源和人才资源，其官网应当具备更强的话语号召力。中央统战部官网通过"高端访谈"栏目，集中传播重要人物的观点和言论，努力提高网站的话语影响力，但是内容多为转载自其他媒体，深度内容的生产能力有待加强。

北京、上海、广东三地统战部网站的内容生产能力也有待加强，下面以北京统战部网站"要闻点击"、上海统战部网站"同舟之声"、广东统战部网站"要闻集萃"三个栏目 9 月份更新的内容为例，分析原创内容缺失的问题。如表 3 所示，三个网站中注明原创的文章仅 1 篇，"要闻点击"和"要闻集萃"的文章转载率分别为 80% 和 100%，"同舟之声"的文章大多未注明来源。

表3　2016 年 9 月份北京统战部网站"要闻点击"、上海统战部网站"同舟之声"、
广东统战部网站"要闻集萃"三个栏目文章来源统计

	总篇数	注明原创	注明转载	未注明来源
要闻点击	5	1	4	0
同舟之声	16	0	1	15
要闻集萃	15	0	15	0

在微信公众号方面，如表4所示，"统战新语"的内容质量相对较高，它的所有文章皆为原创，在内容的深度挖掘方面下了功夫。其余三个公众号只有极少数的原创文章，多数转载自"统战新语"公众号以及其他媒体，舆论影响力较弱。

表4 2016年9月份四大微信公众号原创文章统计

	统战新语	北京统战	浦江同舟	粤海同心
总篇数	51	24	42	43
原创篇数	51	3	14	3

五、对新媒体统一战线传播的意见和建议

（一）构建多元内容

"内容为王"早已耳熟能详，但是做出好内容却不那么容易。"习总书记指出宣传思想工作关键是要提高质量和水平，把握好时、度、效，增强吸引力和感染力，让群众爱听爱看、产生共鸣，充分发挥正面宣传鼓舞人、激励人的作用。"[①] 统战传播要有敏锐的嗅觉，挖掘典型题材；要接地气，关注群众身边事；要"祛魅"，多讲群众听得懂的话；要创新，与文化、科技等领域合作，增强趣味性。

（二）打造传播品牌

传播品牌是媒体公信力、社会影响力的体现。打造一流的传播品牌既有利于做好舆论引导工作，又有利于实现既定的传播目的。统战传播需要形成话语影响力，在关键时刻、重要问题上能够发声，引导社会的舆论走向。统战传播还需要有特色，要充分利用在地资源，结合当地风土人情，做出优势。北京、上海、广东三地，在政治、经济、文化、地理等方面具有各自的优点和特色，要充分利用好这些得天独厚的条件，打造出各具特色的传播品牌。

（三）促进平台融合

新媒体环境下，各个平台不是独立的存在，传播要利用媒介融合的理念，平台联动、整合资源，达到最优的传播效果。通过对统战部门网站和微信公众号的分析，中央、北京、上海统战部已经有意识地将网站和微信连接起来，但是大多局限在技术层面。在内容方面，统战传播可以在两个平台上同时进行议程设置，把具有不同媒介使用习惯的受众吸引到同一个话题的讨论中，有利于扩大受众的范围和社会的影响力。

（四）增进传受互动

新媒体环境下的传播具有较强的交互性，传播者和受众的地位更平等、交流更频繁、关系更亲密。良好的传受关系的建立有利于增强统战传播部门的公信力，有利于建立受众的信赖感。统战传播要利用新媒体提供的便利条件，增加与受众的互动，一方面，可以在网站的文章下开设评论、分享功能，以更加谦虚、开放的姿态与受众进行交流；另一方面，可以以受众为主体，开展多样的交流活动，如微评论征集活动、读书交流会活动等等。

统战传播是党的思想工作的重要组成部分，也是统一战线重要的基础工作，做好统战传播的意义十分重大。新媒体环境下，统战传播遇

---

① 习近平总书记于2013年8月19日在全国宣传思想工作会议上的讲话。

到了新的机遇和挑战。我国统战部门面对新形势，做出了积极的努力和尝试，拓宽了传播渠道、丰富了传播内容、增加了反馈渠道等等。然而，目前我国的统战传播还是暴露出了很多不足，在丰富内容构成、增强传播技巧、形成传播品牌等方面有较大的提升空间。传播是双向互动的过程，受众的切身感受是不容忽视的，而新媒体更加放大了受众的感受，使受众在传播过程中的存在感更为强烈。因而，统战传播必须贴近实际、贴近生活、贴近群众，既要有格调、又要接地气，做出有思想、有温度、有品质的传播内容。各地统战部门要根据自身情况创立特色传播品牌，从而从整体上构建系统的、有层次的统一战线传播体系，增强我国的统一战线传播实力。

【李飞雪，中国传媒大学新闻学院副教授；卞康兰，中国传媒大学新闻学院新闻学专业硕士生】

变迁与重构
——浅谈新媒体时代的受众观

【摘　要】新媒体时代"受众观"实现了重构，主要是基于受众自身和媒体两方面的改变：一方面，受众不再是面目模糊的群体，其身份不断重构，演变出复杂的用户"身份"，变成了具体的信息传播者、生产及消费者或内容创业者，不同的用户具有一种或多种身份；另一方面，基于新型"用户"观的媒体也从内容质量、渠道、生产模式、用户策略四方面做出了新改变。

【关键词】受众观　用户　新媒体

■ 李卓聪

新媒体时代，媒介融合成为必然趋势，交互式的传播方式，实现了人际传播、组织传播和大众传播等传播方式的深度融合。其中，互联网作为一种革命性的力量，很大程度上颠覆了传统的传播秩序，"改变了以往以'机构'为基本单位的社会传播格局，取而代之的是以'个人'为基本单位的社会传播"[①]，这也带来传播领域的新常态：受众身份的不断重构，演变出复杂的"用户"身份，而媒体的受众观以及对于自身角色的定位也在随之演变。

一、传统受众观的变迁

"受众"这一观念引自西方，最早出现在威尔伯·施拉姆的《传播学概论——传媒、信息与人》一书中，受众是相对于传播者而言，传播过程另一端的读者、听众和观众的总称。在我国，真正意义上的受众观念是在新中国成立以后开始萌芽的，与西方受众观念萌芽于传播效果的实证研究不同，中国的受众观念是随着时变迁而不断产生新的发展。

[①] 喻国明、张超、李珊、包路冶、张诗诺：《"个人被激活"的时代：互联网逻辑下传播生态的重构——关于"互联网是一种高维媒介"观点的延伸探讨》，《现代传播》（中国传媒大学学报）2015 年第 5 期。

在计划经济时代，新闻媒体完全属于国有资产，主要任务是党的宣传工作。1956年《人民日报》的改革，提出了"人民日报是党的报纸，也是人民的报纸"的论点，可以作为新中国"受众观念"的萌芽阶段。但是在信息匮乏的大环境下，这样的受众观更多的是党的群众路线在新闻传播领域中的反映，带有浓重的政治意味，受众观是政治主导的"宣传型"的。改革开放后，随着市场经济的到来，传播者权威化的特点减弱，政治色彩不再像计划经济时代那样浓郁，市场经济本位对利益的追求，特别是都市报的崛起，让媒体更加注重服务性和读者体验，受众观念开始走向"受众本位"。

进入21世纪，互联网的迅速发展，带来媒体形态的更新迭代，各类媒介之间的相互融合，微博、微信以及各种新媒体平台的出现，逐渐消解了传播者的把关权威，拓展了信息自由流通的空间和速度。与大众媒体时代的读者、观众和听众相比，受众成为了传播过程的中心和主体，发起讨论并成为公共事件的参与者，"受众"的概念逐渐演变成"用户"，"用户为中心"成为新媒体时代的代表性话语。

二、新媒体时代受众观的重构

互联网时代，传统的受众观被重构，主要来自三方面的作用。一是互联网技术对于整个传播生态的改变，特别是当下移动互联网与社交媒体的配合，信息的流通方式开始平台化，任何人都可以在几乎没有门槛的限制下参与进来，用户成为互联网时代传播过程中的重要节点，其生产及传播的行为以及所带来的注意力和流量，是媒体平台的重要资本支撑。二是受众自身地位提高和权利意识的觉醒。"用户"指的是某一种技术、产品、服务的使用者[1]，当"受众"成为"用户"后，其对于信息的接收将不再是单纯的解码行为，而是更加注重对信息内容的选择、使用和体验。媒体对于用户来说，不再是"高高在上"的传播者，反而更多的时候是一种工具，用户通过媒介渠道与媒体及其他用户进行对话，建立联系。用户能够更加深入地进入到信息内容的生产和传播中去，个人的潜能和资源被激发和利用。同时，受众自身权利意识的觉醒，尤其是话语权的扩张带来的"用户生产信息"是对传统线性传播过程的颠覆，也是传统受众观被解构的最明显的标志。第三方面的作用则来自媒体自身，"用户为中心"是当下许多媒体，尤其是聚合类新媒体的生存之道。当前媒体间的竞争是来自内容、渠道、平台、品牌等多方面的竞争，这些竞争的起点和终点便是用户的选择，这也是媒体实现内容差异化，不断拓展端口和平台的源动力。

Web2.0的背后，建立的是人与人的关系网络，它要求用户的参与，既参与到平台的内容建设，也参与到平台整体的"生态系统"的建设。[2]"用户"这种新型受众观既包括了用户身份的多样性，也包括了媒体针对这种受众观所作出的改变。

（一）新媒体时代"用户"的多重身份

1. 作为信息的重要传播节点

传统媒体时代，"受众"是分散在各个传

---

① 百度百科：http://baike.baidu.com/link?url=BnSb4BteiMNMW–F4dy4sj–JfEP_atLJqPRsFzcC3Qz4Cd6u4F9EdZiWcWwnDwcVZXMz6EdA4dEQWLRPEh94H59Ehm5sN5GoNaKYQiNZBk1O。

② 彭兰：《WEB2.0在中国的发展及其社会意义》，《国际新闻界》，2007年第10期。

播渠道的面目模糊的群体，受众之间也是分散的，彼此孤立的，新媒体时代，信息的"点对点"传播方式实现了信息接受者个体的独立性和独特性。尤其是内嵌于人际网络中的移动互联网，让每个用户个体成为了信息传播的重要"链条"和"节点"。"梅特卡夫定律"认为，互联网的价值不在于这一项技术本身，而是通过这一技术所搭建的关系网络，网络的节点越多，网络本身的价值也就越大。在网络的互联互通中，用户的潜在资源和价值被充分的激活，依托于人际网络的社交媒体平台成为了各类资源连接、碰撞、匹配的集散地，因此它也成了许多重大突发性事件的首发地，如雷洋事件和魏则西事件正是通过当事人或者知情人士的爆料，配合大规模的转发进入到人们的视线，而随后对于事件的层层追问也是爆发于社交媒体。"用户"成为互联网渠道之间的基本传播单位，个人之前被湮没的兴趣偏好也被激活，媒体主导信息偏好被淡化，内容将更加丰富、多元且个性化。

2. 从消费者到生产者的身份融合

"历史上从未有哪一个时代，如今天这样，能让普通个体拥有如此大的话语权"[①]，互联网特别是社交媒体为用户提供了生产内容的工具和平台，一方面用户能够对接收到的信息内容及时反馈，拥有随时表达自己意愿的能力；另一方面，则是用户利用自媒体平台，创造和分享自己的内容，这实现了从消费者到生产者身份的转变，内容生产不再是少数媒体机构中记者和编辑的专利，人人都能够成为传播者和内容生产商。

这背后的重要原因是用户话语权的获得，喻国明认为，互联网与传统媒介最大的不同在于它是一种"高维媒介"，改变了组织化、结构化的传播单位，转而重视个人为单位的传播活动[②]，这便带来了话语权的重新分配。传播技术壁垒的突破，使得"用户"可以自己设置议程，并且通过优质内容的生产来获得关注和影响力。"用户"内容生产权和话语权的获得，真正赋予了传统的受众从未有过的主动地位。新浪微博的"热门话题榜"，正符合用户消费与生产合二为一的逻辑。新浪微博热门话题榜中的所有话题内容全部来自微博用户的生产，而话题的排列顺序，也是根据用户对话题的消费程度，即搜索、评论、转发的热度进行排序，而热门话题榜的高热话题也会引发新一轮的用户信息消费，这同样是对话题的再次生产加工过程，用户的消费与生产行为是紧密相结合，这是新媒体平台保持信息新鲜度，增强用户黏性，实现对用户强势卷入的重要方式；而用户通过这样的方式，也实现了话语表达与议程设置，特别是在某些话题中表现"突出"的用户，很容易便能够成为某一事件的意见领袖与焦点人物。

3. 互联网经济中的内容创业者

在用户积极主动的对信息进行消费以及生产的过程中，诞生了一批更加专注于内容生产，并将其与经济利益紧密结合的新的用户身份——内容创业者，这是从通过新媒体精准获取信息，到利用新媒体精准获得利益的转变，也是用户自主性和积极性的又一次强化。"内容

---

① 《聚焦网络舆论生态系列访谈》，《人民日报》，2011 年 10 月 15 日。

② 喻国明：《互联网是一种"高维"媒介——兼论"平台型媒体"是未来媒介发展的主流模式》，《新闻与写作》2015 年第 2 期。

创业者"这一身份具有更强的目的性和自我认知，他们颠覆了"受众"这一身份，而成为彻底的内容传播者。比起一般的媒体，其传播的内容具有更明确的定位和更独特的价值取向，他们更明确要向谁传播怎样的内容。如 2016 年的现象级"网红"papi 酱，通过 40 多条原创的短视频，成功吸粉 2000 多万，粉丝注意力引来的资本让她获得了 1200 万的投资，成功实现内容的变现。她的短视频之所以能够受到网民的如此追捧正是她精准地把握住了普通网民内心的"槽点"和"痛点"，以嬉笑怒骂的形式表现出来，题材有料，且打通了微博、微信、爱奇艺、优酷、美拍等多个互联网渠道，实现了全方位覆盖，这样的一系列表现堪比媒体的内容创造力。当前，"内容创业者"虽不是大多用户的主流身份，但随着移动互联网的强势崛起，以网络直播和短视频为代表的自媒体平台将会让"内容创业者"大展拳脚。

（二）新媒体时代媒体的"用户"观

1. 以平台化实现对用户资源的链接

互联网引导下的媒介生态有着根本性的变化，传统单向的、不对等的、局部的传播模式被改变，媒体需要凭借更加开放、多元的传播渠道实现与用户的连接。开放的平台化媒体可以聚合不同用户，提高传播效率，丰富传播形式，不仅能够向更多的用户提供信息，而且能积累丰富的用户数据，利用"大数据"技术，实现个性化、精准化的传播。媒体的平台化是新媒体时代"用户"观的体现，平台化的连接方式消除了传统的"准入"门槛，能够实现意见的自由流通，同时将信息发布和评论的权利下沉给用户，实现了对用户资源的链接，充分

发挥用户的能动性，实现社会协作。2014 年 6 月，《纽约时报》《华盛顿邮报》合作推出新媒体合作项目，共同创建一个在线用户社区，以获取用户的评论，链接用户的贡献[①]。通过这个平台，读者用户可以提交图片、链接和其他的媒介形态，媒体可以跟踪讨论、管理用户所贡献的内容，并且，根据用户的内容偏好和行为偏好，有针对性的向用户提供他们所需要的内容。这个用户社区，能够将纽约时报和华盛顿邮报与读者用户的连接超越传统的网上评论，而进行更深层次的双向互动和融合，实现用户与媒体的双赢。

2. 更精准的传播与更专业的内容

基于互联网的新媒体不断发展，传播渠道的不断拓展，传播手段的迭代更新，用户对于内容选择的也更加个性化和定制化，这就意味着传统的"大杂烩"式的内容已经被用户所抛弃，更加精细化和专业化的内容才具前景。当前，今日头条日活跃用户超过 2000 万，成为国内成长最快的新媒体，这一切得益于它精细化、个性化的内容推送模式。今日头条基于数据算法，通过对客户端用户账号的分析，建立了一个"兴趣图谱"，能够精准的把握用户的爱好和需求，尤其是一些小众化的内容也能为喜爱它的用户看见，这种"个性化的长尾"，是当前实现内容盈利的有效途径。

除了依靠算法、大数据等传播技术实现内容的精细化推送以外，内容的质量和专业化程度更是当前媒体摆脱内容同质化，能够真正吸引和留住优质用户的重要途径。纵观当前各家移动新闻资讯平台要在竞争中脱颖而出，还应在内容质量上不断提升。2016 年上半年，不论

---

① 陈昌凤：《用户为王："产消融合"时代的媒体思维》，《新闻与写作》，2014 年第 11 期。

是"天天快报"定位兴趣阅读，打出"有料"概念，将兴趣分类扩充到119个；还是腾讯新闻发力资讯视频直播，加强优质内容制作，都是对提高内容质量和专业性的重视。

3. "专业记者+用户"的内容生产模式

当前内容的生产不再像传统媒体时代的简单粗暴，面对细分的受众，内容生产的层次化、精细化是主流趋势。特别是当前移动互联网时代，每一个拥有移动端的用户都具有成为优势信息生产者的可能，每一个目击者都可以成为信息源头，补充专业记者不能迅速到达事件现场的劣势。这样的背景和需求之下就产生了"记者+用户"的内容生产方式。同样，媒体"用户"观的实质也正是让用户参与到内容传播的整个过程中，真正注重用户的参与性与积极性，实现媒体、用户、内容的深度融合，美国的《赫芬顿邮报》正是凭借这种方式取得了巨大成功。

在我国，南方报业集团推出的客户端"南方+"，开始尝试对传统的新闻生产方式的改变。"南方+"客户端依托2000多名记者进行专业生产的同时，还重视用户的作用。在"现场"这个栏目中，由用户即时上传的图片和内容所组成，同时会根据稿件、图片和视频的质量，为用户支付稿酬，这样的生产方式提升了用户的积极性和忠诚度。

4. 从"追求多数量"到"吸引高质量"的用户策略

随着"用户"这一观念的进一步拓展，媒体在累积了一定数量的用户后，开始向"吸引高质量用户加入"这一目标前进。吸引高质量的用户，一方面可以通过口碑传播带来更广泛和高层次的用户；另一方面是基于"用户生产内容"这一理念，希望高质量用户能够加入媒

体，为媒体带来优质的内容。

腾讯旗下的《大家》是一个互联网原创专栏平台，其特点就是集结专业的作家或某一领域的专家提供有价值的原创内容，特别是在一般人不太擅长的领域。《大家》为了吸引这些高水平的用户付出了较高的稿酬，但同时这些用户作为《大家》的使用者，能带来品牌效应和名人效应，从而吸引到更多数量的用户；更重要的是他们作为生产者，能够生产出别人无法复制的专业作品，这才是媒体未来竞争的核心所在。同样的，2015年9月今日头条也推出了"千人万元计划"，即给予1000个自媒体作者，每人每月不少于1万元的补贴来吸引高质量和专业用户的加入。

三、新媒体时代媒体与受众的关系

从上面的分析可以看到，新媒体时代受众自身的身份定位和媒体的受众观都在发生着改变，媒体和受众的关系不再是传者和受者或主动和被动的关系，而是通过互联网平台进行的平等、双向的互动和对话。

一方面，互联网以其开放、包容、自由、海量、迅捷等优势快速的更新我们的媒介形式，媒体的性质和地位发生改变，从传播的主导者和垄断者，变成传播的参与者，媒体的逐渐演变成了渠道和工具。与此同时，随着主体意识和权力意识开始清晰，受众使用媒体获取信息、传播主张、进行舆论监督、参与公共事务，甚至利用互联网平台获得经济利益。媒体与受众的地位走向平等，传者和受者之间的界限逐渐变得模糊。另一方面，媒体与受众关系的改变

也得益于媒体受众观的改变。媒体以新型的"用户"观取代"受众"观,实现了从内容到渠道到生产方式等方面的改变,加强了与受众的联系和互动,让受众充分的参与到内容生产传播的进程中来。随着媒体平台化的传播方式和用户策略的改变,用户对于媒体来说更是具有价值的持续性资源,双方由信息的传递与接收的"弱连接"也走向了相互吸引的"强连接"。

综上,从计划经济时代政治主导的"宣传型"受众观到大众传播时代"受众为主"的观念再到新媒体时代的"用户"概念,这期间既有受众自身身份从"受众"到"用户"的改变,也伴随着媒体不断做出的改变,两者是相互作用和影响的。虽然媒体和受众之间的隔阂还未全部消除,但良性的互动关系正逐渐构筑起来。积极推动这种良性关系的发展,有利于化解"官方舆论场"和"民间舆论场"之间存在的信息不对等,话语地位不平等等问题,实现两个舆论场的平等对话。同时可以增强媒体在媒介融合时代的公信力和影响力,受众也能够在对话和互动的机制之下不断的成长为理性的公民。

【李卓聪,中国传媒大学新闻学院新闻学专业硕士生】

社会化媒体时代的广告营销研究
——以日本《PS4 的新价格》广告为例

【摘　要】文章以日本在 YouTube 最新发布的索尼 PS4 降价广告传播为例，探讨社会化媒体时代广告的营销方式，提出社会化媒体时代，单向打断式营销已经成为过去，精准、交互、创新、情怀成为新的营销规则。

【关键词】社会化媒体　广告营销

■ 沈　迪

索尼的新款 PS4 预定于 9 月 15 日上市，9 月 9 日关于它降价的广告在 YouTube 上播出，立刻成为话题，随后 PS4 在日本国内卖脱销。这则广告在视频网站 YouTube 上的播放量迅速突破百万次，受众自觉转发分享，轻松地获得了爆发式的传播。随着社会化媒体时代的到来，一些创意广告不断地在社交网络中形成爆点，并直接引发消费行动，给"广告业"带来了更广阔的发展空间和更美好的发展前景。广告一般都是以宣传产品为主要目的单向消息。而在社会化媒体时代，单向的打断式营销已经成为过去，精准、交互、创新、情怀成为新的营销规则。

一、社会化媒体时代便于寻找目标受众，精准推介

过去人们通过报纸、杂志、广播、电视等几种途径来投放一些传统的、毫无针对性的广告。传统广告主要适用于一些面向大众市场的大品牌，因为其使用的是点对面的粗放型传播方式。对于只拥有小众客户基础的其他组织而言，面向大众的传统广告就效果甚微，制作成本大，广告的直接到达率又低。在互联网时代，强制性的"洗脑式"广告会遭到消费者的抵制，但凡有机会选择，都会选择自己最想要的信息。消费者在电脑上点播视频节目，当看到视频窗口上提示广告倒计时多达 40 秒时，一般会暂时离开这一窗口而去浏览别的窗口内容。

因此如何抓住受众的注意力，并且保持注意的稳定性，同样是互联网时代亟须思考的问题。① 而在抓住受众的注意力之前，寻找到目标受众极为关键。根据目标受众的需求来进行策划往往能起到事半功倍的效果。在社会化媒体时代，人人都可以发声，参与讨论，形成一个个公共舆论场。企业等组织可以搜集网民在社交网络、门户网站等上的留言、行为等数据，加以分析，寻找到目标受众，并明确目标受众的需求及期待，从而积极地改变自己的营销策略，制作有针对性的广告。

索尼公开两款 PS4 新主机，预定于 9 月 15 日在北美、欧洲和日本地区发售。日本网友并不买账，纷纷吐槽 34980 日元的价格过高。及时了解到公众言论之后，索尼计划降价 5000 日元，制作并推出了这款降价广告。降价广告直接传递有针对性的信息内容，满足了受众降价的需求，在购买者需要某些内容的时候为他们提供了这些内容。正如广告中所说，是"听到了大众的心声"。

千篇一律的广告容易引起消费者的抵触情绪，精准推介把消费者感兴趣的内容推送到他们面前，避免了盲目的广告和推销，提高了营销的成功率。互联网时代，如何向消费者进行个性化推介，社会化媒体提供了一个理想的平台。索尼首先根据 Facebook、Twitter、Line 等社交平台上受众的留言与互动，自动识别个体消费者以及了解他们的行为特征，既而制作出有针对性的广告。区别于传统的媒介方式，在正式销售前将降价广告直接投放到 YouTube 上，这有利于受众再次进行交流、讨论与分享，产生的相关话题迅速带动了广告的点击率。传统大众媒体只能不分对象的广而告之，而社会化媒体时代下的广告则可以衡量广告发布后的转化效果，知晓受众的反应。

社会化媒体的开放性、互动性带来了目标受众的数据，数据是精准推介的依据，因此可与受众结成粉丝般的紧密关系。相较于传统媒介的广告营销，社会化媒体时代更加强调市场的应变速度，注重用户体验，追求精准推介，与用户建立良好的互动关系。

传统的企业广告、公关往往借助一些代理机构，或依赖一些大众媒体。而社会化媒体营销可以消除企业与用户间的"中介"，使两者随时可以开展直接接触。② 在社会化媒体时代，广告传播呈现"去中介化"的特征。

二、社会化媒体时代受众之间互动性强，容易形成病毒式传播

传统的广告传播效果层次模式分为知晓 – 了解 – 喜欢 – 偏好 – 信服 – 购买，而网络搜索引擎的广泛使用给广告信息传播方式带来了变化。日本电通公司提出了新型的广告信息传播模式 —— "AISAS 模式"，即 Attention – Interest – Search – Action – Share。③ 广告引发受众的注意，既而受众感兴趣，去搜索相关的信息，并做出一定的购买行为之后，受众还乐于分享。

---

① 谢导：《互联网营销：理念的颠覆与蜕变》，机械工业出版社 2016 年版。
② 彭兰：《网络传播概论》，中国人民大学出版社 2015 年版。
③ 赵艺谦：《浅谈新媒体时代广告传播新特点》，《经营管理者》2009 年第 11 期。

社会化媒体时代，一条评论、一次转发、一次点赞，都可以使信息传播更加广泛。彼此间分享信息，"一传十，十传百"，社交媒体验证了信息快速流传的可能性。同时，信息可以像病毒般自我复制，快速发生裂变，威力超过大众传播媒介。例如2012年7月，韩国流行明星鸟叔的单曲《江南Style》也在YouTube上线后，点击率超过4亿，还包揽了英国、美国、巴西、比利时等35个国家iTunes单曲榜第一名。甚至出现了众多模仿视频，一时成为一种全球流行。《江南Style》的走红，得益于YouTube这一视频网站。受众间的口碑宣传，以及手指间的分享都使得该视频被众多人所熟知，并且自愿加入到这场娱乐的狂欢中来。为了获得最前沿的信息，网民积极地在社群中讨论热点并分享信息，壮大了病毒式的传播队伍。而对于众多的年轻人而言，社交媒体已成为了获取信息的主要渠道。

索尼的降价广告引起了目标受众的关注后，在社交媒体上被迅速的转发、分享、发酵，一轮又一轮地快速扩散出去。这则魔性广告成功地引起了目标受众的注意。因此社会化媒体时代下的广告，除了最重要的是要引发受众的消费行为之外，还需考虑如何让受众自发且乐意去转发、分享，使自己的产品被更多人所熟知。

三、社会化媒体时代下创新是第一要素

创新是吸引受众，并且促使其做出转发、分享等动作的第一要素。要使广告能让受传者选择自己，首先就是要引起受众对广告的注意，这是取得良好传播效果的必要条件。与新闻不同，受众中不喜欢广告的是绝大多数，因此，受众对广告的注意较多的是无意注意，只有极少数是有意注意。

若只是传播受众本已知晓或者十分平常的内容，自然不可避免地会让受众感到失望与抵触。使用新颖的传播内容或新奇的传播方式，更能吸引受众的无意注意，因为传播中的新异刺激总能引发受众的特别注意与兴趣。

在社会化媒体时代，创新是广告制作的第一要素，尤其体现在广告内容的制作上。很多网络广告被投放在网络媒体上，无法获得较高的点击率，且被人津津乐道，而这就考验广告内容的创新性与新奇性。

《PS4的新价格》中的主角是日本明治时期著名的女作家樋口一叶，她的头像被印在5000日元纸币上，她是第一个被印上日本纸币的女性人物。新的PS4恰好在旧版基础上降价5000日元，因此广告中弹唱女歌手模仿樋口一叶，通过歌声来传播这一降价的消息。樋口一叶从纸币中走出来，向大家述说PS4的价格足足少了一个她，并且捆绑推销了同时发售的游戏《女神异闻录5》。广告通过奇妙、荒诞的构思，快速地向受众传递了PS4降价的信息，同时强调是降价5000日元。女主角高亢的嗓音反复吟唱这一关键讯息，加强声音刺激，给人深刻的印象。

除了荒诞、新奇的故事设定外，广告的歌曲充满魔性，一开头就直接谈钱，歌词简单粗暴，直截了当，通俗易懂。广告中的樋口一叶叙说自己是听到了大家在社交平台上的心声，且是被大家带到了外面。这一点也是表明了索尼是为了满足消费者的需求而进行的降价，诚意十足。最后的歌词中，樋口一叶请求式地询问大家是否能一起购买PS4和游戏《女神异闻

录5》。面对索尼放低姿态式的降价讯息，众多受众看了之后纷纷表示，"买买买，败败败"。另外鬼畜的 MV 和一本正经胡说八道的风格，使受众的注意力长期停留在这个页面上，该广告瞬间在网络上蹿红。

"二次元原指二维空间，现在一般意指由动画、漫画、游戏、轻小说等以及在其基础上的衍生产品和活动，与意指三维真实世界的三次元相对应。"[①] 二次元文化相比较于主流文化，辐射范围小，主要流行于 90 后、00 后等年轻人之间。但是年轻人具有强有力的凝聚力以及极高的消费意愿，让业界看到二次元巨大的商业价值。互联网的普及与推广也加速了二次元文化在各大领域的渗透，二次元经济的前景一片明朗。这则广告中也渗透入了二次元元素，例如樋口一叶穿越于现代与古代之间，从纸币背景到动漫世界，并且植入了游戏场景，配合着魔性的背景音乐。这是一种新颖的表现形式，避免了成为用户人群眼中平淡无奇的广告。灵活的二次元广告以定制化与幽默性为显著特征，表现轻松无违和，在一定程度上可实现软性传播，并且二次元用户在兴趣爱好与行为特点方面有着高度聚集度，广告主可以进行针对性的广告营销，目标集中。而 PS4 的主要顾客就是90 后、00 后，二次元的内容恰好能成为吸引目标受众的一大亮点。

信息传播的平台固然重要，而广告的内容才是传播致效的关键。近年来，"恒源祥，羊羊羊"模式在广告界屡见不鲜，虽然短时间内能吸引受众的注意，但是毫无创意、美感可言的广告迅速让人产生视觉、听觉疲劳，饱受批评。

富有想像力、回味无穷的创新性广告才能激发受众自觉转发分享的欲望。

四、社会化媒体时代广告营销的思考

普华永道中国电信、媒体及科技行业合伙人林伟能认为，互联网广告的机遇在于是否有形式创新、内容创新和不同平台的融合交叉；挑战在于如何应用好数据分析的手段，把握用户的脉搏。[②] 普华永道在 2015 年 6 月发布了《2015－2019 年全球娱乐及媒体行业展望》，展望中表明互联网广告占中国广告市场的份额已经非常巨大，在未来五年还将继续上升至39% 至 48%。尤其是视频广告的增长速度最快，且互联网的广告会越来越与设备无关。在这样一个环境中，广告主更应该思考什么样的内容能够聚集最多的用户参与，而不是纠结于人们是在 PC 端还是移动端阅读。[③] 因此，过去传统媒体上灌输式的广告已然行不通，类似于《PS4 的新价格》，直接分析并且满足受众需求的广告，越来越多地出现在互联网上，令人"不愿走开"。

日本索尼的《PS4 的新价格》一改常态，直接在 YouTube 上播放，YouTube 作为一块沃土，引爆了受众间的病毒式传播。YouTube 作为视频网站，生产了一大批网红，如贾斯汀·比伯、韩国鸟叔等，他们凭借个性的表演，迅速获得众多的订阅量和粉丝，成为全球性的草根明星。2016 年 9 月 17 日，YouTube 才正式推出了社交功能。如果不建设自己的社交平台，再多的优质视频也只会成为 Facebook 这样的设计网站导流的工具——当用户想和别人分享这

① 陈国琼，袁小芳：《基于二次元环境下广告营销发展探究》，《新闻传播》2016 年第 8 期。
② 《广告：从"狂轰滥炸"到创意情怀》，人民网，2015 年 6 月 18 日。
③ 《普华永道：互联网广告中国份额或达到48%》，胖鲸智库，2015 年 6 月 4 日。

个视频时，自然会选择和熟悉的人进行讨论，例如转发至 Twitter、Snapchat 等上。[①] 因此"视频＋社交"成为 YouTube 新的发展思路，顺应用户习惯，培育新的爆点，毕竟"无社交，无网络"。《PS4 的新价格》为国内的广告营销带来一定的启示，视频在广告形式中的比重加大，同时选择的传播平台更加倾向于社交性的网站。在 participatory culture 流行的时代，广告若能找到受众的兴奋点，依靠他们的口碑宣传，熟人间的分享所产生的传播效果令人期待，同时制作成本将大大低于传统广告。

社会化媒体时代，网民可以发挥自己的智慧与力量，创造新奇性的产品，分享自己的 idea。社会化媒体不但加速了创新，同时也使广告界的竞争更加激烈。《PS4 的新价格》的创意引起众多好评，产品被卖脱销。对于消费者来说，内容体验决定一切。从受众对广告的接受过程看，其心理反应分为感知、接收、记忆、态度、行动 5 个过程。为了最终引发行动，网络广告的创意不但要突出产品的性能，即单纯地兜售产品之外，还可以把产品的诉求上升到一种情怀，让消费者产生共鸣，间接地传达企业的价值观。例如 2016 年年初，六小龄童没能如网民所愿登上春晚舞台，令人产生极大的遗憾。但是其随后参与拍摄了《把乐带回家之猴王世家》百事可乐广告，根据真实故事改编，讲述了章式家族对猴戏的执着与热爱，广告受到强烈的好评。[②] 从"狂轰滥炸"到创意情怀，这是互联网广告的一次华丽转身。

而在互联网广告日益兴起的时候，传统媒体的广告仍不容忽略，众多制作精良的广告，也影响着人们对产品的接纳程度。另外新媒体广告是否是广告界的"解药"，还有待观察。精准营销会带来市场的缩小，竞价排名、网页加载速度、隐私保护、网络平台的法律规制等问题都会影响到广告的投放与效果。日本索尼的《PS4 的新价格》不仅在日本国内走红，也在中国的社交网络上形成话题，引发共鸣。在社会化媒体时代背景下，广告未来的发展机遇就在于内容定制化和跨平台分享。

【沈迪，浙江越秀外国语学院网络传播学院讲师】

---

① 金凯娜：《从直播起就慢一步的 YouTube 要做社交了，但还来得及么？》，刺猬公社，2016 年 9 月 20 日。

② 曾羽、罗慧雯：《文案我只服杜蕾斯，"魔性"广告这样玩才能红遍社交网络》，刺猬公社，2016 年 9 月 16 日。

社会化媒体营销视域下品牌内容的传播策略探析

【摘 要】基于社会化媒体营销的整体环境，在对品牌内容进行传播和应用时需要对环境有一定程度的认知，进而实现传播状态下的营销，这对于社会媒体用户、企业、普通消费者都有着重大意义。

【关键词】社会媒体营销　品牌内容　传播策略

■ 张世涛

一、社会化媒体营销的分析

社会化媒体营销是基于社会化媒体的运行方式，能够在企业、信息搜寻者、影响者和消费者之间通过简单式的对话来实现对具体内容的实践和分享，这样的事件方式是基于不同网络平台及相关技术而言的。在网络营销的社会环境下，社会媒体一般是指在网络内容所有权的基础上所形成的一些集合小组，而内容主要是通过用户的主动发布而并非来自于网站的雇员。在基本的发展中，企业或者品牌希望在社会化的媒体环境建设下，使推崇者或者使用者能够在社会化的媒体平台上能够进行有效的推广和举荐，这便是社会化媒体营销的在商业实践过程中的具体体现①。在运行过程中，社会化媒体营销所强调和体现的是互助的合作，最大化的实现每一位在社会化营销中进行参与的成员或者企业、用户等开展科学有效的信息分享，进而实现利益的共赢。

（一）社会化媒体营销带来的变革

当互联网在我国第一次以营销手段的方式出现时，凭借其区别于传统营销方式的优势而取得了成就，在这一时期诞生了淘宝网、亚马逊、阿里巴巴等电子商务的巨头，以及新浪等新兴的网络媒体，并通过实现自身优势的最大化发挥而确保了传输渠道和途径的整体有效性，实现了自身的商业价值。发展至 2008 年，任何企业都得接收，信息传播飞快及话语权掌握在

---

① 方冰：《基于社会化媒体营销的品牌内容传播》，中国科学技术大学 2010 年硕士学位论文。

消费者手中的事实状态，而社会化媒体也逐渐成为难以被忽略的营销平台和应用方式，并且逐渐的为市场营销场所习惯和接纳，在这样的整体发展状态下，也有越来越多的品牌开始在社会化的媒体平台上开展自身的市场营销活动。所以，在具体的市场经济发展中，社会媒体极大化地对整个市场营销的格局进行了改革。

1. 实现了双向的通话

传统化的营销方式是单向的运行方式，在实现社会化媒体的营销之后则实现了双向的通话，使消费者体现出更加理性的消费观，以获取更加全面的资料信息。在这样的基本运行状态下，能够更加了解消费者的选择趋向，实现双向化的合理建设和品牌销售。并且在社会媒体平台建设下使企业和消费者实现了直接的对话，以确保企业的品牌和产品能够更加接近消费者的需求[①]。

2. 强化了企业的透明度

就企业的品牌建设而言，企业极为注重具体的形象塑造，而将企业放置在品牌之后。通过社会化媒体平台的建设，消费者能够轻易的对企业的具体信息进行了解，甚至是实现同企业员工的直接对话。在发展运行中，企业的社会责任感和企业传播在任何时候都是极为重要的部分，实现整体的透明性和公开度。另外，在逐渐的发展中，市场营销和公关的关系也愈发紧密，所以在社会化媒体营销的环境下，企业的众多活动建设不再只是传统建设意义上的市场建设和运营推广。

（二）企业使用社会化媒体营销的原因

1. 降低成本

社会媒体的运营方式使得企业在追求商业业绩的过程中有效实现了同外界的建设和沟通，在基本的经营中，企业是以盈利为目的的具体经营，并以期通过最小的投资而获得最大的回报，在全球化经济的不断发展中，竞争压力和运行压力在不断的强化，所以，在这样的状态下，社会媒体平台支撑下的运营方式不断的成为更多企业和品牌的选择，极大地降低了建设和生产成本。

2. 强化互动体验

近年来，体验式营销已经为营销领域广泛应用，使消费者在切身的体验中强化对产品和品牌的认知和理解，进而体现好感度。体验式营销在具体应用中具备了公关活动中直接与消费者对话的特点，通过对实际化的产品应用和服务来提升消费者对于产品的正确认知。社会化媒体在具体运行中具有极强的互动性，企业在基本的运营中通过社会化媒体营销平台的建设实现了对互动性的有效应用，实现了营销效果的提升。

二、基于社会化媒体营销的品牌内容传播策略

（一）宏观策略

1. 关注社会化媒体营销的发展趋势

在网络技术的不断发展下，网络应用的更新换代极为迅速。比如在传统化的发展中，搜索引擎是在主流网络中得到了最大化的应用，有效的解决了人们在海量的信息中进行信息获取的整体有效性。但是在逐渐的发展中，最初的优势也成为了软肋，在人们思考的复杂性基

---

① 任佳春：《基于互联网的社会化媒体企业品牌传播研究》，大连海事大学 2013 年硕士学位论文。

础上,对于语义信息和关键字表达存在着整体的局限性,使搜索引擎在基本的方法论上遇到了发展建设的瓶颈。类型相似的社会化媒体营销方式也存在这样的局限性,对于标准化的社会化媒体用户来看,社会化媒体已经成为客户进行网络信息获取的主要途径[1]。就现今的发展应用中,企业可以通过 Digg、Friendfeed、Twitter、Facebook 等现代化社会媒体应用进行品牌内容的传播,进而达到良好的传播效果。但是,在时代的演进和社会的逐渐发展中,会有更多的社会化媒体应用出现,企业在基本的发展中并不能拘泥于现今社会状态下对于社会媒体状况的了解认知进行社会化媒体营销,安逸实现长远话的应用和建设。

所以,在具体化的发展中,企业需要对社会化媒体营销提升关注度,以确保自身品牌传播策略能够有效的同具体的实际发展相联系,以能够有效适应新媒体的建设环境以及满足受众需求,达到更好的品牌传播效果。以在企业强化对社会化媒体营销深刻认知的基础上能够对具体的发展趋势进行预测,逐渐发展成为潮流的引领者,使企业能够在掌握基本行情的前提下具备品牌内容传播的话语权,能够在时常竞争中发挥自身的优势,抢占市场份额。

2. 开放品牌,实现同消费者的互动

知识版权在针对自由分享和版权法的矛盾建立了整体性的合理有效机制,使得在具体应用中实现了对原创内同的合法且高效重用,使得在具体实践中实现了内容建设的开放性,也逐渐强化了整体价值的有效建设。同样,这样机制可以在品牌内容的传播中得到有效应用。

在逐渐的发展中,已经有众多的网络媒体采用了知识共享机制,且获得了良好的经济效益,通过品牌和具体内容的开放,实现了同消费者之间的有效互动[2]。

在合理许可方式的支撑下,通过品牌开放能够使消费者了解品牌的发展和建设,并在获得认同度的基础上进行品牌支持者社群活动或者自组织的品牌传播活动,这已经在具体发展中为企业所认知和考量,并且在社会化媒体被广泛应用的基础上,通过社会化媒体的方式进行品牌的传播,能够确保其整体的开放力度以及在与受众进行互动的基础上实现更加良好的传播效果。

3. 重视企业社会责任

企业社会责任是指企业在进行利润创造并对股东承担法律责任的同时,还要承担对消费者、环境、员工、社区的责任,在履行企业的社会责任时,就需要超越传统形式下的以利润为唯一标准的建设理念,注重于强调在生产过程中对于人的价值的关注,以强调对环境、消费者、社会的贡献。在社会化媒体营销的整体背景下,企业更需要注重对于企业社会责任的管理和重视,以实现企业和受众的直接对话,强化企业信息的透明度。基于这样的基本现状,企业在良好履行社会责任的同时,能够对品牌的传播起到良好的宣传效果。所以,在社会化媒体营销中,企业可以实现有效的社会责任策略建设。

首先,企业需要建立明确的流程,来确保新兴社会力量和社会问题,进而得到最高级别的充分化探讨,并将其纳入到公司的战略规划

---

① 朱红燕:《试论社会化媒体时代的品牌营销之道》,苏州大学 2013 年硕士学位论文。

② 李金阳,李艳阳:《社会化媒体营销中的品牌信息传播研究》,《科技创业月刊》2015 年第 7 期。

当中,从整体的角度进行分析,进而将战略贯彻到企业的日常生产经营中去。

其次,企业可以设置专门的机构来对社会责任的推行进行负责,并在标准化的要求下实现相应社会责任考核指标的确立,并且要确保该部门同营销部门实现紧密的合作,进而确保能够为受众传递一个健康且极富责任心的品牌形象。

再次,需要培养企业员工的社会责任意识,使得日常的生产经营中能够在各个环节有效履行社会责任。另外,还要鼓励其员工通过社会媒体的应用方式来对具体履行社会责任的状况进行记录。

最后,需要定期且持续的运用社会化媒体平台将企业的社会责任报告进行发展,全面真实且公开透明的展现企业的公民形象。

(二)微观策略

1. 实现品牌与内容的高度融合

在通过社会媒体实现品牌内容的传播时,需要在对消费者和基本的市场状况进行了解的基础上,选择内容产品能够周密有效策划的植入方式,在强化品牌与内容融合的基础上使两者成为有机联系的整体,进而确保宣传效果的整体有效性。在具体的融合过程中,需要注重受众品牌目标消费者与内容产品目标之间的整体融合度,在确保两者有效结合的基础上实现传播信息的准确性①。另外,注重植入环境和品牌形象的融合度,以避免造成受众对品牌形象之间的冲突,在实现两者有效融合的基础上,确保整体认知的有效性,为品牌形象的巩固做好基础保障。最后,还需要注意品牌宣传战略同内容产品所承载的信息之间的融合度,以确

保信息传递的整体有效性和准确性以及及时性,并且同企业所建立的品牌战略相一致,在整体性的系统化管理下实现对宣传效果的影响和控制。

2. 重视消费者体验

在通过社会化媒体营销平台进行品牌内容的传播时,需要确保品牌内容整体的自然展现,使消费者能够对品牌有足够的认知,另外还需要确保品牌内容产品的整体质量,以避免在过浓商业气息的影响下使消费者产生方案情绪,所以,在具体的推广中需要注重品牌内容的具体展现形式,并且考虑内容产品受众同品牌消费群之间所存在的共性,进而有意识的选择同品牌具有高度融合度的产品进行植入,以确保受众群的稳定增长。另外,还可以在此基础上通过品牌内容本身来实现品牌诉求的展现,并在体验式的植入方式支持下加深受众对于品牌的整体感知。

3. 实现最大化的资源整合

在进行单个品牌内容在社会化媒体营销平台的传播中,需要企业进行多方的紧密联系和配合,确保内容产业链的深度有效性,并配以多样化的营销手段,实现全方位的目标建设和确立,进而扩大品牌信息影响力。另外,需要将品牌内容的传播活动纳入到整体的品牌推广体系之中,以使其能够在整体的营销策划活动和框架下进行,强化宣传和推广力度,使受众能够更加全面的对品牌和品牌内容进行了解。

4. 从购买决策模式实现价值区域的挖掘

一般而言,消费者所做出的购买决策同动机来源、价格高级、品牌信息的多寡、购买决策的影响者、产品属性、购买感知风险度、预

---

① 张继周:《社会化媒体语境下的品牌文化传播策略研究》,《钦州学院学报》2014年第1期。

想情感收益的高低等因素有直接关系，在这些因素的影响下，造成了消费者购买程度的复杂性[①]。就具体而言，对于购买风险较低的产品，会在极大地概率范围内发生冲动型购买行为，所以可以将营销的重点放置在打造利益联想和强化购买动机以及终端互动激发冲动购买行为方面，其中强化购买动机是作为主要的关键性接触点，最大化的将隐藏购买动机进行激发，已实现整体推广的有效性。在高风险的购买决策模式中，一般情况下，消费者会有强烈的风险感知意识，所以购买行为会趋于谨慎和理性，经过动机产生、信息搜集、评估、考量、选择、验证、购买等复杂的过程进而做出最终的选择。在进行具体的信息搜集时，行业领域的名人或者专家的信息以及意见或是他人的真实使用经验能够体现最大化的信息作用，所以，在进行高风险购买决策时，可以注重于信息搜集层面的关键信息传播和推广，以强化信息真实强度。

三、结　语

在网络信息技术不断发展的现今社会，在人们的日常生活中社会化媒体发挥着重要的作用，并在电子商务不断兴起的整体市场环境下，社会化媒体营销也不断地被企业应用于品牌营销建设活动之中。并且在社会经济发展的影响和推动下，消费者和受众对于品牌信息的需求也在不断地强化，并且在新媒体的环境下，使得品牌内容的传播方式也在进行更新换代。这就需要在基于整体的环境背景下，从宏观和微观的两个角度出发，开展具体有效的策略分析，以强化企业的品牌销售及经济效益和社会效益的提升。

【张世涛，浙江越秀外国语学院网络传播学院讲师】

① 邓煜、唐大麟、于梦：《社会化媒体时代的品牌营销之道》，《现代营销（学苑版）》2011 年第 11 期。

韩国传媒教育的特点及启示
——以韩国翰林大学为例

【摘 要】韩国传媒教育与韩国传媒业同步发展，呈现出跨学科专业设置、培养复合型人才、国际专业教育机构论证、多元灵活课程体系、理论与创作教育融合、重视学生专业实践能力培养的特点。对我国传媒教育的启示主要有：注重跨学科融合，培养复合型传媒人才，重视国际专业教育机构认证，实现理论教学与实践教学相融合，重视传媒专业实践能力培养等。

【关键词】韩国 传媒教育 特点 启示

■ 何海翔

一、韩国传媒教育发展概况

韩国传媒业发端于 19 世纪末 20 世纪初，韩国为摆脱殖民统治，争取国家主权，实现民族独立的政治运动，形成的以报纸为主要载体的社会思潮活动，其主要目的是"开化"韩国"民智"，起到"教化"引导的作用。1945 年日本投降以后，韩国并没有实现国家的统一，反而分裂为国家意识形态的冲突。因此，韩国传媒业又进入到民主与独裁的抗争中，启发韩国民主意识，实现言论自由成为韩国传媒业发展的主要任务。20 世纪 60 年代以后，随着韩国经济的发展，韩国经济进入到"汉江奇迹"的阶段，韩国传媒业才逐步缓慢的从政治形态向经营管理形态的转变，现代意义上的传媒业也真正发展，并逐步发展成具有世界影响力的传媒业。

韩国传媒教育的发展与韩国传媒业的发展是同步的，也经历了从教化"民智"的民族独立意识教育为主，到以启发民主意识教育为先，再到经营管理为主的发展阶段，大致可分为五个阶段。第一阶段为韩国传媒教育的萌芽阶段，主要从 1883 年 10 月 31 日封建王朝统理衙门博文局创办的朝鲜半岛近代史上第一份报纸《汉城旬报》①，到 1945 年 8 月 15 日韩国光复。这一阶段韩国传媒教育的主要目的是启发韩国民众的心智，反抗日本殖民者的统治，启发韩国的民族精神。第二阶段为韩国传媒教育的发展阶段，主要是第二次世界大战结束到 20 世纪 60 年代末。这一阶段韩国传媒教育真正开始阶段，1954 年韩国政府在首尔大学设立新闻系，标志着韩国高等新闻教育的开始，此后中央大学、梨花女子大学、汉阳大学分别在 20 世纪 60 年代初设立新闻系，高丽大学和庆熙大学在 1965 年设立新闻传播系和宣传系，西江大学在 1968 年设立报道艺术系。这一阶段的韩国传媒教育主要是为报纸为媒介开设的课程，主要围绕新闻设置课程体系，借鉴的是德国和美国的传媒教育模式。第三阶段为韩国传媒教育的变化阶段，主要是 20 世纪 70 年到 80 年代。这一阶段的韩国传媒教育深刻感知信息传播和信息资源对社会的影响，重视对国际新的信息秩序和国际传播开展教育和研究。第四阶段为韩国传媒教育成熟阶段，主要是 20 世纪 90 年代初到 90 年代末。这一阶段的韩国传媒教育重要特征是重视沟通的教育，这一时期随着在美国、英国等西方国家留学的韩国传媒精英的回国，韩国传媒教育转向人际交往、沟通理论等方面的教育和研究，传媒教育也从新闻信息领域扩展到广播、电视、电影、广告、大众传媒、杂志等各个传媒领域，同时也关注互联网等新媒体理论、社会流行文化等方面的前沿教育研究，这一时期也标志着韩国传媒教育的成熟。第五阶段为韩国传媒教育的泛化阶段，主要是 21 世纪初到现在。这一阶段韩国传媒教育进一步深化了沟通的教育，形成韩国传媒教育的一个特

殊。另一方面韩国传媒教育的领域也越来越广泛，深刻围绕韩国经济社会发展的趋势开展传媒教育，韩国传媒教育进入到泛化阶段。②

二、韩国传媒教育特点

韩国传媒教育发展的历史体现了传媒教育与社会、经济、文化深刻的互动关系，形成既有全球媒体发展特征又有本土发展特征的传媒教育体系。本文以韩国翰林大学传媒教育为个案，管窥韩国传媒教育的特点。

韩国翰林大学成立于 1982 年，校址位于韩国江原道春川市，是韩国著名的私立大学，亚洲前 100 位大学，以培养个性教育和应用性人才闻名。2010 年，翰林大学入选韩国教育科技部评价的 200 所大学"教学优秀大学 BEST11"，连续五年入选韩国教育力量强化工程，教育条件领域排名韩国第四位。韩国翰林大学传媒专业现有在校生 800 余人，是韩国传媒专业在校生人数最多的院系之一。传媒专业的学生就业率保持在 70% 以上，为韩国传媒专业就业率最高院系之一。2008 年，翰林大学广告宣传学科通过国际广告协会（IAA）论证，成为韩国首个通过国际著名教育资格认证的学校，使得翰林大学广告宣传学科与国际教育水平一致，翰林大学传媒专业的学生除了能获得学校毕业证书外，还能获取国际广告协会颁发的 IAA Diploma 学位。2010 年，韩国京乡新闻经济研究所（ERISS）发布"2010 年大学持续可能指数"，翰林大学在沟通·公平领域排名第

---

① 臧海群：《韩国的大众传播与社会发展》，《新闻与传播研究》2001 年第 1 期。
② ［韩］金允美：《中韩高等新闻教育的比较研究》，华中科技大学 2013 年硕士学位论文。

一，在教育领域位居第四，在学生生活满意指数位居第六，成为韩国传媒教育的著名学校。[①]

（一）跨学科的专业设置，培养复合型人才

翰林大学传媒专业凭借情报通讯技术的迅猛发展，以培养与广告和宣传活动，企业和公共机关的广告宣传及市场营销部、传媒公司等相关领域的专门人才为目标，将"Read&Lead"的哲学贯穿教学中，着力指导和培养推进世界发展的人才。

翰林大学的传媒专业设立具有明显的跨学科属性，人才培养体现复合型特征。翰林大学传媒专业设置在社会科学学院，直接相关的系部为言论信息学部和广告宣传系，现有言论专业、传播学专业和多媒体专业三个专业。除此之外，翰林大学传媒专业还创设超越单一学科领域的联合专业和自由跨专业的项目。联合专业设置包括：言论信息学部与翰林大学人文学院国语国文学系联合设立影像文艺创作联合专业；言论信息学部与翰林大学经营学院经营学专业联合设立的集会学联合专业。自由跨专业项目包括：言论信息学部与集会观光经营专业、医疗经营专业设立的医疗观光营销员专业；言论信息学部与经营学专业、电脑工程学系、国语国文学系设立的数码游戏专业。

（二）国际专业教育机构论证

韩国传媒专业非常重视国际专业教育机构认证，以保持韩国传媒专业发展与国际一流水平保持同步。翰林大学广告宣传学科在 2008 年通过国际广告协会（IAA International Advertising Association）论证，成为韩国首个通过国际专业教育资格论证的学校。翰林大学传媒专业

的学生在完成学习后，不仅可以获得毕业证书，还可以获得国际广告协会颁发的 IAA Diploma 学位证书，增强了翰林大学传媒专业学生的就业竞争力。国际广告协会（IAA）认证课程有公共必修课程和类别选修课程组成。公共必修课程包括：市场营销理论、消费行为、IAA 沟通理论、IAA 调查方法论、广告概论、媒体企划论、IAA 国际传播、IMC 活动、国际市场营销交流专题。类别选修课程包括：广告推广论、创意原论、广告和社会、公共关系概论、直接反应式营销、交互媒体。

（三）多元灵活课程体系

韩国传媒教育把课程体系由教学课程和非教学课程组成，课程设置紧密围绕人才培养以及自身优势构建多元灵活的课程体系。翰林大学传媒专业主要有言论（新闻）专业、传播学专业、多媒体专业三个专业，其教学课程的共同课程包括：LOHAS 沟通理论论、国际传播、前途与职业选择、LOHAS 多媒体制作基础、LOHAS 调查方法论、健康管理内容制作、健康新闻报道、新媒体与社会、传播学导论等课程，其他教学课程三个专业则完全是根据人才培养目标不同设置，课程设计的内容也比较宽泛，设计多元灵活。特别指出的是翰林大学传媒专业设置的健康管理内容制作、健康新闻报道教学课程，正是基于翰林大学的优势而设置的，翰林大学医院学科是韩国最顶级的学科，整个翰林大学基本上是基于医学优势而建立的其他院系，因此翰林大学的传媒专业也设置其大学自身优势的共同教学课程。

翰林大学传媒专业也重视非教学课程的积极推进。翰林大学传媒创业在韩国首创以实务

[①] 韩国翰林大学宣传手册，http：//www. hallym. ac. kr/indexpc. php。

训练为重心的广告集中营（AD Camp）；积极推进广告宣传社团的建设，并使活动常规化；开创广告宣传学术节（H. F. A）；开创 IAA 导师和学员项目（mentor&mentee）。

（四）理论与创作教育相融合，重视学生专业实践能力的培养

翰林大学传媒专业注重理论与创作教育相融合。在师资队伍建设上构建理论和实务兼备的广告宣传经验丰富的教授队伍，积极引进广告影像创作的业界精英担任专业教授。在课程设计上也重视实践课程的建设，翰林大学言论（新闻）专业大致一半的课程均为实践课程，课程标识为 Capstone 设计。如新闻读书讨论、印刷媒体编辑及设计、新闻报道、新闻制作练习、时事纪录片制作、地方报纸实习记者等。

翰林大学传媒专业非常重视学生专业实践能力的培养，通过组建广告宣传及市场营销领域专业社团 RUN 社团，积极参与世界级的学科竞赛来提升学生广告宣传相关的专业实践能力。翰林大学传媒专业的学生在戛纳广告节（CANNE）、克里奥广告节（CLIO）、纽约广告节（New York Festival）等世界三大广告节以及其他国际国内著名广告比赛中获大奖，产生重要影响力。如 2008 年翰林大学传媒专业学生获得韩国历史上第一个戛纳广告节银奖；2010 年获得纽约国际广告节最终入围奖以及釜山国际广告节银奖；2011 年获得第八届国际广告协会（IAA）世界第三名，亚洲第一名以及第 41 届美国国际创新奖印刷媒体金奖；2012 年获得韩国历史上第一个克里奥广告节交互式媒体铜奖以及第 42 届美国国际创新奖数字显示金奖；2015 年获得第 45 届美国国际创新奖六项大奖以及第八届釜山国际广告节银奖、水晶奖、入围奖等 6 项等。

三、韩国传媒教育启示

（一）注重跨学科融合，培养复合型传媒人才

中国传媒教育经过多年的发展，尤其是改革开放以后传播学学科专业的引进，已经初步形成了比较成熟的传媒教育体系。新闻传播类专业形成新闻学、传播学、编辑出版学、广告学、广播电视新闻学、网络与新媒体、数字出版等七个专业，并且形成相对完整的人才培养目标和人才培养体系。但是这也带来人才培养的桎梏，学科壁垒开始慢慢形成，学科专业发展滞后经济社会发展趋势，尤其是互联网发展以后，学科专业建设的滞后性更加明显。韩国传媒专业建设的跨学科属性，复合型传媒人才培养，尤其是创设超越单一学科领域的联合专业和自由跨专业的项目，值得我国传媒教育借鉴学习，它更加符合现代互联网产业发展对传媒业的人才需求。

（二）重视国际专业教育机构认证

韩国传媒教育发展一直紧跟西方传媒教育的发展趋势，在批判继承西方传媒教育的基础上，逐步形成自身的教育特色，比如特别重视沟通的教育，强调传播的批判意识，重视国际专业教育机构的认证等，尤其是国际专业教育机构的认证，韩国传媒教育把它看成是与国际一流水平保持一致的重要标志，积极努力地申请国际专业教育机构的认证，比如翰林大学申请到的韩国第一个国际广告协会（IAA）认证，有力地促进了传媒专业学生的人才培养质量。反观我国传媒教育，虽然也重视对西方传媒教育的借鉴学习，力图建构本土化的传媒教育体系，但对于跟国际公认的教育机构认证接轨却

比较薄弱，也在客观上制约我国传媒教育的国际化融合，因此需要借鉴韩国传媒教育重视专业教育机构认证的经验，重视传媒领域公认的国际专业教育机构的认证，以提高我国传媒教育的国际化水平。

（三）实现理论教学与实践教学相融合，重视传媒专业实践能力培养

韩国传媒教育在发展中曾经比较重视理论教学，一直忽视实践教学，所以韩国传媒专业的学生一度因为专业实践能力的偏弱导致就业困难。近年来，韩国传媒教育界普遍认识到这一教育偏差，开始重视实践教学，努力实现理论教学与实践教学相融合，重视传媒专业实践能力的培养，突出的特点就是重视学生学科竞赛，通过参加戛纳广告节、纽约广告节等国际知名的广告节提升学生的专业实践能力。同时根据韩国传媒业的趋势发展，不断修改传媒教育人才培养方案，增加专业实践课程，以符合韩国传媒业的发展。我国传媒教育虽然也在近年来根据传媒业发展的趋势，尤其是传统媒体与新兴媒体融合发展的趋势下，重视理论教学与实践教学的融合，强调传媒专业学生专业实践能力的获得。但总体来讲，我国传媒教育在应对传媒业迅速发展的趋势尚存在差距，需要借鉴韩国传媒教育的经验，进一步实现理论教学与实践教学的融合，以学生专业实践能力的提升作为传媒教育专业改革的重点。

【何海翔，浙江越秀外国语学院网络传播学院副教授】

青年学者张凌霄

张凌霄，男，生于 1988 年。2010 年毕业于安徽大学新闻传播学院广播电视新闻学专业，获文学学士学位；2011 年毕业于英国伦敦大学格尔德史密斯学院媒体与传播专业，获文学硕士学位；现为中国传媒大学传播研究院传播学专业在读博士生。

硕士毕业后，本着对书籍的热爱和为文化传承贡献一份力量的憧憬，张凌霄进入中国人民大学出版社任策划编辑，其间曾主导完成了国新办重点外宣项目《中国共产党》电子出版物的编制出版工作。但工作之余，他发现自己甚是怀念当年读书思考的日子。经过全面思考，张凌霄最终认定学术研究才是他真正的兴趣所在，于是他选择重新回到学校，于 2014 年考入中国传媒大学，师从宫承波教授攻读传播学专业博士学位。

在学期间，在导师指导下，张凌霄将自身的主要学术领域确定在网络传播及传播学理论领域。如今，他已公开发表学术论文 20 篇（其中 CSSCI 来源期刊 3 篇），参加了《新媒体概论》（第五版）、《广播电视概论》（第三版）等教材的编著工作，还作为研究主力之一参与了导师主持的文化部 2015 年研究课题"数字化时代的文化发展新业态问题"和民政部 2016年部级研究课题"我国社会组织新闻发言人制度建设研究"。

在保证博士生学业顺利的前提之下，张凌霄还协助承担了部分本科生的教学工作，先后两个学期担任中英双语教学课程《人类传播史》的主讲教师，收到了以教学实践促进学业发展的良好效果。学习科研之余，他还积极参加学术会议拓展学术视野，追赶学界业界最新趋势。经过勤奋努力，张凌霄连续两年获得了博士生国家奖学金。

在博士学习的前半段，张凌霄在研究新媒

体事件话题时发表了《试论"新媒体伪事件"》（2016年），籍借对近年来越来越多的被策划的"新媒体伪事件"进行梳理总结，辨明其背后的权力主体和利益关系，指出新媒体事件中参与者主体性及社会推动力的缺失现象；在研究新媒体业态时发表了《纸媒"两微一端"的盈利逻辑探析》（2016年，CSSCI来源期刊），从移动互联网竞争大格局出发审视传统纸媒"两微一端"的实践特征及优势，通过剖析实例详细阐述了传统纸媒重拾竞争优势、保证盈利的实现逻辑。以此为基础，在博士学习的后半段，

张凌霄将研究方向集中至传播思想史领域，将媒介环境学派作为他的重点研究对象，试图从该学派发展的历史逻辑和理论思想传承中寻找主导技术演进和社会变迁之间关系的关键所在，并在导师指导下将其作为博士毕业论文的选题。在研究过程中，张凌霄发表了《媒介环境学派媒介影响观变迁：以媒介技术为视角的审视》（2016年，CSSCI来源期刊），以媒介技术为线索重新梳理媒介环境学派代际思想沿革脉络，并分析各阶段学者所持媒介影响观的不同及其变迁趋势。

图书在版编目（CIP）数据

新传媒.2016.2/宫承波，詹文都主编. --北京：
中国广播影视出版社，2016.12
　ISBN 978-7-5043-7820-0

　Ⅰ.①新… Ⅱ.①宫… ②詹… Ⅲ.①传播媒介-文
集 Ⅳ.①G206.2-53

中国版本图书馆 CIP 数据核字（2016）第 316303 号

新传媒.2016.2
宫承波　詹文都　主编

责任编辑	史闻峰	
封面设计	文人雅士	

出版发行	中国广播影视出版社
电　话	010-86093580　010-86093583
社　址	北京市西城区真武庙二条 9 号
邮　编	100045
网　址	www.crtp.com.cn
电子信箱	crtp8@sina.com

经　销	全国各地新华书店
印　刷	北京振兴源印务有限公司

开　本	889 毫米×1194 毫米　1/16
字　数	307(千)字
印　张	14.5
版　次	2017 年 1 月第 1 版　2017 年 1 月第 1 次印刷

书　号	ISBN 978-7-5043-7820-0
定　价	38.00 元